SAUERLAND/MENZEL

Öffentliche Finanzwirtschaft

Öffentliche Finanzwirtschaft

Eine systematische Darstellung

von

Professor Dr. Thomas Sauerland
Hochschule des Bundes für öffentliche Verwaltung

Oberregierungsrat Kai Menzel
Hochschule des Bundes für öffentliche Verwaltung

BOORBERG

Bibliografische Information der Deutschen Nationalbibliothek |
Die Deutsche Nationalbibliothek verzeichnet diese Publikation in der Deutschen Nationalbibliografie; detaillierte bibliografische Daten sind im Internet über www.dnb.de abrufbar.
ISBN 978-3-415-07175-9

Titelfoto: © Stockwerk-Fotodesign – stock.adobe.com
Satz: abavo GmbH, Nebelhornstraße 8, 86807 Buchloe | Druck und Bindung: Laupp & Göbel GmbH, Robert-Bosch-Straße 42, 72810 Gomaringen

Richard Boorberg Verlag GmbH & Co KG | Scharrstraße 2 | 70563 Stuttgart
Stuttgart | München | Hannover | Berlin | Weimar | Dresden
www.boorberg.de

Vorwort

Im Jahr 2020 leisteten die öffentlichen Haushalte in Deutschland, d. h. Bund, Länder, Kommunen und Sozialversicherungen, Ausgaben in Höhe von 1.678,6 Mrd. Euro. Allein die Ausgaben des Bundes beliefen sich 2020 auf knapp 512 Mrd. Euro. Dies entspricht einer Staatsquote (Staatsausgaben im Verhältnis zum Bruttoinlandsprodukt) von rund 51,3 Prozent. Die Zahlen veranschaulichen die kaum zu unterschätzende Bedeutung der öffentlichen Finanzen für die deutsche Volkswirtschaft.

Kenntnisse der öffentlichen Finanzwirtschaft sind daher für die Tätigkeit von Beamtinnen und Beamten unerlässlich. Nicht ohne Grund verankern nahezu alle Studienpläne und Verordnungen über Vorbereitungsdienste für Laufbahnen des gehobenen Dienstes die finanzwirtschaftlichen Grundlagen des Verwaltungshandelns in Studium und Ausbildung. Das vorliegende Lehrbuch knüpft daran an.

In einem ersten Kapitel werden die tatsächliche Bedeutung sowie die rechtlichen Grundlagen der öffentlichen Finanzwirtschaft vorgestellt. Das finanzverfassungsrechtliche System der Einnahmen und Ausgaben im Bundesstaat steht im Mittelpunkt des zweiten Kapitels. Ohne ein grundlegendes Verständnis von Funktionen, Gliederung und Inhalt öffentlicher Haushalte ist eine Bewirtschaftung von Haushaltsmitteln nur schwer denkbar; das dritte Kapitel will das Fundament für dieses Verständnis legen. Ausgewählte Haushaltsgrundsätze und ihre Bedeutung für Aufstellung und Ausführung des Haushaltsplans sind Gegenstand des vierten Kapitels. Im fünften und letzten Kapitel wird schließlich ein Überblick über den Haushaltskreislauf gegeben.

Das Lehrbuch richtet sich an Studierende von Verwaltungshochschulen. Es ist maßgeschneidert vor allem für die Studiengänge
- „Polizeivollzugsdienst in der Bundespolizei“,
- „Kriminalvollzugsdienst im Bundeskriminalamt“,
- „Gehobener nichttechnischer Dienst in den Nachrichtendiensten des Bundes“ mit den Fachrichtungen „Bundesnachrichtendienst“ und „Verfassungsschutz“,
- „Wetterdienst“,
- „Verwaltungsinformatik“ und
- „Digital Administration and Cyber Security“

an der Hochschule des Bundes für öffentliche Verwaltung. Darüber hinaus bietet das Buch eine nützliche Einführung auch für Studierende anderer verwaltungswissenschaftlicher oder juristischer Studiengänge und für Verwaltungspraktiker, die sich in haushaltsrechtliche Fragen einarbeiten möchten.

Die Autoren bedanken sich beim Richard Boorberg Verlag, insbesondere bei Frau Ass. jur. Katja Ciekanowski, für die freundliche Unterstützung.

Brühl, im Februar 2022 *Thomas Sauerland/Kai Menzel*

Inhaltsverzeichnis

Vorwort 5

Abkürzungsverzeichnis 13

Ausgewählte Literatur 17

A. Einführung 19
I. Bedeutung der öffentlichen Finanzwirtschaft 19
II. Rechtliche Grundlagen der öffentlichen Finanzwirtschaft 21
1. Haushaltsrecht als Teilgebiet des öffentlichen Rechts 21
2. Verfassungsrecht 22
3. Parlamentsgesetze 23
3.1 Gesetz zur Förderung der Stabilität und des Wachstums der Wirtschaft 23
3.2 Gesetz über die Grundsätze des Haushaltsrechts des Bundes und der Länder 24
3.3 Bundeshaushaltsordnung 24
3.4 Haushaltsgesetz 25
4. Verwaltungsvorschriften 25

B. Finanzverfassungsrechtliche Grundlagen 27
I. Staatliche Einnahmen 27
1. Überblick 27
2. Steuern 28
3. Gebühren 30
4. Beiträge 31
5. Sonderabgaben 31
6. Einnahmen aus erwerbswirtschaftlicher Betätigung und aus Krediten 33
7. Zusammenfassung 34
II. Steuerertragshoheit 34
1. Verteilungsmodelle 34
1.1 Beitragssystem 35
1.2 Trennsystem 36
1.3 Verbundsystem 36
2. Mischsystem unter dem Grundgesetz 37
2.1 Überblick 37
2.2 Ausschließliche Ertragshoheit des Bundes 38
2.3 Ausschließliche Ertragshoheit der Länder 40

2.4 Gemeinsame Ertragshoheit von Bund und Ländern ... 41
2.5 Ertragshoheit der Gemeinden und Gemeindeverbände ... 42
3. Zusammenfassung ... 42
III. Steuergesetzgebungshoheit ... 43
1. Überblick ... 43
2. Ausschließliche Gesetzgebungskompetenz des Bundes ... 43
3. Konkurrierende Gesetzgebungskompetenz des Bundes ... 44
4. Konkurrierende Gesetzgebungskompetenz der Länder ... 46
5. Ausschließliche Gesetzgebungskompetenz der Länder ... 47
5.1 Örtliche Verbrauch- und Aufwandsteuern ... 47
5.2 Grunderwerbsteuersatz ... 48
5.3 Kirchensteuer ... 48
6. Steuersatzungsrechte der Gemeinden ... 48
7. Zusammenfassung ... 49
IV. Steuerverwaltungshoheit ... 49
1. Überblick ... 49
2. Gegenstände der Finanzverwaltung ... 50
2.1 Finanzverwaltung des Bundes ... 50
2.2 Finanzverwaltung der Länder ... 50
2.3 Finanzverwaltung der Gemeinden ... 51
3. Organisation der Finanzverwaltung ... 52
4. Zusammenfassung ... 52
V. Ausgabenzuständigkeit ... 53
1. Konnexitätsgrundsatz ... 53
2. Zusammenfassung ... 55
VI. Haushaltsautonomie von Bund und Ländern ... 55
1. Selbstständigkeit und Unabhängigkeit ... 55
2. Ausnahmen vom Grundsatz der Haushaltsautonomie ... 56
3. Zusammenfassung ... 57

C. Planerische Grundlagen der Haushaltswirtschaft ... 59
I. Öffentliche Haushaltswirtschaft ... 59
1. Begriff ... 59
2. Funktionen ... 59
2.1 Fiskalische Bedarfsdeckungsfunktion ... 60
2.2 Staatsrechtliche Ermächtigungsfunktion ... 60
2.3 Staatsleitende Programmfunktion ... 61
2.4 Gesamtwirtschaftliche Gestaltungsfunktion ... 61
2.5 Politische Kontrollfunktion ... 62
3. Zusammenfassung ... 62

II. Haushaltsgesetz ... 63
1. Rechtsnatur ... 63
1.1 Formelle Gesetze ... 63
1.2 Materielle Gesetze ... 64
2. Inhalt ... 65
2.1 Obligatorische Inhalte ... 65
2.2 Fakultative Inhalte ... 67
3. Besonderheiten ... 67
4. Zusammenfassung ... 68
III. Haushaltsplan ... 68
1. Inhalt ... 68
1.1 Einnahmen ... 68
1.2 Ausgaben ... 69
1.3 Verpflichtungsermächtigungen ... 70
1.4 Stellen ... 70
1.4.1 Planstellen ... 71
1.4.1.1 Begriff ... 71
1.4.1.2 Exkurs: Einweisung eines Beamten in eine Planstelle ... 74
1.4.2 Andere Stellen ... 75
1.4.3 Leerstellen ... 77
1.4.4 Ersatzplanstellen und Ersatzstellen ... 78
1.5 Haushaltsvermerke ... 79
1.5.1 Begriff ... 79
1.5.2 Arten ... 80
1.6 Erläuterungen ... 81
2. Gliederung ... 82
2.1 Überblick ... 82
2.2 Gesamtplan ... 83
2.2.1 Haushaltsübersicht ... 84
2.2.2 Zulässige Kreditaufnahme ... 84
2.2.3 Finanzierungsübersicht ... 85
2.2.4 Kreditfinanzierungsplan ... 86
2.3 Einzelpläne ... 86
2.4 Kapitel ... 88
2.5 Titel ... 90
2.5.1 Begriff ... 90
2.5.2 Bestandteile ... 91
2.5.2.1 Begriff ... 91
2.5.2.2 Titelnummer ... 91
2.5.2.3 Funktionskennziffer ... 95
2.5.2.4 Zweckbestimmung ... 97
2.5.2.5 Mittelansatz ... 98

2.5.2.6 Verpflichtungsermächtigungen 98
2.5.2.7 Haushaltsvermerke 98
2.5.2.8 Erläuterungen 99
2.6 Anlagen zum Haushaltsentwurf 99
3. Zusammenfassung 99
IV. Finanzplan 101

D. Haushaltsgrundsätze 105
I. Einführung 105
II. Gesamtdeckung 106
1. Grundsatz 107
1.1 Begriffsbestimmung 107
1.2 Funktion 108
2. Ausnahme: Zweckbindung von Einnahmen 110
2.1 Begriffsbestimmung 110
2.2 Voraussetzungen 111
2.2.1 Zweckbindung durch Dauergesetz 111
2.2.2 Zweckbindung durch Haushaltsgesetz (§ 6 Abs. 7 HG 2021) 113
2.2.3 Zweckbindung durch Haushaltsvermerk (§ 8 Satz 2 BHO) 114
2.3 Arten 117
2.4 Funktion 120
2.5 Zusammenfassung 122
III. Einzelveranschlagung und sachliche Bindung 122
1. Grundsatz 123
1.1 Einzelveranschlagung 123
1.2 Sachliche Bindung 126
2. Ausnahme: Deckungsfähigkeit 129
2.1 Begriffsbestimmung 129
2.2 Arten 130
2.3 Voraussetzungen 131
2.3.1 Deckungsfähigkeit durch Haushaltsgesetz (§ 5 HG 2021) 132
2.3.1.1 Überblick 132
2.3.1.2 Hauptgruppeninterne Deckungsfähigkeit (§ 5 Abs. 2 HG 2021) 133
2.3.1.3 Hauptgruppenübergreifende Deckungsfähigkeit (§ 5 Abs. 3 HG 2021) 138
2.3.1.4 Deckungsfähigkeit durch Flexibilisierungsvermerk (§ 5 Abs. 1 Halbs. 2 HG 2021) 142

2.3.1.5 Umfang der flexibilisierten Ausgaben in der Haushaltspraxis 144
2.3.2 Deckungsfähigkeit durch Haushaltsvermerk (§ 20 Abs. 2 BHO) 145
2.3.3 Deckungsfähigkeit durch Dauergesetz (§ 20 Abs. 1 BHO) 149
2.4 Deckungsfähigkeit im Haushaltsvollzug (§ 46 BHO) 150
2.5 Deckungsfähigkeit von Verpflichtungsermächtigungen 152
2.6 Abgrenzung von Deckungsfähigkeit und Zweckbindung 152
2.7 Zusammenfassung 153
IV. Jährlichkeit und zeitliche Bindung 154
1. Grundsatz 154
1.1 Jährlichkeit 154
1.2 Zeitliche Bindung 155
2. Ausnahme: Übertragbarkeit 158
2.1 Begriffsbestimmung 158
2.2 Voraussetzungen 160
2.2.1 Übertragbarkeit durch Dauergesetz (§ 19 Abs. 1 Satz 1 BHO) 160
2.2.2 Übertragbarkeit durch Haushaltsgesetz (§ 5 Abs. 4 HG 2021) 162
2.2.3 Übertragbarkeit durch Haushaltsvermerk (§ 19 Abs. 1 Satz 2 BHO) 163
2.3 Abgrenzungsfragen 164
2.3.1 Deckungsfähigkeit und Flexibilisierung 164
2.3.2 Deckungsfähigkeit und Übertragbarkeit 164
2.4 Bildung und Inanspruchnahme von Ausgaberesten 165
2.4.1 Bildung von Ausgaberesten 167
2.4.2 Inanspruchnahme von Ausgaberesten 168
2.4.3 Notwendigkeit von Einsparungen 169
2.4.3.1 Arten von Einsparauflagen 170
2.4.3.2 Verfügbarkeit von Ausgaberesten 171
2.4.3.3 Veranschlagung von Ausgaberesten 172
2.5 Das „Lagebild Haushalt“ der Bundespolizei 174
2.6 Zusammenfassung 176
V. Bruttoprinzip 177
1. Grundsatz 177
2. Ausnahmen: Nettoveranschlagung und Nettonachweis 179
2.1 Nettoveranschlagung durch Dauergesetz (§ 15 Abs. 1 Satz 1 BHO) 179

2.2 Nettonachweis durch Haushaltsgesetz . . . 180
2.3 Nettonachweis durch Haushaltsvermerk . . . 182
VI. Wirtschaftlichkeit und Sparsamkeit . . . 183
VII. Vorherigkeit . . . 184
1. Grundsatz . . . 184
2. Ausnahme: vorläufige Haushaltsführung . . . 185
VIII. Fälligkeit . . . 187
IX. Vollständigkeit und Einheit . . . 188
1. Grundsatz . . . 188
2. Ausnahme: Bundesbetriebe und Sondervermögen . . . 189
X. Haushaltsausgleich . . . 191
XI. Haushaltswahrheit und Haushaltsklarheit . . . 192
XII. Öffentlichkeit . . . 193
1. Grundsatz . . . 193
2. Ausnahme: geheime Fonds . . . 193

E. Haushaltskreislauf . . . 195
I. Aufstellung des Haushaltsplans . . . 196
II. Feststellung des Haushaltsplans . . . 197
III. Ausführung des Haushaltsplans . . . 199
1. Beauftragter für den Haushalt . . . 200
2. Bewirtschaftungs- und Anordnungsbefugnisse . . . 200
3. Buchführung . . . 202
IV. Kontrolle der Haushaltswirtschaft . . . 203
1. Rechnungslegung . . . 203
2. Rechnungsprüfung . . . 204

Abbildungsverzeichnis . . . 207

Tabellenverzeichnis . . . 211

Stichwortverzeichnis . . . 213

Abkürzungsverzeichnis

a p f	Ausbildung – Prüfung – Fachpraxis: Zeitschrift für die staatliche und kommunale Verwaltung (Zeitschrift)
Abb.	Abbildung
ABl.	Amtsblatt
Abs.	Absatz
Art.	Artikel
Ass. jur.	Assessor juris
Aufl.	Auflage
BauGB	Baugesetzbuch
BBesG	Bundesbesoldungsgesetz
BBG	Bundesbeamtengesetz
Begr.	Begründer
BGBl.	Bundesgesetzblatt
BHO	Bundeshaushaltsordnung
BMF	Bundesministerium der Finanzen
BRHG	Gesetz über den Bundesrechnungshof
Buchst.	Buchstabe
BVerfG	Bundesverfassungsgericht
BVerfGE	amtliche Entscheidungssammlung des Bundesverfassungsgerichts
BVerwG	Bundesverwaltungsgericht
BVerwGE	amtliche Entscheidungssammlung des Bundesverwaltungsgerichts
ca.	circa
CO_2	Kohlendioxid
d. h.	das heißt
Dez.	Dezember
DÖV	Die öffentliche Verwaltung (Zeitschrift)
EG	Europäische Gemeinschaften
Epl.	Einzelplan

Erg.-Lfg.	Ergänzungslieferung
f.	folgende
ff.	folgende (Plural)
FVG	Finanzverwaltungsgesetz
GG	Grundgesetz
ggf.	gegebenenfalls
GMBl.	Gemeinsames Ministerialblatt
Halbs.	Halbsatz
HG	Haushaltsgesetz
HGrG	Haushaltsgrundsätzegesetz
HRB	Haushaltstechnische Richtlinien des Bundes
Hrsg.	Herausgeber
HStR	Handbuch des Staatsrechts
KBestB	Kassenbestimmungen für die Bundesverwaltung
KraftStG	Kraftfahrzeugsteuergesetz
ku	künftig umzuwandeln
kw	künftig wegfallend
Lfg.	Lieferung
LHO	Landeshaushaltsordnung
Mrd.	Milliarden
Nr.	Nummer
NVwZ	Neue Zeitschrift für Verwaltungsrecht (Zeitschrift)
OVG	Oberverwaltungsgericht
RHO	Reichshaushaltsordnung
Rn.	Randnummer
RV 1871	Reichsverfassung vom 16. April 1871
Rz	Randziffer
S.	Seite/n
sog.	sogenannte/r
StWG	Gesetz zur Förderung der Stabilität und des Wachstums der Wirtschaft
Tab.	Tabelle
u. a.	unter anderem

u. U.	unter Umständen
v.	von
Var.	Variante
Verb.	Verbindung
VV-BHO	Allgemeine Verwaltungsvorschriften zur Bundeshaushaltsordnung
VV-HB	Verwaltungsvorschriften zur Haushaltssystematik des Bundes
WRV	Weimarer Reichsverfassung vom 14. August 1919
z. B.	zum Beispiel
ZBR	Zeitschrift für Beamtenrecht (Zeitschrift)

Ausgewählte Literatur

Hand- und Lehrbücher

Heller, Robert F.: Haushaltsgrundsätze für Bund, Länder und Gemeinden; 2. Aufl., Heidelberg 2010.

Henneke, Hans-Günter: Öffentliches Finanzwesen, Finanzverfassung: eine systematische Darstellung; 2. Aufl., Heidelberg 2000.

Leibinger, Bodo/Müller, Reinhard/Züll, Bernd: Öffentliche Finanzwirtschaft; 15. Aufl., Heidelberg 2021.

Reus, Andreas/Mühlhausen, Peter: Haushaltsrecht in Bund und Ländern; München 2014.

Westermeier, Antonius/Wiesner, Herbert: Das staatliche Haushalts-, Kassen- und Rechnungswesen; 9. Aufl., Heidelberg 2012.

Aufsätze

Sauerland, Thomas: „Die ‚klassischen' Haushaltsgrundsätze"; in: Ausbildung – Prüfung – Fachpraxis: Zeitschrift für die staatliche und kommunale Verwaltung (a p f) 2020, Seite 238–242 (Teil 1), Seite 269–273 (Teil 2).

Sauerland, Thomas: „Haushaltsrechtlicher Rahmen des Personalmanagements"; in: Ausbildung – Prüfung – Fachpraxis: Zeitschrift für die staatliche und kommunale Verwaltung (a p f) 2020, Seite 65–71.

Schiffner, Tobias/Züll, Bernd: Einführung in die Flexibilisierung des Bundeshaushalts durch § 5 Haushaltsgesetz; in: Deutsche Verwaltungspraxis (DVP) 2019, Seite 187–190.

Schwarz, Kyrill-Alexander/Reimer, Ekkehart: Einführung in das Finanz- und Haushaltsverfassungsrecht (Art. 104a bis 115 GG); in: Juristische Schulung (JuS) 2007, Seite 119–126 (Teil 1), Seite 219–225 (Teil 2).

Schwarz, Kyrill-Alexander: Das Finanz- und Haushaltsverfassungsrecht des Grundgesetzes (Art. 104a–115 GG); in Juristische Arbeitsblätter (JA) 2021, Seite 184–189 (Teil I), Seite 276–281 (Teil II).

Vorschriftensammlungen

Sauerland, Thomas/Menzel, Kai: Vorschriftensammlung Öffentliche Finanzwirtschaft: mit einer Einführung für Studium und Praxis; Stuttgart u. a. 2021.

Schuy, Johannes: Haushaltsrecht. Vorschriftensammlung; 31. Aufl., Heidelberg 2021.

Kommentare

Dittrich, Norbert: Bundeshaushaltsordnung; Loseblattausgabe, München, Stand: 61. Erg.-Lfg. (August 2021).

Gröpl, Christoph (Hrsg.): Bundeshaushaltsordnung/Landeshaushaltsordnungen; 2. Aufl., München 2019.

Piduch, Erwin Adolf (Begr.): Bundeshaushaltsrecht. Kommentar zu den Artikeln 91a, 91b, 91c, 91d, 91e, 104a, 104b, 109 bis 115, 125c, 143c, 143d des Grundgesetzes und zur Bundeshaushaltsordnung mit rechtsvergleichenden Hinweisen auf das Haushaltsrecht der Länder und ihrer Gemeinden; Loseblattausgabe, 2. Aufl., Stuttgart, Stand: 22. Lfg. (Mai 2020).

A. Einführung

I. Bedeutung der öffentlichen Finanzwirtschaft

Im Jahr 2019, dem Jahr vor Beginn der Corona-Pandemie, leisteten die öffentlichen Haushalte in Deutschland, d. h. Bund, Länder, Kommunen und Sozialversicherungen, Ausgaben in Höhe von knapp 1.500 Mrd. € und erzielten Einnahmen in Höhe von 1.540 Mrd. €.[1] Das entspricht einer Staatsquote (Staatsausgaben im Verhältnis zum Bruttoinlandsprodukt) von rund 45 Prozent. Diese Zahlen verdeutlichen die enorme Bedeutung der öffentlichen Finanzen für die deutsche Volkswirtschaft. Die Ausgaben des Bundes beliefen sich dabei auf knapp 400 Mrd. €. 1

Im Jahr 2020 stiegen die Ausgaben des öffentlichen Gesamthaushalts auf 1.680 Mrd. € an. Aufgrund dieses Anstiegs und einer rückläufigen Wirtschaftsleistung kletterte die Staatsquote im Jahr 2020 auf 51,3 Prozent. Nach verschiedenen Prognosen wird die Staatsquote 2021 sogar auf über 53 Prozent zunehmen, bevor sie 2022 wieder zurückgehen dürfte. Der Bund allein plant für das Jahr 2021 Ausgaben in Höhe von knapp 548 Mrd. €. Das Volumen öffentlicher Aufträge in Deutschland wird von der OECD auf 500 Mrd. € pro Jahr geschätzt. Den größeren Teil der Staatsausgaben machen jedoch Transferzahlungen aus. Dazu gehören insbesondere Sozialleistungen. 2

Nach dem Finanzwissenschaftler *Richard A. Musgrave* kommen dem Staat die Aufgaben Allokation, Distribution und Stabilisierung zu. Diese Aufgaben kann er zwar nicht ausschließlich, aber doch zu großen Teilen über die Finanzpolitik erreichen. Bei der Allokationspolitik sollen Produktionsfaktoren effizient und zur Herstellung von Gütern verwendet werden, die den Wünschen der Konsumenten entsprechen. In Fällen von Marktversagen kann es erforderlich werden, dass der Staat öffentliche Güter, wie z. B. die innere und die äußere Sicherheit, bereitstellt. Dafür werden Ausgabemittel in ausreichender Höhe benötigt. Bei der Distributionspolitik geht es um Verteilungsfragen, etwa die Bereitstellung einer sozialen Mindestsicherung oder Einkommensumverteilung durch eine progressive Einkommensteuer. Die Sozialausgaben sind in Deutschland von besonderer Bedeutung. 3

1 Die nachfolgenden Ausführungen in Kapitel A. I. wurden im Wesentlichen *Sauerland/Menzel*, Vorschriftensammlung Öffentliche Finanzwirtschaft: mit einer Einführung für Studium und Praxis, 2021, S. 9–11 entnommen.

4 Stabilisierungspolitik wird definiert als Summe aller Maßnahmen zum Erreichen eines makroökonomischen Gleichgewichts. In diesem Sinne ist auch die Forderung in Art. 109 Abs. 2 GG zu verstehen, wonach Bund und Länder „den Erfordernissen des gesamtwirtschaftlichen Gleichgewichts Rechnung" tragen sollen. Das Erreichen dieses Gleichgewichts kann gemessen werden auf Grundlage der vier in § 1 StWG genannten Ziele:

- Hoher Beschäftigungsstand,
- Preisniveaustabilität
- stetiges und angemessenes Wirtschaftswachstum sowie
- außenwirtschaftliches Gleichgewicht.

5 In einer Wirtschaftskrise, wie z. B. der Finanzkrise der Jahre 2008/09, kann der Staat durch die Erhöhung seiner Ausgaben, aber auch durch die Übernahme zusätzlicher Bürgschaften für Unternehmenskredite versuchen, das Erreichen der Ziele positiv zu beeinflussen. Eine Wirtschaftskrise geht naturgemäß mit negativem Wirtschaftswachstum einher. Entfalten die zusätzlichen Staatsausgaben die gewünschten Multiplikatoreffekte, wird der Wirtschaftseinbruch abgeschwächt oder sogar ganz verhindert.

6 In einer Pandemie sind die Umstände insofern anders, als eine Zunahme wirtschaftlicher Aktivität gerade nicht erreicht werden soll. Stattdessen sollen durch die Ausnahmesituation in wirtschaftliche Not geratene Menschen unterstützt und an sich „gesunde" Unternehmen und Beschäftigungsverhältnisse über das Ende der Pandemie hinaus erhalten werden. Auch für diese Rettungsmaßnahmen sind höhere Staatsausgaben und Gewährleistungen für Kredite erforderlich.

7 Als Folge einer schrumpfenden Wirtschaftsleistung werden regelmäßig weniger Arbeitskräfte benötigt, sodass das Ziel eines hohen Beschäftigungsstands gefährdet würde. Durch eine Steigerung des Wirtschaftswachstums können zusätzliche Staatsausgaben den Anstieg der Arbeitslosigkeit indirekt dämpfen. Möglich sind auch unmittelbar beschäftigungssichernde Maßnahmen wie das Kurzarbeitergeld.

8 Die Hauptverantwortung für die Preisniveaustabilität liegt bei der Zentralbank mit ihren geldpolitischen Befugnissen. Durch eine Erhöhung der Leitzinsen und eine Verknappung des Geldangebotes kann die Zentralbank inflationäre Tendenzen bekämpfen. Kommt es in einer Wirtschaftskrise jedoch zu einem Preisverfall, wird das Ziel der Preisniveaustabilität „von unten" verfehlt. Eine Deflation kann sich schnell verfestigen und die Ziele Wachstum und Beschäftigung in einer Art „Negativspirale" noch weiter gefährden. In einer solchen Situation sind die Möglichkeiten der Zentralbank, die Geldmenge und damit das Preisniveau zu erhöhen, beschränkt. Denn bei ungünstig eingeschätzter Rückzahlungswahrscheinlichkeit werden die Geschäftsbanken nur wenige Kredite vergeben und die Unternehmen bei

schlechten Absatzerwartungen nur wenige Kredite nachfragen. In diesem Fall könnte eine zusätzliche staatliche Nachfrage auch ein Absinken des Preisniveaus bremsen und damit möglicherweise eine Deflationsspirale verhindern.

Nach Auffassung vieler Ökonomen haben sich schuldenfinanzierte staat- **9**
liche Ausgabensteigerungen in der Finanzkrise 2008/09 bewährt, während Sparmaßnahmen erhebliche negative Multiplikatorwirkungen entfaltet haben. Auch durch die massive staatliche Unterstützung ist die deutsche Volkswirtschaft bislang vergleichsweise glimpflich durch die Corona-Pandemie gekommen. Insolvenzen und Massenarbeitslosigkeit sind bisher ausgeblieben. Konjunkturpolitisch motivierte Ausgabenprogramme bleiben unter Volkswirten insbesondere in Deutschland jedoch höchst umstritten. Über die Notwendigkeit steigender Staatsausgaben in Katastrophensituationen besteht demgegenüber ein breiterer Konsens.

Die kommenden gesellschaftlichen Herausforderungen wie die Digitali- **10**
sierung und die Dekarbonisierung gehen mit einem erheblichen öffentlichen Investitionsbedarf einher. Zudem wird der demografische Wandel dazu führen, dass die Ausgaben in der gesetzlichen Renten-, Kranken- und Pflegeversicherung sowie die Pensionszahlungen an Ruhestandsbeamte stetig steigen werden. Die bereits heute große Bedeutung der öffentlichen Finanzen wird daher in Zukunft weiter zunehmen.

II. Rechtliche Grundlagen der öffentlichen Finanzwirtschaft

1. Haushaltsrecht als Teilgebiet des öffentlichen Rechts

Das Haushaltsrecht berechtigt und verpflichtet ausnahmslos Träger hoheit- **11**
licher Staatsgewalt. Es ist deshalb ein Teilgebiet des öffentlichen Rechts. Das öffentliche Recht besteht aus dem
- Verfassungsrecht,
- Verwaltungsrecht,
- Europarecht und
- Völkerrecht.

Vorschriften über die Haushaltswirtschaft der Bundesrepublik Deutschland **12**
finden sich in allen Rechtsgebieten. Von besonderer Bedeutung sind das Finanzverfassungsrecht und das Verwaltungsrecht.

Das Verwaltungsrecht gliedert sich in das Allgemeine und das Besondere **13**
Verwaltungsrecht.
- Das Allgemeine Verwaltungsrecht umfasst diejenigen Regelungen, Grundsätze und Rechtsbegriffe, die übergreifend für alle Bereiche der Verwal-

tung maßgebend sind. Hierzu gehören vor allem die Bestimmungen über den Verwaltungsaufbau und die Verwaltungsorganisation, über die Handlungsformen der Verwaltung, das Verwaltungsverfahren, die Verwaltungsvollstreckung und die Staatshaftung.

14 – Das Besondere Verwaltungsrecht hingegen betrifft spezielle Verwaltungsbereiche, die meistens in einem oder sogar mehreren Gesetzen geregelt sind. Zum Besonderen Verwaltungsrecht gehört auch das Haushaltsrecht (Abb. 1).

2. Verfassungsrecht

15 Von besonderer Bedeutung für die Haushaltswirtschaft von Bund und Ländern ist das Verfassungsrecht. Wohlüberlegt hebt das Grundgesetz die bundesstaatliche Finanzverfassung in einem eigenständigen Abschnitt – dem X. Abschnitt (Art. 104a bis Art. 115 GG) – besonders hervor und weicht damit von seinem übrigen Aufbau ab. Während die sonstigen staatsorganisationsrechtlichen Teile des Grundgesetzes entweder an Organe (III. bis VI. Abschnitt) oder an Funktionen (VII. bis IX. Abschnitt) anknüpfen, regelt der X. Abschnitt finanzverfassungsrechtliche Fragen sachbezogen ohne Rücksicht auf bestimmte Organe oder Funktionen.

16 Der X. Abschnitt des Grundgesetzes besteht aus zwei Teilen:

1. Der erste Komplex (Art. 104a bis Art. 108 GG) enthält die Finanzverfassung im engeren Sinne oder – anders formuliert – das Recht der Staatseinnahmen. Im Vordergrund steht die Abgrenzung der Kompetenzen

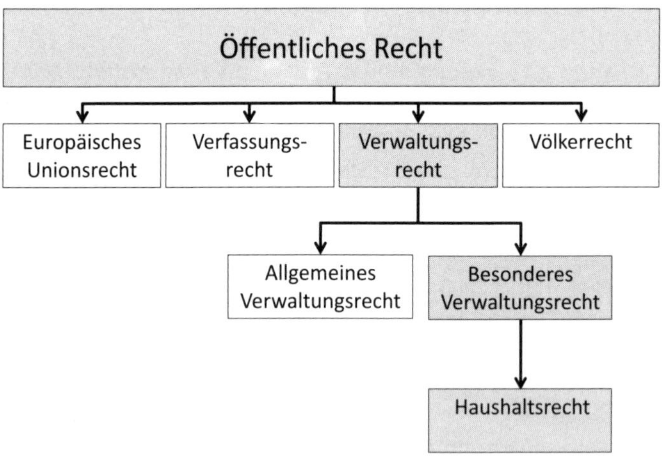

Abb. 1: Standort des Haushaltsrechts.

zwischen dem Bund und den Ländern einschließlich der Gemeinden und Gemeindeverbände. Konkret geht es
  a) in Art. 104a GG um die Verteilung der zur Wahrnehmung der staatlichen Aufgaben notwendigen Ausgabenhoheit,
  b) in Art. 105 GG um die Verteilung der Steuergesetzgebungshoheit,
  c) in Art. 106 und Art. 107 GG um die Verteilung der Steuerertragshoheit und
  d) in Art. 108 GG um die Verteilung der Steuerverwaltungshoheit (sowie die Finanzgerichtsbarkeit).
2. Der zweite Teil des X. Abschnitts (Art. 109 bis Art. 115 GG) normiert das Haushaltsverfassungsrecht oder das Recht der Staatsausgaben, und zwar
  a) in Art. 109 und Art. 109a GG haushaltsrechtliche Grundsätze für Bund und Bundesländer,
  b) in Art. 110 bis Art. 114 GG das Haushaltsrecht des Bundes und
  c) in Art. 115 GG die Zulässigkeit und die Grenzen der Kreditaufnahme des Bundes.

Darüber hinaus finden sich im Grundgesetz auch außerhalb seines X. Abschnitts vereinzelt weitere finanzverfassungsrechtliche Regelungen, so z. B. in **17**
- Art. 28 Abs. 2 Satz 3 Halbs. 2 GG über das gemeindliche Hebesatzrecht,
- Art. 140 GG in Verb. mit Art. 137 Abs. 6 WRV über die Kirchensteuer oder
- Art. 91a bis Art. 91e GG über die Finanzierung der sog. Gemeinschaftsaufgaben und Verwaltungszusammenarbeit.

Zu erwähnen sind schließlich noch allgemeine Prinzipien des Grundgesetzes, die zwar nicht spezifisch finanzrechtlicher Natur sind, jedoch auch im Rahmen finanzwirtschaftlicher Vorgänge Beachtung finden müssen. Namentlich sind dies die Grundrechte, das Rechtsstaatsprinzip und das Sozialstaatsprinzip. **18**

3. Parlamentsgesetze

3.1 Gesetz zur Förderung der Stabilität und des Wachstums der Wirtschaft

Die Rezession der Jahre 1966/67 führte zu einem Wandel in der Finanzwissenschaft. Wurde öffentlichen Haushalten bis dahin eine reine Bedarfsdeckungsfunktion zugeschrieben, sollten sie nunmehr auch den Erfordernissen des gesamtwirtschaftlichen Gleichgewichts Rechnung tragen. Das 1967 verkündete Gesetz zur Förderung der Stabilität und des Wachstums der Wirtschaft (Stabilitäts- und Wachstumsgesetz)[2] erklärte deshalb die Stabili- **19**

2 BGBl. 1967 I S. 582.

tät des Preisniveaus, einen hohen Beschäftigungsstand und ein außenwirtschaftliches Gleichgewicht bei stetigem und angemessenem Wirtschaftswachstum zum Ziel staatlicher Wirtschafts- und Finanzpolitik. Das Stabilitäts- und Wachstumsgesetz führte auf Bundesebene außerdem erstmals eine mittelfristige Finanzplanung ein.[3]

3.2 Gesetz über die Grundsätze des Haushaltsrechts des Bundes und der Länder

20 1969 wurde das Gesetz über die Grundsätze des Haushaltsrechts des Bundes und der Länder (Haushaltsgrundsätzegesetz) beschlossen.[4] Als konkretisierungs- und ergänzungsbedürftiges Rahmengesetz verpflichtet es Bund und Länder, ihr jeweiliges Haushaltsrecht an einheitlichen Grundsätzen auszurichten. Zwar gewährleistet Art. 109 Abs. 1 GG die Selbstständigkeit und Unabhängigkeit der Haushaltswirtschaft von Bund und Ländern. In einem modernen Bundesstaat wie der Bundesrepublik Deutschland bedarf es jedoch eines Mindestmaßes an Übereinstimmung zwischen dem Zentralstaat und den Gliedstaaten, um den Erfordernissen des gesamtwirtschaftlichen Gleichgewichts Rechnung zu tragen. Dem dient das Haushaltsgrundsätzegesetz.

3.3 Bundeshaushaltsordnung

21 Am 1. Januar 1970 trat die Bundeshaushaltsordnung in Kraft,[5] welche die bis dahin geltende Reichshaushaltsordnung vom 31. Dezember 1922 ablöste. Die Bundeshaushaltsordnung enthält die grundlegenden Bestimmungen über die Aufstellung und Ausführung des Bundeshaushaltsplans, das Kassenwesen sowie die Rechnungslegung und Rechnungsprüfung. Die Landeshaushaltsordnungen stimmen sowohl inhaltlich als auch in der Reihenfolge der Vorschriften weitgehend mit der Bundeshaushaltsordnung überein.

22 Bundeshaushaltsordnung und Landeshaushaltsordnungen gelten im Gegensatz zu den jährlichen Haushaltsgesetzen auf Dauer. Sie werden deshalb auch als Dauergesetze oder Ständiggesetze bezeichnet.[6]

---

3 Dazu noch Rz 278 ff.

4 BGBl. 1969 I S. 1273.

5 BGBl. 1969 I S. 1283.

6 *Westermeier/Wiesner*, Das staatliche Haushalts-, Kassen- und Rechnungswesen, 9. Aufl. 2012, Rn. 16.

3.4 Haushaltsgesetz

Durch das Haushaltsgesetz wird der Haushaltsplan festgestellt (Art. 110 Abs. 2 Satz 1 GG). Er enthält die systematisch gegliederte Zusammenstellung der für das jeweilige Haushaltsjahr voraussichtlich zu erwartenden Einnahmen und der veranschlagten Ausgaben. Der Haushaltsplan ermächtigt die Verwaltung, Ausgaben zu leisten und Verpflichtungen einzugehen (§ 3 Abs. 1 BHO). Ansprüche oder Verbindlichkeiten der Bürger werden durch den Haushaltsplan jedoch weder begründet noch aufgehoben (§ 3 Abs. 2 BHO); dafür bedarf es einer besonderen gesetzlichen Ermächtigungsgrundlage. **23**

In der Staatspraxis des Bundes gilt das Haushaltsgesetz immer nur für ein Haushaltsjahr. Haushaltsjahr ist das Kalenderjahr (§ 4 Satz 1 BHO). Das Haushaltsgesetz ist folglich (im Unterschied zur Bundeshaushaltsordnung) ein Zeitgesetz. **24**

4. Verwaltungsvorschriften

Eine Fülle von Verwaltungsvorschriften ergänzt die haushaltsrechtlichen Regelungen, um einen einheitlichen Vollzug des Haushaltsrechts in allen Bundesbehörden zu gewährleisten. Von Bedeutung für die Aufstellung und die Ausführung des Haushaltsplans sind insbesondere die folgenden Verwaltungsvorschriften: **25**

- Allgemeine Verwaltungsvorschriften zur Bundeshaushaltsordnung (VV-BHO) vom 14. März 2001[7]: Die VV-BHO konkretisieren die Bestimmungen der Bundeshaushaltsordnung, um eine gleichmäßige Verwaltungspraxis sicherzustellen.
- Verwaltungsvorschriften zur Haushaltssystematik des Bundes (VV-HB), bestehend aus
  - den Haushaltstechnischen Richtlinien des Bundes (HRB) vom 3. Juni 2020: Die HRB gewährleisten eine einheitliche Struktur und Gestaltung des Haushaltsplans;
  - dem Gruppierungsplan: Der Gruppierungsplan enthält eine systematische Gliederung aller Titel des Haushaltsplans nach Einnahme- und Ausgabearten;[8]
  - dem Funktionenplan: Der Funktionenplan systematisiert die Titel des Haushaltsplans nach Sachaufgaben.

---

7 GMBl. 2001, S. 307.

8 Vgl. § 13 Abs. 2 Satz 3 und Abs. 3 BHO.

- Verwaltungsvorschriften über die Haushalts- und Wirtschaftsführung.
- Ggf. Allgemeine Verwaltungsvorschriften zur vorläufigen Haushaltsführung: Die Vorschriften gelten in der „etatlosen" Zeit, wenn der Haushaltsplan nicht vor Beginn eines Haushaltsjahres festgestellt wurde. Sie konkretisieren die Bestimmung in Art. 111 GG, indem sie die Bewirtschaftung von Haushaltsmitteln bis zum Inkrafttreten des Haushaltsgesetzes regeln.
- Kassenbestimmungen für die Bundesverwaltung (KBestB) vom 8. Februar 1999[9].

9 GMBl. 1999, S. 166.

B. Finanzverfassungsrechtliche Grundlagen

I. Staatliche Einnahmen

1. Überblick

Die grundgesetzliche Finanzverfassung setzt voraus, dass sich der Staat im **26**
Wesentlichen durch Steuern finanziert. Das Finanzverfassungsrecht ist daher in weiten Teilen ein „Steuerverfassungsrecht". Daneben kennt das deutsche Abgabenrecht weitere Einnahmearten (Abb. 2). Zu nennen sind z. B.

- Gebühren,
- Beiträge,
- Sonderabgaben,
- sonstige Abgaben,
- Einnahmen aus wirtschaftlicher Betätigung und
- Einnahmen aus Krediten.

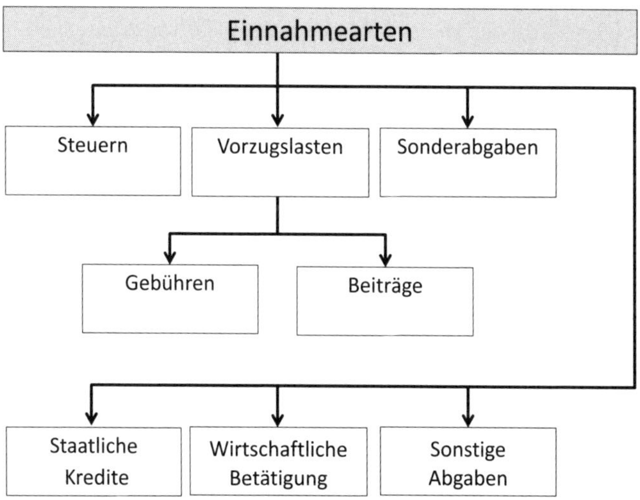

Abb. 2: Überblick über die staatlichen Einnahmen.

2. Steuern

27 Die Bundesrepublik Deutschland ist ein „Steuerstaat“. Zwar legen sich die Verfassungen des Bundes und der Länder nicht ausdrücklich auf eine bestimmte Wirtschaftsordnung fest. Der X. Abschnitt des Grundgesetzes ist jedoch auf Steuern als Instrument der Finanzierung des Staates fixiert, indem er die Gesetzgebungs- (Art. 105 GG) und die Verwaltungskompetenzen (Art. 108 GG) für Steuern detailliert festlegt, das Steueraufkommen präzise verteilt (Art. 106 und Art. 107 GG) und bestimmte Steuerarten in ihrer Existenz voraussetzt. Freilich beschränkt sich das Grundgesetz nicht auf die Finanzausstattung des Staates mit Steuern, sondern erwähnt auch „Abgaben“ (Art. 106 Abs. 1 Nr. 5 bis 7 GG) und „Gebühren“ (Art. 74 Abs. 1 Nr. 22 und Art. 80 Abs. 2 GG). Dennoch liegt der Verfassung die Vorstellung zugrunde, dass sich die Finanzierung der staatlichen Aufgaben im Bund im Kern auf Steuern und nicht auf andere Abgaben oder eine erwerbswirtschaftliche Betätigung stützt.

28 Was allerdings eine Steuer ist, definiert das Grundgesetz nicht. Auf einfachgesetzlicher Ebene enthielt erstmals § 1 der Reichsabgabenordnung von 1919 eine Begriffsbestimmung, die allgemeine Anerkennung gefunden hat. Das BVerfG betont zwar, dass es methodisch unzulässig ist, den einfachgesetzlich definierten Steuerbegriff ohne Weiteres in das Verfassungsrecht zu übernehmen. Dennoch geht das BVerfG in Übereinstimmung mit der herrschenden Lehre davon aus, dass der historische Verfassungsgeber an die Definition der Reichsabgabenordnung anknüpfte und sie für die Auslegung der Art. 105 bis Art. 108 GG übernahm.

29 Die 1977 in Kraft getretene Abgabenordnung hat in ihrem § 3 Abs. 1 den Steuerbegriff der Reichsabgabenordnung im Wesentlichen übernommen.

§ 3 Abs. 1 AO

„Steuern sind Geldleistungen, die nicht eine Gegenleistung für eine besondere Leistung darstellen und von einem öffentlich-rechtlichen Gemeinwesen zur Erzielung von Einnahmen allen auferlegt werden, bei denen der Tatbestand zutrifft, an den das Gesetz die Leistungspflicht knüpft; die Erzielung von Einnahmen kann Nebenzweck sein.“

30 Eine Steuer wird demnach durch vier Begriffsmerkmale gekennzeichnet:

1. Geldleistungen – im Gegensatz zu Sach- oder Dienstleistungen;
2. hoheitliche Auferlegung durch ein öffentlich-rechtliches Gemeinwesen – im Gegensatz zu privatrechtlichen Zahlungen oder Leistungen an sonstige juristische Personen des öffentlichen Rechts;
3. Gegenleistungsfreiheit – im Gegensatz zum Entgelt für bestimmte Verwaltungsleistungen;

4. Einnahmenerzielungsabsicht – die freilich nur Nebenzweck sein kann.

Steuern sind hoheitlich auferlegte einmalige oder laufende Geldleistungen. **31** Dieses Begriffsmerkmal haben sie mit allen anderen Abgabearten gemeinsam. Anders als Gebühren und Beiträge, werden Steuern aber voraussetzungslos erhoben. Sie stellen daher keine unmittelbar zurechenbare Gegenleistung für eine bestimmte staatliche Tätigkeit dar, sondern dienen der Deckung des allgemeinen Finanzbedarfs.

Eine Zweckbindung des Steueraufkommens bei den sog. Zwecksteuern **32** ist grundsätzlich zulässig. Zwecksteuern sind Abgaben, deren Aufkommen in Durchbrechung des Haushaltsgrundsatzes der Gesamtdeckung für einen bestimmten Zweck reserviert ist. Nach dem Grundsatz der Gesamtdeckung hat das gesamte Steueraufkommen der Deckung aller Ausgaben zu dienen (§ 8 Satz 1 BHO; vgl. Abb. 3).

Zwecksteuern sind nach § 8 Satz 2 BHO nur zulässig, sofern sie durch **33** Gesetz vorgeschrieben oder durch Haushaltsvermerk im Haushaltsplan zugelassen sind. Als Durchbrechung des Grundsatzes der Gesamtdeckung müssen Zwecksteuern die Ausnahme bleiben. Zwecksteuern müssen grundsätzlich geeignet sein, den Zweck ihrer Erhebung zu erfüllen bzw. der Zielerreichung näher zu kommen (Zwecktauglichkeit).

Beispiele

Nach § 4 Satz 1 Alkopopsteuergesetz ist das „Netto-Mehraufkommen aus der Alkopopsteuer […] zur Finanzierung von Maßnahmen zur Suchtprävention der Bundeszentrale für gesundheitliche Aufklärung zu verwenden." – Art. 1 Satz 1 des Straßenbaufinanzierungsgesetzes schreibt vor, einen Teil des Aufkommens an Mineralölsteuer „für Zwecke des Straßenwesens zu verwenden".

Jede Steuer dient nicht nur der Erzielung von Einkünften; sie wirkt darüber **34** hinaus stets sozialgestaltend. Zu denken ist etwa an wirtschafts-, umwelt-

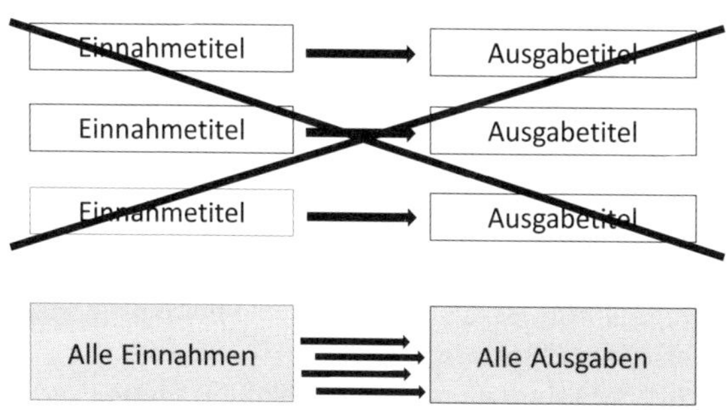

Abb. 3: Haushaltsgrundsatz der Gesamtdeckung.

oder sozialpolitische Effekte, die den Neben- oder sogar Hauptzweck einer Steuer bilden können (sog. Lenkungssteuer). Der Gesetzgeber darf derartige interventionistische Auswirkungen von Steuern bewusst einsetzen.

Beispiele

Gemäß § 9 KraftStG bemisst sich der Steuersatz bei der Kraftfahrzeugsteuer nicht mehr nur nach dem Hubraum, sondern auch nach dem CO_2-Ausstoß des Fahrzeugs. Hingegen ist nach § 3d KraftStG das Halten von Elektrofahrzeugen für zehn Jahre ab dem Tag der erstmaligen Zulassung kraftfahrzeugsteuerbefreit.

35 Die Grenze des Steuerbegriffs wird jedoch dann überschritten, wenn Abgaben keinerlei Finanzierungsfunktion mehr zukommt, sie also nach Gewicht und Auswirkung einem Verhaltensverbot gleichzusetzen sind.

Beispiele

Geldstrafen; Bußgelder; Zwangsgelder.

3. Gebühren

36 Eine Legaldefinition des Begriffs der Gebühr findet sich im Grundgesetz nicht. Es hat sich dennoch eine allgemein anerkannte Umschreibung herausgebildet.

Definition

Gebühren sind öffentlich-rechtliche Geldleistungen, die als Entgelt für konkrete, individuell zurechenbare staatliche Leistungen auferlegt werden und die dazu bestimmt sind, die Kosten der Leistung ganz oder teilweise zu decken („Verwaltungspreis"). Gebühren werden für die tatsächliche Inanspruchnahme einer staatlichen Leistung erhoben. Mit den Beiträgen werden sie unter den Begriff der „Vorzugslasten" zusammengefasst.

Beispiele

Flugsicherungsgebühr; Gerichtsgebühr; Kindergartengebühr; Straßennutzungsgebühr; Studiengebühr; Telekommunikations-Lizenzgebühr.

37 Zu differenzieren ist zwischen verschiedenen Gebührenarten:
- Eine Verwaltungsgebühr wird für ganz bestimmte Verwaltungshandlungen erhoben.
- Die Benutzungsgebühr ist das Entgelt für die Inanspruchnahme einer öffentlich-rechtlichen Einrichtung.
- Teilweise wird die privilegierende Rechtsübertragung (Verleihungsabgabe / Lizenzentgelt) als dritter Gebührentyp genannt.

4. Beiträge

Definition 38

Ein Beitrag ist eine Abgabe zur vollen oder teilweisen Deckung von Kosten für eine staatliche Einrichtung oder Leistung, die von denjenigen erhoben wird, denen die Einrichtung oder Leistung angeboten wird. Beiträge werden folglich für die Möglichkeit der Inanspruchnahme erhoben, ohne dass die Einrichtung oder Leistung tatsächlich in Anspruch genommen worden sein müsste.

Beispiele

Über Erschließungsbeiträge nach §§ 127 ff. BauGB werden die Straßenanlieger an den Erschließungskosten einer Straße beteiligt, weil sie die Möglichkeit der Straßennutzung erhalten. Ob die Anlieger die Straße tatsächlich nutzen werden, ist für die Entstehung der Beitragsschuld irrelevant. – Weitere Beispiele sind die Kurtaxe oder Rundfunkbeiträge. Auch ihre Entstehung ist von der konkreten Benutzung von Kureinrichtungen oder Rundfunkgeräten unabhängig.

Von den abgabenrechtlichen Beiträgen im engeren Sinne sind die „Beiträge" zu trennen, die durch öffentlich-rechtliche Körperschaften (Rechtsanwaltskammern, Industrie- und Handelskammern usw.) von ihren Mitgliedern erhoben werden. Es handelt sich um Mitgliedsbeiträge, die als sog. Verbandslasten von den Vorzugslasten unterschieden werden. 39

5. Sonderabgaben

Definition 40

Sonderabgaben sind – wie auch Steuern – hoheitlich auferlegte Geldleistungspflichten. Sie unterscheiden sich von den Steuern dadurch, dass sie nicht nach allgemeinen Merkmalen von allen Bürgern erhoben werden.

Die Kompetenzgrundlage von Sonderabgaben findet sich außerhalb der Finanzverfassung in den allgemeinen Vorschriften über die Sachgesetzgebungszuständigkeit nach Art. 70 ff. GG. Sonderabgaben stellen zudem keine Gegenleistung für staatliche Leistungen oder Vorteilsgewährungen dar und sind deshalb keine Gebühren oder Beiträge. 41

Da das Grundgesetz davon ausgeht, dass „die Gemeinlasten aus Steuern finanziert werden"[10], sind die außersteuerlichen Sonderabgaben nur ausnahmsweise zulässig und bedürfen einer besonderen Rechtfertigung. Dies gilt umso mehr, als das Aufkommen der Sonderabgaben nicht in den allge- 42

10 BVerfGE 92, 91 (113) – Feuerwehrabgabe.

meinen Haushalt fließt, sondern einem Sonderfonds vorbehalten ist und damit potenziell das Budgetrecht des Parlaments gefährdet.

43 Die Erhebung von Sonderabgaben ist deshalb nur gestattet, wenn

- sich der Gesetzgeber ihrer im Rahmen der Verfolgung eines Sachzwecks bedient, der über die bloße Mittelbeschaffung hinausgeht,
- eine von der Allgemeinheit durch eine gemeinsame Interessenlage oder andere Gegebenheiten klar abgrenzbare Gruppe von Abgabepflichtigen in Anspruch genommen wird (sog. Homogenitätserfordernis),
- eine spezifische Sachnähe zwischen der Gruppe der Abgabenpflichtigen und dem mit der Abgabe verfolgten Zweck besteht (sog. Sachnähe oder Finanzierungsverantwortung),
- zwischen den Belastungen und den Begünstigungen, welche die Sonderabgabe hervorruft, eine sachgerechte Verknüpfung besteht, die durch die Verwendung der Sonderabgabe zugunsten der belasteten Gruppe hergestellt wird (sog. Gruppennützigkeit) und
- das Aufkommen aus der Sonderabgabe im Haushaltsplan dokumentiert ist.

Beispiele

Zulässige Sonderabgaben:
Abwasserabgabe[11]; Berufsausbildungsabgabe[12]; Filmförderungsabgabe[13]; Umlage zur Finanzierung der Bundesanstalt für Finanzdienstleistungsaufsicht[14]; Insolvenzsicherungsabgabe[15].
Unzulässige Sonderabgaben: Kohlepfennig[16]; Sonderabfallabgaben[17]; Beitrag nach dem Absatzfondsgesetz[18].

44 Im Haushaltsplan werden Sonderabgaben in einer Übersicht nach dem Gesamtplan und vor dem Einzelplan 01 ausgewiesen (Abb. 4).

45 Sonderabgaben sind stets temporär und bedürfen einer fortlaufenden Legitimation. Sie müssen vom Gesetzgeber regelmäßig darauf überprüft werden, ob ihre Zulässigkeitsvoraussetzungen noch erfüllt sind.

11 OVG Münster, NVwZ 1984, 391.
12 BVerfGE 55, 274.
13 BVerwGE 45, 1.
14 BVerfGE 124, 235.
15 BVerwGE 72, 212.
16 BVerfGE 91, 186.
17 BVerfGE 98, 83.
18 BVerfGE 122, 316.

Sonderabgaben des Bundes

Die Nennung einer Abgabe in dieser Auflistung qualifiziert die Abgabe nicht als Sonderabgabe.

Epl.	Sonderabgabe		Abgabevolumen in Mio. €		
			Soll 2021	Soll 2020	Ist 2019
1	2		3	4	5
04	**Bezeichnung:**	**Filmabgabe der Kinos, Videowirtschaft, Fernsehveranstalter und Programmvermarkter**	49,60	48,80	57,60
	Rechtsgrundlage:	§§ 151, 152, 153, 154, 155, 156 i.V.m. § 146 ff. Filmförderungsgesetz (FFG) vom 23.12.2016 (BGBl. I S. 3413)			
	Abgabezweck:	Förderung der Filmwirtschaft, Videowirtschaft und Maßnahmen nach §§ 2, 3 FFG durch die Filmförderungsanstalt			
	verpflichtet:	Kinos (§§ 151 i.V.m. § 146 ff FFG), Videowirtschaft: Videoprogrammanbieter (§§ 152 i.V.m. § 146 ff FFG) und Anbieter von Videoabrufdiensten (§§ 153 i.V.m. § 146 ff FFG); Fernsehveranstalter und Programmvermarkter (§§ 154,155 und 156 i.V.m. § 146 ff FFG)			
	begünstigt:	Filmförderungsanstalt und die von dieser geförderte Filmwirtschaft (Kinofilm); insbesondere Produzenten, Drehbuchautoren, Verleih- und Vertriebsunternehmen, Videoprogramm-			

Abb. 4: Dokumentation von Sonderabgaben im Haushaltsplan.

6. Einnahmen aus erwerbswirtschaftlicher Betätigung und aus Krediten

Zwar werden staatliche Ausgaben überwiegend durch Einnahmen aus Abgaben gedeckt. Von nicht untergeordneter Bedeutung sind jedoch ebenfalls Einnahmen, die aus einer erwerbswirtschaftlichen Betätigung des Staates oder einer staatlichen Kreditaufnahme resultieren. Aus einer wirtschaftlichen Betätigung des Staates lassen sich etwa folgende Einnahmen generieren: **46**

- Mieten und Pachten für die Nutzung von Grundstücken und Gebäuden,
- Erlöse aus der Erbringung von Dienstleistungen,
- Erlöse aus der Veräußerung von Staatsvermögen,
- Gewinne aus Beteiligungen an Unternehmen,
- Zinseinnahmen.

Zudem kann sich der Staat zur Finanzierung öffentlicher Aufgaben Finanzmittel auf Zeit verschaffen, indem er Kredite aufnimmt. Die Aufnahme öffentlicher Kredite ist die vertragliche Begründung von Staatsschulden, die einem öffentlichen Haushalt für eine bestimmte Zeit Geldmittel zuführt. Staatsschulden resultieren aus der Verzinsungs- und Rückzahlungspflicht der aufgenommenen Kredite. Verfassungsrechtliche Grenzen der Kreditfinanzierung ergeben sich für den Bund und die Länder aus Art. 109 Abs. 2 und 3 GG sowie – nur für den Bund – aus Art. 115 Abs. 2 GG. **47**

7. Zusammenfassung

48 – Das Grundgesetz definiert den Begriff der Steuer nicht, sondern setzt ihn voraus. Nach allgemeiner Meinung ist der verfassungsrechtliche Steuerbegriff durch die traditionelle einfachgesetzliche Legaldefinition in § 3 Abs. 1 AO vorgeprägt. Gemäß § 3 Abs. 1 AO sind Steuern „einmalige oder laufende Geldleistungen, die nicht eine Gegenleistung für besondere Leistung darstellen und die von einem öffentlich-rechtlichen Gemeinwesen allen auferlegt werden, bei denen der Tatbestand zutrifft, an den das Gesetz die Leistungspflicht knüpft; die Erzielung von Einnahmen kann Nebenzweck sein."
– Die Gebühren gehören mit den Beiträgen zu den Vorzugslasten, die durch ihren Entgeltcharakter geprägt sind. Die Gebühr ist eine Geldleistung, die der Verpflichtete für eine von ihm beanspruchte und vom Staat gewährte öffentliche Leistung zu erbringen hat („Verwaltungspreis"). Die individuell zurechenbare Leistung kann in einer Amtshandlung der Verwaltung (Verwaltungsgebühr) oder in der Inanspruchnahme öffentlicher Einrichtungen (Benutzungsgebühr) liegen. Teilweise wird eine Rechtsübertragung (Verleihungsgebühr/Lizenzgebühr) als dritter Gebührentyp genannt.
– Beiträge sind wie die Gebühren Vorzugslasten, die sich durch ihren Entgeltcharakter von den Steuern unterscheiden. Anders als die Gebühr setzt der Beitrag nicht notwendig die tatsächliche Inanspruchnahme einer staatlichen Leistung durch den Abgabepflichtigen voraus. Verwaltungsbeiträge knüpfen an die abstrakte Möglichkeit der Inanspruchnahme an.
– Sonderabgaben sind außersteuerliche Geldleistungspflichten, die nicht nach allgemeinen Merkmalen von allen Bürgern erhoben werden, sondern von einer abgrenzbaren homogenen Gruppe, die dem mit der Abgabenerhebung verfolgten Zweck evident nähersteht als die Allgemeinheit der Steuerzahler. Aus dieser Sachnähe muss eine besondere Gruppenverantwortung für die Erfüllung der mit der außersteuerlichen Abgabe zu finanzierenden Sachaufgabe entspringen.

II. Steuerertragshoheit

1. Verteilungsmodelle

49 In einem Bundesstaat stehen für die Verteilung des Steueraufkommens auf Bund, Länder, Gemeinden und Gemeindeverbände verschiedene Modelle zur Verfügung.

1.1 Beitragssystem

In einem Beitragssystem erhalten entweder der Gesamtstaat oder die Gliedstaaten das gesamte Steueraufkommen mit der Maßgabe, den Finanzbedarf der anderen Seite durch angemessene Zuweisungen (Beiträge) zu gewährleisten. Das Beitragssystem wurde unter der Verfassung des Deutschen Reichs vom 16. April 1871 (RV 1871) praktiziert. Nach Art. 70 RV 1871 hatte das Reich nur die Ertragshoheit über die Zölle und Verbrauchsteuern. Soweit diese Einnahmen nicht ausreichten, waren die Bundesstaaten, denen alle übrigen Steuereinnahmen zustanden, verpflichtet, dem Reich entsprechende Beiträge, die sog. Matrikularbeiträge, zu entrichten (Abb. 5). **50**

Art. 70 RV 1871

„[1]Zur Bestreitung aller gemeinschaftlichen Ausgaben dienen zunächst die etwaigen Überschüsse der Vorjahre, sowie die aus den Zöllen, den gemeinschaftlichen Verbrauchssteuern und aus dem Post- und Telegraphenwesen fließenden gemeinschaftlichen Einnahmen. [2]Insoweit dieselben durch diese Einnahmen nicht gedeckt werden, sind sie, solange Reichssteuern nicht eingeführt sind, durch Beiträge der einzelnen Bundesstaaten nach Maßgabe ihrer Bevölkerung aufzubringen, welche bis zur Höhe des budgetmäßigen Betrages durch den Reichskanzler ausgeschrieben werden.“

Ein Beitragssystem weist jedoch schwerwiegende Nachteile auf: Es macht insbesondere die Nehmerseite, die auf die Beiträge angewiesen ist, von der Geberseite abhängig. Nicht ohne Grund bezeichnete Reichskanzler *Otto v. Bismarck* das Reich als einen „lästige(n) Kostgänger bei den Einzelstaaten“[19]. Mit der Eigenständigkeit des Zentralstaates und der Gliedstaaten in einem föderalen Staat ist es daher nur schwer vereinbar. **51**

Abb. 5: Beitragssystem nach der Reichsverfassung von 1871.

---

19 Zitiert nach *Ullmann*, Der deutsche Steuerstaat, 2005, S. 74.

1.2 Trennsystem

52 Das Trennsystem verteilt den Ertrag bestimmter Steuern oder Steuerarten auf Bund, Länder und Gemeinden (Abb. 6). Dabei können die Erträge entweder allen staatlichen Ebenen gleichermaßen zugeordnet werden (freies Trennsystem) oder differenziert nach Steuerarten entweder dem Bund oder der Ländergesamtheit zugewiesen werden (gebundenes Trennsystem). Aus Sicht der Ertragshoheit wird daher zwischen Bundessteuern und Landessteuern differenziert

53 Das Trennsystem hat den Vorteil, dass es die haushaltswirtschaftliche Eigenverantwortlichkeit von Bund und Ländern am ehesten verwirklicht. Zudem wird das Steueraufkommen im Trennsystem nach formalen Kriterien und damit eindeutig und klar verteilt.

54 Andererseits trägt jede Ebene das Risiko eines Rückgangs der Einnahmen. Konjunkturell bedingte Schwankungen oder sogar Verschiebungen beim Aufkommen der einzelnen Steuerarten könnten die Einnahmesituation der jeweils betroffenen Ebene dadurch u. U. unverhältnismäßig beeinträchtigen. Da dem Trennsystem flexible Korrekturinstrumente fehlen, kann es nicht die für eine staatliche Aufgabenwahrnehmung notwendige Einnahmenstabilität gewährleisten.

1.3 Verbundsystem

55 Im Verbundsystem fließt das gesamte Steueraufkommen zunächst in einen gemeinsamen Topf und wird danach quotal auf die verschiedenen Ebenen aufgeteilt (Abb. 7). Die beteiligten Gebietskörperschaften partizipieren also mit einem bestimmten (feststehenden oder wechselnden) Anteilssatz am Gesamtsteueraufkommen.

56 Sie tragen daher nur nach Maßgabe des Beteiligungsschlüssels das Aufkommensrisiko. Konjunkturelle Veränderungen des Steueraufkommens

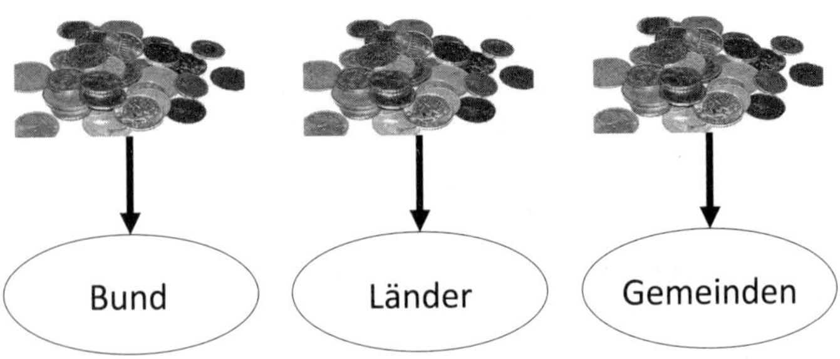

Abb. 6: Trennsystem.

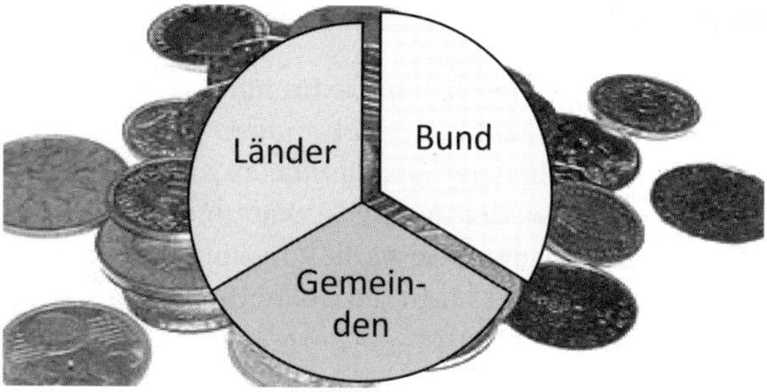

Abb. 7: Verbundsystem.

können sich daher nicht einseitig zulasten des Bundes oder der Länder auswirken. Das Verbundsystem sichert somit Einnahmenstabilität und gleichgewichtige finanzielle Ausstattung in stärkerem Maße als das Trennsystem.

Der Nachteil des Verbundsystems besteht darin, dass die Wirtschaftskraft **57**
und die Leistungsfähigkeit der einzelnen Länder nur ungenügend abgebildet werden können. Politische Dauerstreitigkeiten über eine „gerechte" Steuerverteilung sind daher vorprogrammiert.

2. Mischsystem unter dem Grundgesetz

2.1 Überblick

Die grundgesetzliche Finanzverfassung kombiniert in Art. 106 GG sowohl **58**
Elemente des Verbund- als auch des Trennsystems zu einem eigenständigen „Mischsystem". Soweit dem Bund in Art. 106 Abs. 1 GG und der Ländergesamtheit in Art. 106 Abs. 2 GG die Ertragshoheit über bestimmte Steuern und Steuerarten zugewiesen wird, handelt es sich um eine Abbildung des Trennsystems. Soweit das Aufkommen der Einkommen-, Körperschaft- und Umsatzsteuer nach Art. 106 Abs. 3 und 4 GG dem Bund und den Ländern gemeinsam zusteht, wird ein Verbundsystem verwirklicht. Das Grundgesetz versucht auf diese Weise, die Vorteile beider Systeme zu kombinieren und die Nachteile zu minimieren.

Die von Art. 106 GG vorgenommen Zuweisung des Steueraufkommens **59**
ist grundsätzlich abschließend und zwingend. Mit Ausnahme der Vorschriften in Art. 91a bis Art. 91e, Art. 104a Abs. 3, Art. 104b und Art. 106 Abs. 8 GG sieht die Verfassung keine weiteren Regelungen über finanzielle Zuwendungen zwischen Bund und Ländern vor. Untersagt sind insbesondere abweichende Staatsverträge oder Verwaltungsabkommen.

2.2 Ausschließliche Ertragshoheit des Bundes

60 Art. 106 Abs. 1 GG weist zum einen die Erträge der Finanzmonopole dem Bund zu und enthält zum anderen eine enumerative Aufzählung der allein dem Bund zustehenden Steuern (Bundessteuern). Dabei handelt es sich um Steuern, die entweder eine besondere Verknüpfung zu den Aufgaben des Bundes besitzen oder wegen ihrer Gestaltungswirkung in erster Linie für den Bund von Bedeutung sind. Mit der ausschließlichen Ertragshoheit des Bundes verwirklicht Art. 106 Abs. 1 GG das Trennsystem.

Im Einzelnen handelt es sich um die folgenden Abgabenarten:

61 – Finanzmonopole (Art. 106 Abs. 1 Halbs. 1 GG): Finanzmonopole sind wirtschaftliche Tätigkeiten wie die Herstellung oder der Vertrieb von Waren, die zur Erzielung von Einnahmen ausschließlich einem Träger hoheitlicher Gewalt vorbehalten sind. Sie haben als Einnahmequelle keine Bedeutung mehr. Seit der Abschaffung des staatlichen Zündwarenmonopols im Jahre 1983 existierte bis vor Kurzem nur noch das Branntweinmonopol. Das Branntweinmonopol diente weniger fiskalischen als strukturpolitischen Zwecken, insbesondere dem Erhalt kleiner und kleinster Brennereien. Es lief Ende des Jahres 2017 aus.

62 – Zölle (Art. 106 Abs. 1 Nr. 1 GG): Nach dem Beschluss des Rates vom 7. Juni 2007 über das System der Eigenmittel der Europäischen Gemeinschaften 2007/436/EG (sog. Eigenmittelbeschluss)[20] haben die Mitgliedstaaten der EU das Zollaufkommen an die Union abzuführen.

63 – Verbrauchsteuern (Art. 106 Abs. 1 Nr. 2 GG): Der Ertrag der überörtlichen Verbrauchsteuern steht grundsätzlich dem Bund zu, soweit das Grundgesetz keine abweichenden Bestimmungen enthält.

Beispiele

Energiesteuer (früher Mineralölsteuer); Stromsteuer; Tabaksteuer; Kaffeesteuer.

Nicht unter die (vollständige) Ertragshoheit des Bundes fallen die traditionell den Ländern zustehende Biersteuer (Art. 106 Abs. 2 Nr. 5 GG), die Umsatzsteuer (Art. 106 Abs. 3 und 5a GG) und die den Gemeinden zustehenden örtlichen Verbrauch- und Aufwandsteuern (Art. 106 Abs. 6 GG).

64 – Verkehrsteuern (Art. 106 Abs. 1 Nr. 3 und 4 GG) knüpfen an Vorgänge des Rechtsverkehrs oder Wirtschaftslebens an. Art. 106 Abs. 1 Nr. 3 und 4 GG enthält eine abschließende Aufzählung der dem Bund zustehenden Verkehrsteuern. Im Übrigen liegt für diese Abgabenart die Ertragshoheit grundsätzlich bei den Ländern, wie Art. 106 Abs. 2 Nr. 3 GG verdeutlicht.

20 ABl. EG L 136, S. 17.

Beispiele

Kraftfahrzeugsteuer; Versicherungsteuer; Luftverkehrsteuer. Die Straßengüterverkehrsteuer wird bereits seit 1972 nicht mehr erhoben. Die ebenfalls in Nr. 4 erwähnten Kapitalverkehrsteuern wurden 1992 zur Beseitigung der Wettbewerbsnachteile der deutschen Finanzmärkte abgeschafft.

- Einmaligen Vermögens- und Ausgleichslasten (Art. 106 Abs. 1 Nr. 5 GG) **65** kam in der Vergangenheit Bedeutung insbesondere im Rahmen der Finanzierungsverantwortung des Bundes für die Kriegsfolgelasten nach Art. 120 GG zu. Derzeit hat die Vorschrift in Art. 106 Abs. 1 Nr. 5 GG keine praktische Relevanz.
- Ergänzungsabgaben zur Einkommen- und Körperschaftsteuer (Art. 106 **66** Abs. 1 Nr. 6 GG) sind akzessorisch zu den auf Dauer angelegten Einkommen- und Körperschaftsteuern. Ihre Aufgabe besteht darin, einen konkreten zusätzlichen Finanzbedarf des Bundes zu decken. Im Gegensatz zur Einkommen- und Körperschaftsteuer fließt ihr Aufkommen ausschließlich dem Bund zu. Ergänzungsabgaben können zeitlich unbefristet erhoben werden. Sie dürfen die Mitertragshoheit der Länder über die Gemeinschaftsteuern allerdings nicht aushöhlen. Ansonsten bestünde die Gefahr, dass der Bund das Steuerverteilungssystem des Grundgesetzes mithilfe von Ergänzungsabgaben unterliefe. Der seit dem 1. Januar 1995 erhobene Solidaritätszuschlag zur Finanzierung der deutschen Einheit genügt diesen Anforderungen noch.[21]
- Abgaben im Rahmen der Europäischen Union (Art. 106 Abs. 1 Nr. 7 GG): **67** Soweit die Finanzverfassung dem Bund die Ertragshoheit über die Abgaben im Rahmen der Europäischen Union zuweist, ist diese Zuordnung mit dem Übergang der Ertragshoheit auf die EU gegenstandslos. Es handelt sich lediglich um durchlaufende Posten im Bundeshaushalt.

Beispiele

Produktionsabgabe für Zucker, Isoglucose und Insulinsirup nach der Verordnung (EG) Nr. 1234/2007 des Rates über eine gemeinsame Organisation der Agrarmärkte und mit Sondervorschriften für bestimmte landwirtschaftliche Erzeugnisse vom 22. November 2007.[22]

21 BVerfG, Beschl. v. 10.3.2013 – 2 BvR 2121/11, juris: Verfassungsbeschwerde nicht zur Entscheidung angenommen.

22 ABl. EG L 299, S. 1.

2.3 Ausschließliche Ertragshoheit der Länder

68 Art. 106 Abs. 2 GG enthält eine abschließende Aufzählung der allein den Ländern zustehenden Steuern (Landessteuern). Hierbei ist unerheblich, ob die Steuern auf einer bundesgesetzlichen oder landesgesetzlichen Ermächtigungsgrundlage beruhen. Mit der Zuweisung der ausschließlichen Ertragshoheit an die Länder verwirklicht Art. 106 Abs. 2 GG ebenfalls das Trennsystem. Die meisten Landessteuern stehen in einem engen sachlichen Zusammenhang mit der Wirtschaft des jeweiligen Landes.

Im Einzelnen handelt es sich um die folgenden Steuerarten:

69 – Vermögensteuer (Art. 106 Abs. 2 Nr. 1 GG): Die Vermögensteuer ist eine Personalsteuer, die das Gesamtvermögen zum Gegenstand hat. Soweit der Steuerpflichtige mit seinem Vermögen Erträge erwirtschaftet, kommt der Vermögensteuer die Wirkung einer zusätzlichen Ertragsteuer zu. Weil aber nicht die tatsächlich erzielten Erträge besteuert werden, wird die Vermögensteuer auch als Sollertragssteuer bezeichnet. Das BVerfG erklärte die Vermögensteuer 1995 in ihrer konkreten Ausgestaltung für verfassungswidrig, weil sie nicht mit Art. 3 Abs. 1 GG vereinbar war.[23] Gleichwohl zeigt das Grundgesetz mit ihrer ausdrücklichen Erwähnung die Anerkennung als grundsätzlich zulässige Form des Steuerzugriffs. Mittlerweile wird im politischen Raum regelmäßig die Wiedereinführung der Vermögensteuer gefordert.

70 – Erbschaftsteuer (Art. 106 Abs. 2 Nr. 2 GG): Die Erbschaftsteuer besteuert den Erwerb durch Erbschaft und Vermächtnis. Hinzu kommt der Erwerb durch Schenkung. Mit der Erbschaftsteuer besteuert der Staat eine Bereicherung, die der Begünstigte ohne Gegenleistung erhalten hat.

71 – Verkehrsteuern, soweit sie nicht nach Abs. 1 oder Abs. 3 dem Bund zustehen (Art. 106 Abs. 2 Nr. 3 GG).

Beispiele

Grunderwerbsteuer; Rennwettsteuer; Lotteriesteuer; Feuerschutzsteuer.

72 – Biersteuer (Art. 106 Abs. 2 Nr. 4 GG): Die Biersteuer ist wegen ihrer besonderen Bedeutung für den süddeutschen Raum eine regional geprägte Verbrauchsteuer, deren Aufkommen traditionell den Ländern zusteht.

73 – Spielbankabgabe (Art. 106 Abs. 2 Nr. 5 GG): Die Spielbankabgabe ist keine Gegenleistung für die Erteilung einer Konzession zum Betrieb einer Spielbank, mithin keine Gebühr, sondern eine echte Steuer. Ihr Aufkommen steht zwingend und ausschließlich den Ländern zu.

---

23 BVerfGE 93, 121.

2.4 Gemeinsame Ertragshoheit von Bund und Ländern

Die Einkommensteuer, die Körperschaftsteuer und die Umsatzsteuer stehen als sog. Gemeinschaftsteuern dem Bund und den Ländern nach Maßgabe des Art. 106 Abs. 3 und 4 GG gemeinschaftlich zu. Art. 106 Abs. 3 und 4 GG ist daher eine Ausprägung des Verbundsystems. **74**

Mit dem System der Gemeinschaftsteuern verfolgt das Grundgesetz zwei Zielsetzungen: **75**

1. Zum einen soll die Beteiligung der Länder an der Einkommen- und Körperschaftsteuer dazu führen, das Eigeninteresse der Länder an einer prosperierenden regionalen Wirtschaft zu erhalten.
2. Zum anderen führt die Beteiligung des Bundes an der Einkommen- und Körperschaftsteuer dazu, den Bund mit den Folgen seiner Wirtschaftspolitik zu konfrontieren.

Wegen der starken Konjunkturanfälligkeit der Einkommen- und Körperschaftsteuer wurde 1969 die ebenfalls aufkommensstarke, aber „krisenfestere" Umsatzsteuer in das Verbundsystem aufgenommen. Dadurch sollen Bund und Länder mehr Planungssicherheit erhalten. **76**

Hinweis **77**

Die Einkommensteuer zielt auf die Besteuerung natürlicher Personen nach ihrer individuellen wirtschaftlichen Leistungsfähigkeit ab. Die erst 1920 aus dem Einkommensteuergesetz ausgegliederte Körperschaftsteuer ist die von juristischen Personen zu entrichtende Einkommensteuer. Die Umsatzsteuer ist eine sog. indirekte Steuer. Sie wird zwar vom Unternehmer erhoben, belastet im Ergebnis aber („indirekt") den Endverbraucher.

Die Einkommen- und die Körperschaftsteuer werden nach festen, verfassungsrechtlich festgelegten Quoten zwischen dem Bund und den Ländern aufgeteilt. Gemäß Art. 106 Abs. 3 Satz 2 GG erhalten der Bund und die Länder jeweils die Hälfte des Aufkommens. Dadurch sollen politische Verteilungskämpfe vermieden werden. Von der Einkommensteuer wird allerdings vorweg ein einfachgesetzlich festgelegter Gemeindeanteil abgezogen (Art. 106 Abs. 5 GG). **78**

Die Anteile von Bund und Ländern an der Umsatzsteuer sind variabel, d. h. es gibt keinen verfassungsfesten Verteilungsschlüssel. Vielmehr wird die Verteilung der Umsatzsteuererträge nach Art. 106 Abs. 3 Satz 3 GG durch Bundesgesetz, das der Zustimmung des Bundesrates bedarf, festgelegt. Der einfachgesetzlichen Bestimmung der Anteile von Bund und Ländern kommt deshalb eine konstitutive Wirkung zu. Damit soll eine Steuermasse als „Manövriermasse" geschaffen werden, um flexibel **79** auf die wechselnden politischen und wirtschaftlichen Anforderungen reagieren zu können.

2.5 Ertragshoheit der Gemeinden und Gemeindeverbände

80 Das Grundgesetz geht von einem zweistufigen Staatsaufbau der Bundesrepublik Deutschland aus (Bund und Länder). In der Konsequenz werden die Gemeinden und Gemeindeverbände finanzverfassungsrechtlich als Teil der Länder betrachtet. Dennoch stehen ihnen nach Art. 106 Abs. 5 bis 7 GG bestimmte Steuern oder Anteile an Steuern zu.

81 Den Gemeinden steht nach Art. 106 Abs. 5 Satz 1 GG ein Anteil am Aufkommen der Einkommensteuer zu. Die Länder sind verpflichtet, den Anteil auf ihre Gemeinden nach Maßgabe der Einkommensteuerleistung der jeweiligen Einwohner zu verteilen. Der Anteil der Gemeinden wird vom Aufkommen der Einkommensteuer abgezweigt, bevor die Einkommensteuer nach Art. 106 Abs. 3 Satz 3 GG auf den Bund und die Länder aufgeteilt wird. Die nähere Ausgestaltung sowohl der Höhe des Anteils als auch des Verteilungsmaßstabs erfolgt durch die §§ 1 bis 5 Gemeindefinanzreformgesetz – ein Bundesgesetz.

82 Seit dem 1. Januar 1998 erhalten die Gemeinden einen Anteil an der Umsatzsteuer (Art. 106 Abs. 5a Satz 1 GG). Die Länder sind nach Art. 106 Abs. 5a Satz 2 GG verpflichtet, den Gemeindeanteil auf der Grundlage eines orts- und wirtschaftsbezogenen Schlüssels an die Gemeinden weiterzuleiten. Damit entsteht nicht nur ein Anspruch der Gemeinden auf Zuweisung, sondern – wie bei der Einkommensteuer – eine originäre Mitertragshoheit.

83 Art. 106 Abs. 6 Satz 1 GG gewährleistet den Gemeinden die alleinige Ertragshoheit für die Gewerbesteuer und die Grundsteuer. Damit soll den Gemeinden eine gewisse Finanzautonomie gesichert und so ihr kommunaler Gestaltungsspielraum gestärkt werden.

84 Den gleichen Zweck verfolgt das den Gemeinden in Art. 106 Abs. 6 Satz 2 GG eröffnete Recht, eigenständig die Hebesätze der Gewerbe- und Grundsteuer festzulegen.

3. Zusammenfassung

85 – Die Ertragshoheit ist in Art. 106 GG geregelt. Art. 106 Abs. 1 bis 4 GG weist die Erträge bestimmter Steuerarten dem Bund und den Ländern entweder vollständig (Bundessteuern oder Landessteuern) oder anteilig (Gemeinschaftsteuern) zu. Hinzu kommt eine Ertragszuweisung an die Gemeinden in Art. 106 Abs. 6 GG sowie eine gemeindliche Mitertragshoheit in Art. 106 Abs. 5 und 5a GG.

– Es herrscht ein Mischsystem zwischen Trenn- und Verbundsystem. Die aufkommensstärksten Steuern (Einkommen-, Körperschaft- und Umsatzsteuer) stehen Bund und Ländern gemeinsam zu (Art. 106 Abs. 3 GG). Während die Verteilung der Einkommensteuer durch die Verfassung selbst vorgeschrieben wird (Art. 106 Abs. 3 Satz 2 GG), ist die Verteilung der Umsatzsteuer durch Bundesgesetz variabel gestaltbar (Art. 106 Abs. 3 Satz 3 GG).

III. Steuergesetzgebungshoheit

1. Überblick

Grundlage der Gesetzgebungskompetenz des Bundes und der Länder auf dem Gebiet der Steuern ist Art. 105 GG. Art. 105 GG gelangt zur Anwendung, wenn die im Einzelfall fragliche Abgabe eine Steuer ist. Die Gesetzgebungszuständigkeit für außersteuerliche Abgaben fällt demgegenüber in den Anwendungsbereich der allgemeinen Vorschriften nach Art. 70 ff. GG (Abb. 8). **86**

2. Ausschließliche Gesetzgebungskompetenz des Bundes

Art. 105 Abs. 1 GG enthält einen Titel über die ausschließliche Gesetzgebungskompetenz des Bundes auf dem Gebiet der Zölle und Finanzmonopo- **87**

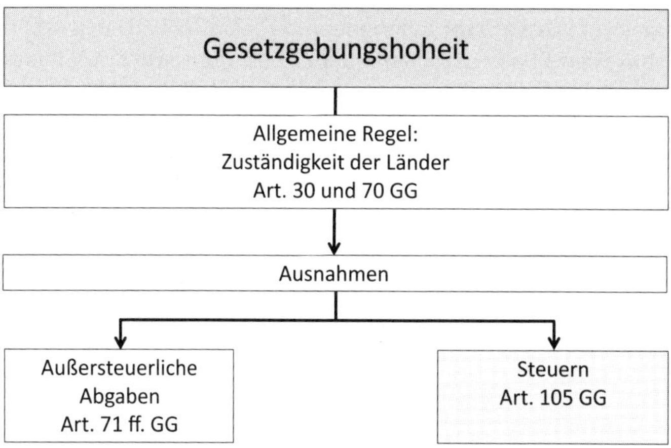

Abb. 8: Gesetzgebungshoheit.

le. Ausschließliche Gesetzgebungskompetenz bedeutet, dass die Länder in diesen Bereichen zur Gesetzgebung nur befugt sind, soweit sie vom Bund ausdrücklich dazu ermächtigt wurden.

88 **Definition**

Zölle sind „Abgaben, die nach Maßgabe des Zolltarifs von der Warenbewegung über die Zollgrenze erhoben werden“[24]. Sie sind, wie sich aus Art. 106 Abs. 1 GG ergibt, ein Unterfall der Steuern.

89 Unter dem Einfluss des europäischen Unionsrechts hat die Kompetenzzuweisung für die Zölle nahezu jede Bedeutung verloren. Denn mittlerweile unterliegt das Zollrecht vollständig der Rechtsetzung durch unmittelbar anwendbare Verordnungen der EU. Es bedarf damit nicht einmal mehr der Umsetzung durch die mitgliedstaatlichen Gesetzgeber.

3. Konkurrierende Gesetzgebungskompetenz des Bundes

90 Im Bereich der konkurrierenden Gesetzgebungsbefugnis haben sowohl der Bund als auch die Länder das Recht zur Gesetzgebung. Da aber eine gleichzeitige und sich u. U. widersprechende Regelung derselben Bereiche vermieden werden soll, haben die Länder im Bereich der konkurrierenden Gesetzgebung die Befugnis zur Gesetzgebung grundsätzlich nur, „solange und soweit der Bund von seiner Gesetzgebungszuständigkeit nicht durch Gesetz Gebrauch gemacht hat“.

Im Bereich des Steuerwesens wird die konkurrierende Gesetzgebungskompetenz des Bundes in Art. 105 Abs. 2 GG normiert. Die Vorschrift enthält insgesamt vier Fallkonstellationen:

91 1. Art. 105 Abs. 2 Satz 1 GG weist dem Bund ohne weitere Voraussetzungen die konkurrierende Gesetzgebungszuständigkeit über die Grundsteuer zu. Hintergrund der Regelung ist die Entscheidung des BVerfG vom 10. April 2018[25], mit der die Bewertung von Grundstücken für Zwecke der Grundsteuer für verfassungswidrig erklärt worden war. Weil die Gesetzgebungskompetenz des Bundes für eine Neuregelung des Grundsteuer- und Bewertungsrechts in der Wissenschaft nicht einheitlich beurteilt wurde, sah sich der Gesetzgeber zu einer Klarstellung veranlasst. Damit erhielt der Bund uneingeschränkt die konkurrierende Gesetzgebungskompetenz zur Regelung der Grundsteuer.

24 BVerfGE 8, 260 (269).

25 BVerfGE 148, 147.

2. Art. 105 Abs. 2 Satz 2 Var. 1 GG bestimmt, dass der Bund die konkurrierende Gesetzgebungskompetenz für die „übrigen Steuern" hat, wenn ihm das Aufkommen dieser Steuern ganz zusteht. Anders formuliert: Dem Bund muss die alleinige Ertragskompetenz über diese Steuern zukommen. 92

Beispiele

Gemäß Art. 106 Abs. 1 GG steht dem Bund das Aufkommen aus der Energiesteuer, der Stromsteuer, der Kraftfahrzeugsteuer, der Versicherungsteuer oder dem Solidaritätszuschlag zu. Diese Steuerarten werden auch als Bundessteuern bezeichnet.

3. Ferner hat der Bund gemäß Art. 105 Abs. 2 Satz 2 Var. 2 GG die konkurrierende Gesetzgebungszuständigkeit für die „übrigen Steuern", wenn ihm das Aufkommen dieser Steuern z. T. zusteht. 93

Beispiele

Bund und Länder teilen sich das Aufkommen der sog. Gemeinschaftsteuern. Gemäß Art. 106 Abs. 3 GG handelt es sich dabei um die Einkommensteuer, die Körperschaftsteuer und die Umsatzsteuer. Dem Bund steht daher insoweit eine konkurrierende Gesetzgebungskompetenz zu.

4. Zuletzt weist Art. 105 Abs. 2 Satz 2 Var. 3 GG dem Bund die konkurrierende Gesetzgebungszuständigkeit für die „übrigen Steuern" sogar dann zu, wenn ihm das Aufkommen aus diesen Steuern überhaupt nicht zusteht. Voraussetzung für eine Gesetzgebungskompetenz des Bundes ist lediglich, dass die Voraussetzungen des Art. 72 Abs. 2 GG vorliegen, also „die Herstellung gleichwertiger Lebensverhältnisse im Bundesgebiet oder die Wahrung der Rechts- oder Wirtschaftseinheit im gesamtstaatlichen Interesse eine bundesgesetzliche Regelung erforderlich macht." 94

Beispiele

Gewerbesteuer; Erbschaft- und Schenkungsteuer.

Hinweis 95

Art. 105 Abs. 2 Satz 2 GG verlangt nicht, dass die (Mit-)Ertragshoheit des Bundes und die Voraussetzungen des Art. 72 Abs. 2 GG kumulativ gegeben sein müssen. Für die konkurrierende Steuergesetzgebungshoheit des Bundes genügt vielmehr eine der beiden Alternativen. Hat der Bund daher zumindest eine teilweise Ertragshoheit über eine Steuer, kommt es nicht mehr darauf an, ob die Herstellung gleichwertiger Lebensverhältnisse im Bundesgebiet oder die Wahrung der Rechts- oder Wirtschaftseinheit im gesamtstaatlichen Interesse eine bundesgesetzliche Regelung erforderlich machen.

Hinsichtlich der Ertragskompetenz ist zwischen Bundessteuern, Gemeinschaftsteuern und Landessteuern zu differenzieren.

96 1. Bei den sog. Bundessteuern steht dem Bund das Aufkommen vollständig zu. Es sind dies v. a. die
   - Tabaksteuer,
   - Energiesteuer,
   - Stromsteuer,
   - Kaffeesteuer,
   - Schaumweinsteuer,
   - Kraftfahrzeugsteuer,
   - Versicherungsteuer und der
   - Solidaritätszuschlag.

   Hier kann der Bundesgesetzgeber tätig werden, ohne dass die weiteren Voraussetzungen des Art. 72 Abs. 2 GG erfüllt sein müssen.

97 2. Gleiches gilt für die besonders aufkommensstarken Gemeinschaftsteuern, bei denen eine nur teilweise Ertragshoheit des Bundes besteht. Nach der Legaldefinition in Art. 106 Abs. 3 GG handelt es sich bei den Gemeinschaftsteuern um die
   - Einkommensteuer,
   - Körperschaftsteuer und
   - Umsatzsteuer.

98 3. Dagegen werden die Voraussetzungen des Art. 72 Abs. 2 GG bei den reinen Landessteuern relevant. Bei den Landessteuern besteht eine ausschließliche Ertragskompetenz der Länder. Zu nennen sind u. a. die
   - Gewerbesteuer,
   - Erbschaft- und Schenkungsteuer,
   - Grunderwerbsteuer,
   - Feuerschutzsteuer,
   - Rennwett- und Lotteriesteuer und
   - Biersteuer.

4. Konkurrierende Gesetzgebungskompetenz der Länder

99 Den Ländern steht die konkurrierende Gesetzgebungszuständigkeit für die „übrigen Steuern" im Sinne des Art. 105 Abs. 2 Satz 2 GG zu, solange und soweit der Bund von seiner konkurrierenden Gesetzgebungskompetenz keinen Gebrauch gemacht hat. Übt der Bund die ihm nach Art. 105 Abs. 2 Satz 2 GG zustehende Gesetzgebungskompetenz zunächst nicht aus, sind die Länder zur Gesetzgebung befugt. Trifft der Bundesgesetzgeber später eine gesetzliche Regelung, entfällt die Gesetzgebungsbefugnis der Länder.

Eine Sperrwirkung zulasten der Länder entfaltet Art. 105 Abs. 2 Satz 2 GG nur, soweit der Bund von seiner Gesetzgebungskompetenz tatsächlich Gebrauch gemacht hat. Ob dies der Fall ist, ist der Rechtsprechung des BVerfG zufolge anhand des „Gleichartigkeitsverbots" zu prüfen. Danach ist dem Landesgesetzgeber die Erhebung einer „gleichartigen" Steuer untersagt. Zwischen einer bundesgesetzlich und einer landesgesetzlich geregelten Steuer besteht „Gleichartigkeit", wenn die Landessteuer mit der Bundessteuer „im Wesentlichen", d. h. hinsichtlich **100**

- des Steuergegenstands,
- des Steuermaßstabs,
- der Art der Steuererhebung und
- der wirtschaftlichen Auswirkungen

übereinstimmt. Liegt eine solche „Gleichartigkeit" vor, fehlt dem Landesgesetzgeber die erforderliche Kompetenz zur Schaffung einer entsprechenden Landessteuer.

Soweit das Aufkommen der Steuern ganz oder teilweise den Ländern oder den Gemeinden (Gemeindeverbänden) zufließt, bedürfen die Steuergesetze des Bundes gemäß Art. 105 Abs. 3 GG der Zustimmung des Bundesrates. **101**

5. Ausschließliche Gesetzgebungskompetenz der Länder

Die ausschließliche Gesetzgebungskompetenz der Länder besteht gemäß Art. 105 Abs. 2a Satz 1 GG für die örtlichen Aufwand- und Verbrauchsteuern, gemäß Art. 105 Abs. 2a Satz 2 GG für die Festlegung des Steuersatzes bei der Grunderwerbsteuer und gemäß Art. 140 GG in Verb. mit Art. 137 Abs. 6 WRV für die Kirchensteuern. **102**

5.1 Örtliche Verbrauch- und Aufwandsteuern

Definition **103**

Verbrauchsteuern sind Steuern auf den Verbrauch von Gütern. Sie werden nicht nach dem Entgelt der Güter, sondern nach deren Zahl, Menge oder Gewicht bemessen.

Beispiele

Energiesteuer; Stromsteuer; Tabaksteuer; Biersteuer.

Definition **104**

Aufwandsteuern belasten das Halten von Gütern.

Beispiele

Hundesteuer; Zweitwohnungsteuer; Jagdsteuer; Fischereisteuer

105 Als Faustformel lässt sich anführen: „Während die Verbrauchsteuer an einen tatsächlichen Fortgang, ein einmaliges oder fortdauerndes Geschehen anknüpft, ist bei der Aufwandsteuer ein tatsächlicher oder rechtlicher Zustand der steuerbegründende Tatbestand“[26].

106 Sowohl bei den Aufwand- als auch bei den Verbrauchsteuern ist Anknüpfungspunkt der Besteuerung die im Gebrauch oder Verbrauch der Güter zum Ausdruck kommende Einkommensverwendung für den persönlichen Lebensbedarf und damit die besondere persönliche Leistungsfähigkeit des Steuerpflichtigen.

107 **Definition**

Örtlich sind solche Steuern, die „an örtliche Gegebenheiten, v. a. an die Belegenheit einer Sache oder an einen Vorgang im Gebiet einer steuererhebenden Gemeinde anknüpfen und wegen der Begrenzung ihrer unmittelbaren Wirkungen auf das Gemeindegebiet nicht zu einem die Wirtschaftseinheit berührenden Steuergefälle führen können“[27].

5.2 Grunderwerbsteuersatz

108 Nach Art. 105 Abs. 2a Satz 2 GG besteht die ausschließliche Gesetzgebungskompetenz der Länder auch für die Bestimmung des Steuersatzes bei der Grunderwerbsteuer.

5.3 Kirchensteuer

109 Außerhalb der Finanzverfassung des Grundgesetzes wird den Ländern in Art. 140 GG in Verb. mit Art. 137 Abs. 6 WRV eine ausschließliche Gesetzgebungszuständigkeit für die Kirchensteuer eingeräumt. Die Länder dürfen daher Kirchensteuergesetze erlassen, auf deren Grundlage die katholische und die evangelischen Kirchen Kirchensteuern als Zuschläge insbesondere zur Einkommensteuer erheben.

6. Steuersatzungsrechte der Gemeinden

110 Eine wichtige steuerwirksame Rechtsetzungsbefugnis der Gemeinden resultiert aus ihrem Recht, die Hebesätze der Realsteuern festzusetzen (Art. 106 Abs. 6 Satz 2 GG). Realsteuern sind die Gewerbesteuer und die Grundsteuer (§ 3 Abs. 2 AO). Der Bundesgesetzgeber kann den Gemeinden

26 *Henneke*, Öffentliches Finanzwesen, 2. Aufl. 2000, Rn. 673.

27 BVerfGE 65, 325 (349).

zudem ein Hebesatzrecht für ihren Anteil an der Einkommensteuer einräumen (Art. 106 Abs. 5 Satz 3 GG); bislang hat er von dieser Möglichkeit jedoch keinen Gebrauch gemacht.

7. Zusammenfassung

- Art. 105 GG legt die Steuergesetzgebungszuständigkeit zwischen Bund und Ländern abschließend fest. Er geht als lex specialis den allgemeinen Gesetzgebungskompetenzen in Art. 70 ff. GG vor. Den allgemeinen Kompetenzvorschriften über die Gesetzgebung kommt aber gleichwohl eine abgabenrechtliche Bedeutung für die nichtsteuerlichen Abgaben zu. Denn nichtsteuerliche Abgaben, wie z. B. Gebühren und Beiträge, werden von Art. 105 GG nicht erfasst. **111**
- Gemäß Art. 105 Abs. 1 GG steht dem Bund die ausschließliche Gesetzgebungskompetenz für die Zölle und Finanzmonopole zu.
- Art. 105 Abs. 2 GG weist dem Bund in Satz 1 zunächst die konkurrierende Gesetzgebungszuständigkeit für die Grundsteuer zu. Im Übrigen kommt dem Bund nach Satz 2 die konkurrierende Gesetzgebungskompetenz für die „übrigen Steuern" zu, sofern ihm das Steueraufkommen ganz oder teilweise zusteht oder eine bundesgesetzliche Regelung im Sinne von Art. 72 Abs. 2 GG erforderlich ist.
- Die Länder verfügen über die ausschließliche Gesetzgebungskompetenz für die örtlichen Verbrauch- und Aufwandsteuern (Art. 105 Abs. 2a GG), die jedoch nur ein geringes Aufkommen aufweisen.

IV. Steuerverwaltungshoheit

1. Überblick

Art. 108 GG legt die Kompetenzverteilung zwischen Bund und Ländern für den Bereich der Vollziehung der Steuergesetze fest. Dabei ist die Landesverwaltung von der bundeseigenen Verwaltung zu trennen. Die Landesverwaltung ist grundsätzlich nicht der Bundesverwaltung untergeordnet. Art. 108 GG weist den beiden Verwaltungsformen vielmehr jeweils eigene Steuergebiete zu. **112**

Art. 108 GG stellt eine Spezialvorschrift zu dem allgemein die bundesstaatliche Verteilung der Verwaltungskompetenzen regelnden VIII. Abschnitt des Grundgesetzes (Art. 83 bis Art. 91 GG) dar. Art. 108 GG ist aller- **113** dings nicht abschließend, sodass mitunter auf die allgemeinen Normen in Art. 83 ff. GG zurückgegriffen werden muss (Abb. 9).

2. Gegenstände der Finanzverwaltung

2.1 Finanzverwaltung des Bundes

114 Nach Art. 108 Abs. 1 Satz 1 GG werden Zölle, Finanzmonopole, die bundesgesetzlich geregelten Verbrauchsteuern einschließlich der Einfuhrumsatzsteuer, die Kraftfahrzeugsteuer und sonstige auf motorisierte Verkehrsmittel bezogene Verkehrsteuern sowie die Abgaben im Rahmen der EU durch Bundesfinanzbehörden verwaltet. Die Verwaltungskompetenz der Bundesfinanzbehörden ist unabhängig davon, ob der Ertrag der erhobenen Steuern dem Bund oder den Ländern zusteht.

Beispiel

Die Biersteuer ist eine bundesgesetzlich geregelte Verbrauchsteuer, deren Aufkommen gemäß Art. 106 Abs. 2 Nr. 4 GG zwar den Ländern zusteht. Nach Art. 108 Abs. 1 Satz 1 GG wird sie dennoch durch den Bund verwaltet.

2.2 Finanzverwaltung der Länder

115 Nach dem bundesstaatlichen Verteilungsprinzip, wie es in Art. 30 GG allgemein niedergelegt ist und für die Verwaltung in Art. 83 GG wiederholt wird, steht dem Bund eine Kompetenz für die Vollziehung von Gesetzen nur zu, soweit es das Grundgesetz ausdrücklich bestimmt. Eine solche

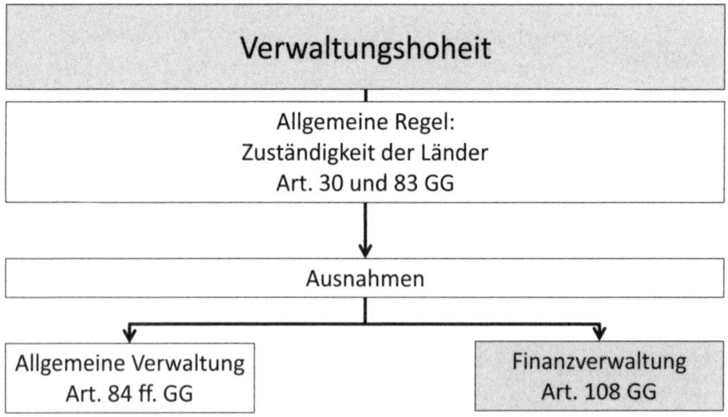

Abb. 9: Verwaltungshoheit.

Kompetenzbestimmung enthält für den Bereich der Finanzverwaltung die Vorschrift in Art. 108 Abs. 1 Satz 1 GG. In der Konsequenz fällt die Verwaltung der „übrigen", d. h. vom Anwendungsbereich des Art. 108 Abs. 1 Satz 1 GG nicht erfassten Steuern in die Verwaltungshoheit der Länder (Art. 108 Abs. 2 Satz 1 GG). Durch diese „Auffangkompetenz"[28] wird den Ländern die Verwaltung der meisten Steuerarten zugewiesen.

2.3 Finanzverwaltung der Gemeinden

Nach der Systematik der Art. 83 ff. und Art. 108 Abs. 1 bis 3 GG besitzen **116**
Gemeinden keine eigenen Steuerverwaltungskompetenzen. Sie werden als unselbstständiger Teil der Länder angesehen. Art. 108 Abs. 4 Satz 2 GG erlaubt es aber, Verwaltungskompetenzen auf die kommunale Ebene zu delegieren, soweit den Gemeinden und Gemeindeverbänden der Steuerertrag gemäß Art. 106 Abs. 6 und 7 GG vollständig zufließt.

Beispiele

Grundsteuer; Gewerbesteuer; örtliche Aufwand- und Verbrauchsteuern.

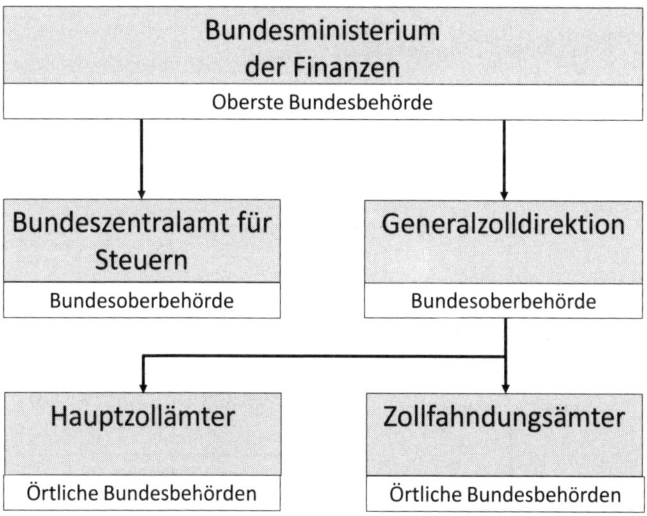

Abb. 10: Aufbau der Bundesfinanzverwaltung.

28 *Heun/Thiele*, in: Dreier, GG, Bd. III, 3. Aufl. 2018, Art. 108 Rn. 16.

3. Organisation der Finanzverwaltung

117 Der Aufbau der Bundesfinanzverwaltung wird durch Bundesgesetz bestimmt (Art. 108 Abs. 1 Satz 2 GG). Die nähere bundesgesetzliche Ausgestaltung erfolgt in § 1 Finanzverwaltungsgesetz und wird in Abb. 10 dargestellt.

118 Der Aufbau der Landesfinanzverwaltung „kann“ durch Bundesgesetz mit Zustimmung des Bundesrates geregelt werden (Art. 108 Abs. 2 Satz 2 GG). In § 2 Finanzverwaltungsgesetz hat der Bund von seiner Ermächtigung Gebrauch gemacht (Abb. 11).

4. Zusammenfassung

119 – Die allgemeinen Verwaltungskompetenzen von Bund und Ländern sind im Wesentlichen in Art. 83 ff. GG (Vollzug von Bundesrecht durch die Länder) und in Art. 91a ff. GG (v. a. Gemeinschaftsaufgaben) geregelt. Die Zuständigkeit der Länder zum Vollzug von Landesrecht ergibt sich bereits aus Art. 30 GG. Für den Bereich der Finanzverwaltung werden diese Bestimmungen durch Art. 108 GG ergänzt, der eine Spezialregelung gegenüber den allgemeinen Bestimmungen darstellt.
– Gegenstand der Bundesfinanzverwaltung ist v. a. die Verwaltung der in Art. 108 Abs. 1 Satz 1 GG genannten Zölle, bundesgesetzlich geregelten Verbrauchsteuern und der Kraftfahrzeugsteuer.

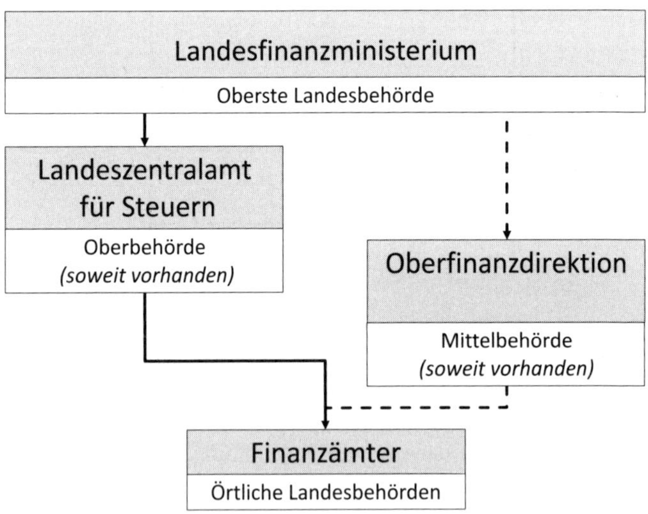

Abb. 11: Aufbau der Landesfinanzverwaltung.

– Art. 108 Abs. 2 Satz 1 GG weist den Ländern generalklauselartig die Verwaltungszuständigkeit für alle „übrigen Steuern“ zu: Dabei kommt es weder darauf an, ob die Steuer auf einer bundes- oder landesgesetzlichen Regelung beruht, noch darauf, wem die erzielten Steuererträge zustehen.

V. Ausgabenzuständigkeit

1. Konnexitätsgrundsatz

Bereits in der Weimarer Republik war es gängige Staatspraxis, dass das Reich den Ländern Finanzmittel für die Erledigung bestimmter Verwaltungsaufgaben anbot, sich dabei aber gleichzeitig ein Mitentscheidungsrecht über die Verwendung der Haushaltsmittel vorbehielt. Auf diese Weise sicherte sich das Reich Einfluss auf die Wahrnehmung von Aufgaben, die eigentlich in die Zuständigkeit der Länder fiel. Technisch sprach man von der „Fondswirtschaft“ oder der „Fondsverwaltung des Reichs“. Politisch handelte es sich indes um nichts anderes als „Machtausübung durch Geld“[29]. Auch unter der Geltung des Grundgesetzes hat der Bund des Öfteren von diesem Instrument Gebrauch gemacht. Namentlich schwache oder in finanziellen Schwierigkeiten befindliche Länder fanden sich bereit, Geldleistungen des Bundes entgegenzunehmen und dem an sich unzuständigen Bund im Gegenzug politische Mitgestaltungsrechte einzuräumen. 120

Durch diese Praxis hatte sich in der Bundesrepublik Deutschland bis Ende der 1960er-Jahre eine ausgedehnte Finanzierung von Länderaufgaben durch den Bund eingebürgert. Die damit einhergehende schleichende Aushöhlung der Autonomie der Länder implizierte zugleich eine Aushöhlung des in Art. 20 Abs. 1 GG niedergelegten Bundesstaatsprinzips. Das BVerfG formulierte dies in seiner Entscheidung vom 4. März 1975[30] prägnant so: 121

> „Finanzleistungen aus dem Bundeshaushalt an die Länder für Landesaufgaben […] schaffen die Gefahr von Abhängigkeiten der Länder vom Bund. Sie gefährden damit die verfassungsrechtlich garantierte Eigenständigkeit der Länder.“

Um die Entscheidungsfreiheit der Länder bei der Erfüllung der ihnen obliegenden Aufgaben zu gewährleisten, wurde deshalb durch die Finanzreform von 1969 eine neue Vorschrift in Gestalt des Art. 104a in das Grundgesetz eingefügt und darin ausdrücklich bestimmt, in welchen Fällen der Bund und in welchen Fällen die Länder Ausgaben vornehmen müssen und dürfen. 122

29 *Vogel*, in: Isensee/Kirchhof, HStR IV, 1. Aufl. 1990, § 87 Rn. 20.

30 BVerfGE 39, 96 (107).

Abb. 12: Konnexitätsgrundsatz.

123 Nach der in Art. 104a Abs. 1 GG enthaltenen Bestimmung tragen der Bund und die Länder gesondert die Ausgaben, die sich aus der Wahrnehmung ihrer Aufgaben ergeben, soweit das Grundgesetz nichts anderes bestimmt. Hiernach folgt die Ausgabenzuständigkeit grundsätzlich der Aufgabenzuständigkeit: Im Verhältnis von Bund und Ländern wird jeweils der Gebietskörperschaft die Verantwortung für die Finanzierung einer Aufgabe zugewiesen, die auch für die Wahrnehmung der Aufgabe verantwortlich ist. Dieser Grundsatz wird Konnexitätsgrundsatz genannt (Abb. 12).

124 Die zentrale Frage ist, was unter dem Begriff der „Aufgaben" in Art. 104a Abs. 1 GG zu verstehen ist. Genauer: Die Wahrnehmung welcher staatlichen Funktion in Bezug auf eine bestimmte Aufgabe soll für die Finanzierungsverantwortung maßgeblich sein? Das Grundgesetz lässt im Hinblick auf bestimmte Sachaufgaben die Zuständigkeiten für die Gesetzgebung (Art. 70 ff. GG) und für die Vollziehung der Gesetze (Art. 83 ff. GG) auseinanderfallen. In der Konsequenz konkurrieren bei der Konkretisierung des Aufgabenbegriffs zwei verschiedene Ansätze:

1. Das Prinzip der Verwaltungsverantwortung oder Vollzugskausalität knüpft für die Ausgabenlast an die Ausübung der Verwaltungszuständigkeit an.
2. Das Prinzip der Verursacherverantwortung oder Gesetzeskausalität will auf die Wahrnehmung der zugrunde liegenden Gesetzgebungsaufgabe abstellen.

125 Die überwiegende Meinung geht hier mit der Rechtsprechung des BVerfG von der Maßgeblichkeit der Verwaltungsverantwortung für die finanzielle Lastenverteilung im Bund-Länder-Verhältnis aus.

Wichtig

Entscheidend für die Finanzierungsverantwortung ist damit, wer das Gesetz ausführt, und nicht, wer das Gesetz erlässt.

126 Das folgt zwar noch nicht ohne Weiteres aus dem Wortlaut des Art. 104a Abs. 1 GG, der insoweit mehrdeutig ist. Letztlich ausschlaggebend ist die Erkenntnis, dass die Ausgaben – formell betrachtet – erst mit der Vollziehung der Gesetze entstehen und – materiell gesehen – auf dieser Ebene die eigentlichen Lenkungs- und Steuerungsmöglichkeiten und folglich auch Finanzierungsspielräume liegen.

Das Konnexitätsprinzip beinhaltet das 127

- Gebot, die im Rahmen der jeweiligen Wahrnehmungszuständigkeit anfallenden Ausgaben selbst zu tragen, und das
- Verbot, Aufgaben fremder Verwaltungsträger zu finanzieren.

Insbesondere dem Bund ist es damit untersagt, Aufgaben zu finanzieren, 128 die in die Verantwortung der Länder fallen, wenn er dazu nicht von der Verfassung besonders ermächtigt wird. Dieser Grundsatz der gesonderten Ausgabenlast bedingt ein Verbot der Mischfinanzierung, das allerdings von zahlreichen Ausnahmen durchbrochen ist.[31]

2. Zusammenfassung

- Als Grundsatz der föderalen Finanzierungsverantwortung normiert 129 Art. 104a Abs. 1 GG, dass die Ausgabenzuständigkeit der Aufgabenzuständigkeit folgt (Konnexitätsprinzip). Das bedeutet, dass keine Gebietskörperschaft Vorhaben außerhalb ihrer eigenen Aufgabenzuständigkeit finanzieren darf. Innerhalb ihrer Aufgabenzuständigkeit besteht für die Gebietskörperschaften sowohl eine Finanzierungsbefugnis als auch eine Finanzierungspflicht.
- Die Finanzierungslast im jeweiligen Sachbereich richtet sich danach, wer Träger der Verwaltungskompetenz nach Art. 83 ff. GG ist. Keine Rolle spielt hingegen, wer als Gesetzgeber im Sinne der Art. 70 ff. GG tatsächlicher Veranlasser der finanziellen Aufwendungen ist.

VI. Haushaltsautonomie von Bund und Ländern

1. Selbstständigkeit und Unabhängigkeit

Art. 109 Abs. 1 GG 130

„Bund und Länder sind in ihrer Haushaltswirtschaft selbstständig und voneinander unabhängig."

Die in Art. 109 Abs. 1 GG enthaltene Forderung konkretisiert das Bundes- 131 staatsprinzip nach Art. 20 Abs. 1 GG für die staatliche Haushaltswirtschaft. Selbstständigkeit und Unabhängigkeit im Sinne von Art. 109 Abs. 1 GG ver-

31 Vgl. etwa Art. 104a Abs. 2 ff., Art. 104b bis Art. 104d sowie Art. 91a bis Art. 91e GG.

bieten eine gemeinsame Haushaltsführung von Bund und Ländern und eine Haushaltskontrolle der Länder durch den Bund oder der Länder untereinander. Bund und Länder handeln damit eigenverantwortlich bei der Gestaltung ihrer Haushaltswirtschaft. Ihnen steht von Verfassungs wegen eine Haushaltsautonomie zu.

2. Ausnahmen vom Grundsatz der Haushaltsautonomie

132 Aus dem Bundesstaatsprinzip des Art. 20 Abs. 1 GG folgt ebenfalls ein Gebot der Bundestreue oder des bundesfreundlichen Verhaltens, nach dem sowohl der Bund als auch jedes Land zur gegenseitigen Rücksichtnahme und zum Zusammenwirken verpflichtet sind. Ein wesentliches Element des Gebots der Bundestreue ist das bündische Einstehen füreinander. Insbesondere dürfen weder Bund noch Länder ohne Rücksicht auf die Interessen des Gesamtstaates handeln. Im Bereich der Haushaltswirtschaft wird die Eigenverantwortlichkeit von Bund und Ländern deshalb durch zahlreiche Vorschriften eingeschränkt, um eine vollständige Haushaltstrennung zu vermeiden und die Gesamtverantwortlichkeit für ganz Deutschland zu stärken (Abb. 13).

133 Zu nennen sind namentlich die gemeinsame Verpflichtung von Bund und Ländern,

- die Vorgaben des europäischen Unionsrechts zur Einhaltung der Haushaltsdisziplin zu erfüllen (Art. 109 Abs. 2 Var. 1 GG),

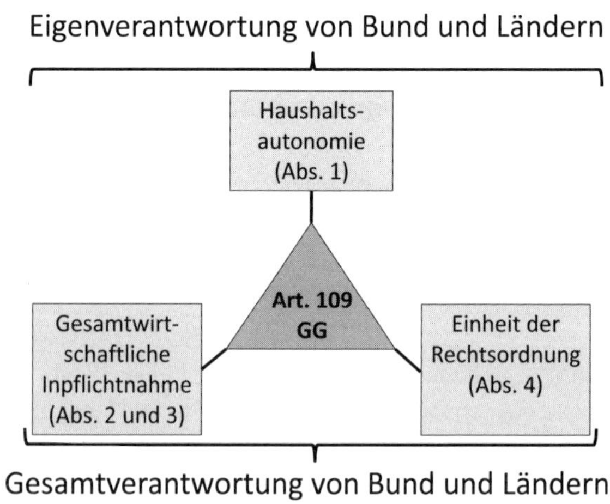

Abb. 13: Haushaltsautonomie von Bund und Ländern.

- die Erfordernisse des gesamtwirtschaftlichen Gleichgewichts im Rahmen der Haushaltswirtschaft zu berücksichtigen (Art. 109 Abs. 2 Var. 2 GG),
- ihre Haushalte grundsätzlich ohne Einnahmen aus Krediten auszugleichen (Art. 109 Abs. 3 Satz 1 GG) und
- ihr Haushaltsrecht nach gemeinsam geltenden Grundsätzen zu regeln (Art. 109 Abs. 4 GG).

3. Zusammenfassung

- Gemäß Art. 109 Abs. 1 GG sind Bund und Länder in ihrer Haushaltswirt- **134**
  schaft selbstständig und unabhängig voneinander. Die sog. Haushaltsautonomie konkretisiert das Bundesstaatsprinzip aus Art. 20 Abs. 1 GG.
- Die Eigenverantwortlichkeit von Bund und Ländern wird begrenzt durch ihre Gesamtverantwortlichkeit für die Bundesrepublik Deutschland. Das Gebot zur Bundestreue findet seinen Niederschlag in den Vorschriften über die Haushaltsdisziplin in Art. 109 Abs. 2 und 3 GG sowie die Pflicht zur Aufstellung gemeinsam geltender Grundsätze für die Haushaltswirtschaft in Art. 109 Abs. 4 GG.

C. Planerische Grundlagen der Haushaltswirtschaft

I. Öffentliche Haushaltswirtschaft

1. Begriff

Gegenstand des Haushaltsrechts ist die öffentliche Haushaltswirtschaft, also die Haushaltswirtschaft der juristischen Personen des öffentlichen Rechts und ihrer Einrichtungen. **135**

Definition **136**

Die „öffentliche Haushaltswirtschaft" ist ein Teil der Volkswirtschaft. Sie umfasst alle Vorgänge, die unmittelbar auf die staatlichen Einnahmen und Ausgaben gerichtet sind und einer haushaltspolitischen Entscheidung zugänglich sind. Dazu gehören die Planung, Beschaffung, Verwaltung, Verwendung und Kontrolle der öffentlichen Finanzmittel.[32]

Die öffentliche Haushaltswirtschaft besteht aus der **137**
- Einnahmenwirtschaft, d. h. aus Maßnahmen zur Erhebung von Steuern, Gebühren und Beiträgen, Erzielung von Erwerbseinkünften, Aufnahme von Krediten usw. und der
- Ausgabenwirtschaft, d. h. aus Maßnahmen zur Finanzierung der staatlichen Aufgabenerfüllung.

Grundlage der öffentlichen Finanzwirtschaft ist der Haushalt. Der „Haushalt" wiederum setzt sich zusammen aus dem Haushaltsgesetz und dem Haushaltsplan; beide bilden eine untrennbare Einheit. Der Haushaltsplan wird durch das Haushaltsgesetz festgestellt (Art. 110 Abs. 2 Satz 1 GG).[33] **138**

2. Funktionen

Dem öffentlichen Haushalt kommen verschiedene Funktionen zu, über die in der Wissenschaft nicht durchgehend Einigkeit besteht. Im Folgenden wird differenziert zwischen der **139**
- fiskalischen Bedarfsdeckungsfunktion,
- staatsrechtlichen Ermächtigungsfunktion,
- staatsleitenden Programmfunktion,

32 *Kloepfer*, Finanzverfassungsrecht, 2014, § 8 Rn. 5 f.

33 Dazu noch unter Rz 175 ff.

- gesamtwirtschaftlichen Gestaltungsfunktion und
- politischen Kontrollfunktion.

2.1 Fiskalische Bedarfsdeckungsfunktion

140 Die finanzwirtschaftliche Bedarfsdeckungsfunktion des Haushalts wird in § 2 Satz 1 BHO deutlich.

§ 2 Satz 1 BHO

„Der Haushaltsplan dient der Feststellung und Deckung des Finanzbedarfs, der zur Erfüllung der Aufgaben des Bundes im Bewilligungszeitraum voraussichtlich notwendig ist."

141 Eine Bedarfsdeckung setzt voraus, dass der Finanzbedarf zur Erfüllung der staatlichen Aufgaben festgestellt und mit den zu erhebenden Deckungsmitteln in Einklang gebracht wird.[34] Bis in die 1960er-Jahre wurde öffentlichen Haushalten ausschließlich eine Bedarfsdeckungsfunktion zugeschrieben.[35]

2.2 Staatsrechtliche Ermächtigungsfunktion

142 Nach Art. 110 Abs. 2 Satz 1 GG wird der Bundeshaushaltsplan durch Gesetz festgestellt. Art. 111 GG ermächtigt die Bundesregierung, näher gekennzeichnete Ausgaben zu leisten, wenn bis zum Schluss des Haushaltsjahres der Haushaltsplan für das folgende Jahr noch nicht durch Gesetz festgestellt worden ist. Nach Art. 112 GG bedürfen Haushaltsüberschreitungen und außerplanmäßige Ausgaben der Zustimmung des Bundesministers der Finanzen. Aus Art. 111 und Art. 112 GG ergibt sich, dass regelmäßig nur dann Ausgaben geleistet werden dürfen, wenn sie durch ein Haushaltsgesetz „festgestellt" worden sind. Schon aus dem Zusammenhang von Art. 111 und Art. 112 GG einerseits und Art. 110 Abs. 2 GG andererseits muss gefolgert werden, dass das Haushaltsgesetz nicht nur eine tatsächliche „Feststellung", sondern zugleich die staatsrechtliche „Bewilligung" der im Haushaltsplan veranschlagten Mittel trifft. Das Haushaltsgesetz enthält also die Ermächtigung an die Exekutive, diese Mittel für die im Haushaltsplan festgelegten Zwecke auszugeben. Aber auch aus dem Wortlaut von Art. 110 Abs. 2 GG, insbesondere aus dessen Satz 3 ergibt sich, dass das Haushaltsgesetz nicht nur „feststellt", sondern zugleich die Mittel „bewilligt" („Die Ausgaben werden in der Regel für ein Jahr *bewilligt*").

---

34 BVerfGE 55, 274 (303).

35 Zur Geschichte des Haushaltsrechts *Sauerland/Menzel*, Vorschriftensammlung Öffentliche Finanzwirtschaft: mit einer Einführung für Studium und Praxis, 2021, S. 11–16.

Das BVerfG hat diese Zusammenhänge prägnant auf den Punkt gebracht:[36] 143

„Das Haushaltsgesetz stellt also nicht lediglich ein im Haushaltsplan enthaltenes rechtsindifferentes Zahlenwerk fest und schafft nicht nur einen tatsächlichen Zustand [...]. [...] Haushaltsgesetz und Haushaltsplan bilden eine Einheit. Die rechtliche Bedeutung der Ansätze und ihrer Zweckbestimmung in den Titeln des Planes ergibt sich aus § 1 des Haushaltsgesetzes; diese Gesetzesbestimmung enthält die Ermächtigung, die in den Titeln ausgebrachten Beträge für die bei ihnen festgelegten Zwecke auszugeben.“

2.3 Staatsleitende Programmfunktion

Durch den Haushaltsplan wird die vollziehende Gewalt ermächtigt, Ausgaben zu leisten und Verpflichtungen einzugehen (§ 3 Abs. 1 BHO). Die Exekutive ist jedoch nicht völlig frei, die Ausgaben nach Belieben zu tätigen. Vielmehr legt der Gesetzgeber im Haushaltsplan verbindlich fest, für welche Zwecke die veranschlagten Haushaltsmittel vorgesehen sind. An die Zweckbestimmung des Gesetzgebers ist die Verwaltung bei der Ausführung des Haushaltsplans gebunden (§ 45 Abs. 1 Satz 1 BHO). 144

Dabei wird der Haushaltsplan zunächst von der Bundesregierung aufgestellt und danach im Deutschen Bundestag beraten und beschlossen. Der Haushaltsplan zeigt somit die politische Schwerpunktsetzung der Bundesregierung und der die Bundesregierung tragenden Fraktionen im Deutschen Bundestag auf. Nicht ohne Grund wird der Haushaltsplan deshalb als „ziffernmäßig exakter Ausdruck des politischen Handlungsprogramms der Regierung“[37] bezeichnet. Andererseits ist der Haushaltsplan „nicht nur Spiegel eines Programms, sondern selbst Programm“[38], indem er den an anderer Stelle formulierten politischen Vorstellungen ein finanzielles Fundament schafft. 145

2.4 Gesamtwirtschaftliche Gestaltungsfunktion

Die Rezession der Jahre 1966/67 führte zu einem Wandel in der Finanzwissenschaft. Wurde öffentlichen Haushalten bis dahin eine reine Bedarfsdeckungsfunktion zugeschrieben, mussten sie nunmehr auch den Erfordernissen des gesamtwirtschaftlichen Gleichgewichts Rechnung tragen. Der 1967 neu gefasste Art. 109 Abs. 2 GG und das ebenfalls 1967 verkündete Stabilitäts- und Wachstumsgesetz verpflichten seitdem Bund und Länder dazu, ihre wirtschafts- und finanzpolitischen Maßnahmen so zu treffen, 146

36 BVerfGE 20, 56 (91).

37 BVerfGE 79, 311 (329) in Anlehnung an *F. Neumark*, Der Reichhaushaltsplan, 1929, S. 558.

38 *M. Heintzen*, Staatshaushalt, in: J. Isensee/P. Kirchhof, Handbuch des Staatsrechts der Bundesrepublik Deutschland, 3. Aufl. 2007, § 120 Rn. 18.

dass sie gleichzeitig zur Stabilität des Preisniveaus, zu einem hohen Beschäftigungsstand und einem außenwirtschaftlichen Gleichgewicht bei stetigem und angemessenem Wirtschaftswachstum beitragen (§ 1 StWG). Zwar stehen in der Realität die vier Ziele in einem Zielkonflikt zueinander und können gleichzeitig nur schwer oder allenfalls durch „Magier“ (Zauberer) erreicht werden – es wird deshalb auch von einem „magischen Viereck“ gesprochen. Dennoch ist der Haushaltsplan mittlerweile unstreitig auch zu einem Instrument der Wirtschaftspolitik geworden.

2.5 Politische Kontrollfunktion

147 Die Prüfung der ordnungsgemäßen Ausführung des Haushaltsplans kommt dem Deutschen Bundestag und dem Bundesrechnungshof zu. Zu differenzieren ist zwischen der verwaltungsmäßigen und der parlamentarischen Kontrolle.

148 – Die verwaltungsmäßige Prüfung obliegt dem Bundesrechnungshof. Gemäß Art. 114 Abs. 2 Satz 1 GG prüft der Bundesrechnungshof die Rechnung sowie die Wirtschaftlichkeit und Ordnungsmäßigkeit der Haushalts- und Wirtschaftsführung des Bundes. Der Bundesrechnungshof ist eine oberste Bundesbehörde und als unabhängiges Organ der Finanzkontrolle nur dem Gesetz unterworfen (§ 1 Satz 1 BRHG). Er hat außer der Bundesregierung unmittelbar dem Deutschen Bundestag und dem Bundesrat jährlich zu berichten (Art. 114 Abs. 2 Satz 3 GG).

149 – Die parlamentarische Kontrolle übt der Deutsche Bundestag aus. Zunächst werden die Ergebnisse der verwaltungsmäßigen Prüfung des Bundesrechnungshofs sowie der Bericht des Bundesministers der Finanzen über alle Einnahmen und Ausgaben sowie über das Vermögen und der Schulden des Bundes im Rechnungsprüfungsausschuss, einem Unterausschuss des Haushaltsausschusses, beraten. Aufgrund der Empfehlungen des Rechnungsprüfungsausschusses entscheidet der Deutsche Bundestag über die Entlastung der Bundesregierung (Art. 114 Abs. 1 GG).

3. Zusammenfassung

150 Öffentliche Haushalte erfüllen verschiedene Funktionen. Zu nennen sind insbesondere die
- fiskalische Bedarfsdeckungsfunktion,
- staatsrechtliche Ermächtigungsfunktion,
- staatsleitende Programmfunktion,
- gesamtwirtschaftliche Gestaltungsfunktion und
- politische Kontrollfunktion.

II. Haushaltsgesetz

Der Haushalt des Bundes besteht aus zwei Bestandteilen: dem Haushaltsgesetz und dem Haushaltsplan. Der Haushaltsplan wird durch das Haushaltsgesetz festgestellt (Art. 110 Abs. 2 Satz 1 GG), das in vielerlei Hinsicht Besonderheiten aufweist. Beide – Haushaltsgesetz und Haushaltsplan – bilden eine Einheit (Abb. 14).[39] **151**

1. Rechtsnatur

Eine Antwort auf die Frage nach der Rechtsnatur des Haushaltsgesetzes erfordert zunächst, einen Blick auf die beiden Arten von Gesetzen zu werfen. Gemeinhin wird zwischen formellen und materiellen Gesetzen unterschieden. **152**

1.1 Formelle Gesetze

Definition **153**

Formelle Gesetze sind die von den verfassungsrechtlich zuständigen Gesetzgebungsorganen in einem verfassungsmäßigen Gesetzgebungsverfahren als Gesetze erlassenen Hoheitsakte ohne Rücksicht auf ihren Inhalt (sog. Parlamentsgesetze).

Formelle Bundesgesetze sind die im Verfahren nach Art. 76 bis Art. 82 GG vom Bundestag unter Mitwirkung des Bundesrates beschlossenen und im Bundesgesetzblatt verkündeten Gesetze. Formelle Landesgesetze sind dementspre- **154**

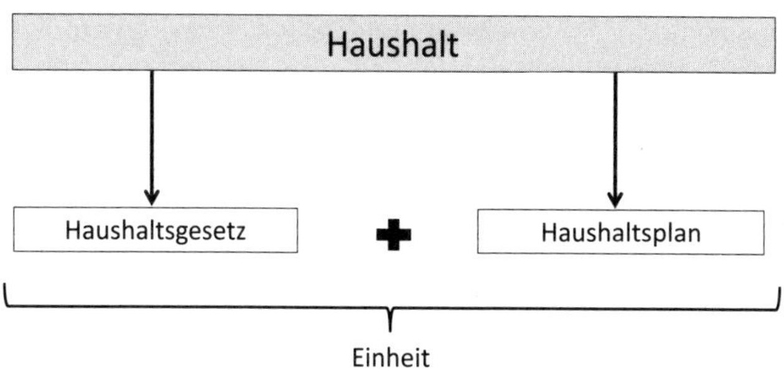

Abb. 14: Haushaltsgesetz und Haushaltsplan.

39 BVerfGE 20, 56 (93).

chend die von den Landtagen und ggf. weiteren Landesverfassungsorganen beschlossenen und in den Gesetzblättern der Länder verkündeten Gesetze.

Beispiele

Asylgesetz; Aufenthaltsgesetz; Bundespolizeigesetz; Luftsicherheitsgesetz; Verwaltungsgerichtsordnung; Verwaltungsverfahrensgesetz.

155 Entscheidend für die Qualifizierung eines Hoheitsaktes als formelles Gesetz sind also nicht die Inhalte der hoheitlichen Regelung, sondern ausschließlich die äußere Form und das Verfahren des Zustandekommens.

156 Die Vorlage des Haushaltsgesetzes wird gleichzeitig mit der Zuleitung an den Bundesrat beim Bundestag eingebracht (Art. 110 Abs. 3 GG), von ihm beschlossen und zuletzt im Bundesgesetzblatt verkündet (§ 1 Satz 2 BHO). Als ein im förmlichen Gesetzgebungsverfahren zustande gekommenes Gesetz ist das Haushaltsgesetz daher ein formelles Gesetz.

1.2 Materielle Gesetze

157 Hingegen stellt das Haushaltsgesetz nach überwiegender Meinung in der Rechtswissenschaft kein Gesetz im materiellen Sinne dar.

158 **Definition**

Materielle Gesetze sind alle generell-abstrakten Vorschriften, die Rechte oder Pflichten für Rechtspersonen begründen, ändern oder aufheben, also allgemeinverbindliche Rechtssätze. Sie stehen in Gegensatz zu Regelungen, die nur nachgeordnete Behörden oder Bedienstete innerhalb der Verwaltung verpflichten.

159 Der Begriff „generell" umschreibt den Personenkreis, an den die Vorschrift adressiert ist, oder den personellen Anwendungsbereich. „Generell" bedeutet Geltung nicht nur für eine bestimmte Person, sondern grundsätzlich für jedermann. Demgegenüber richtet sich eine „individuelle" Regelung an eine bestimmte Person oder bestimmbare Personengruppe. Der Terminus „abstrakt" bezieht sich auf den sachlichen Geltungsbereich einer Norm. „Abstrakt" meint Geltung für eine Vielzahl von Fällen. Betrifft eine Regelung dagegen nur einen bestimmten Fall, ist sie „konkret".

160 Die Qualifizierung als materielles Gesetz knüpft also an den Inhalt des erlassenen Hoheitsaktes an. Die meisten formellen Gesetze sind zugleich materielle Gesetze. Rechtsverordnungen und Satzungen zählen zu den Gesetzen im materiellen Sinne.

Beispiele

Aufenthaltsverordnung; Eisenbahn-Bau- und Betriebsordnung; Straßenverkehrsordnung.

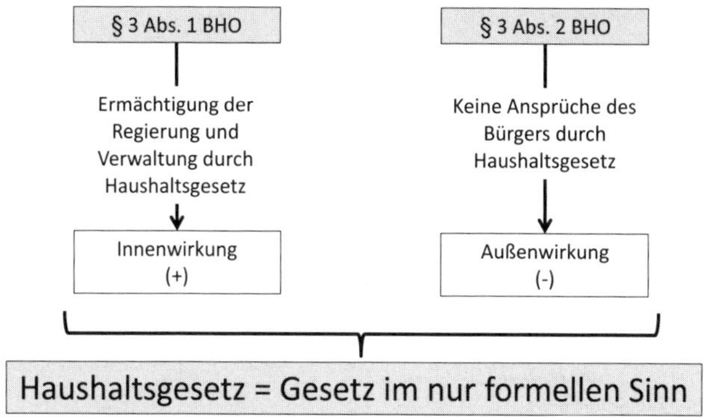

Abb. 15: Rechtsnatur des Haushaltsgesetzes.

Das Haushaltsgesetz ermächtigt zwar die Verwaltung, Ausgaben zu leisten und Verpflichtungen einzugehen (§ 3 Abs. 1 BHO). Ansprüche oder Verbindlichkeiten für außerhalb der Verwaltung stehende Personen werden durch das Haushaltsgesetz jedoch weder begründet noch aufgehoben, wie § 3 Abs. 2 BHO klarstellt (Abb. 15). Das Haushaltsgesetz entfaltet daher keine Außenwirkung. Als staatliches Innenrecht ist es folglich kein Gesetz im materiellen Sinne. **161**

Wichtig **162**

Das jährliche Haushaltsgesetz ist ein Gesetz im nur formellen Sinne. Denn es kommt in einem förmlichen Gesetzgebungsverfahren zustande. Mangels Außenwirkung gegenüber dem Bürger ist es jedoch kein Gesetz im materiellen Sinne.

2. Inhalt

Das jährliche Haushaltsgesetz besteht aus obligatorischen Inhalten (Muss-Inhalte) und fakultativen Inhalten (Kann-Inhalte). **163**

2.1 Obligatorische Inhalte

Das Haushaltsgesetz *muss* folgende Regelungen enthalten: **164**
- die Feststellung des in Einnahmen und Ausgaben ausgeglichenen Haushaltsplans (Art. 110 Abs. 2 Satz 1 GG; vgl. Abb. 16);
- die Ermächtigung des Bundesministeriums der Finanzen zur Aufnahme von Deckungs- und Kassenverstärkungskrediten (Art. 115 Abs. 1 GG in Verb. mit § 18 Abs. 2 BHO; vgl. Abb. 17); **165**

Gesetz über die Feststellung des Bundeshaushaltsplans für das Haushaltsjahr 2021 (Haushaltsgesetz 2021)

Vom 21. Dezember 2020

Der Bundestag hat das folgende Gesetz beschlossen:

Abschnitt 1

Allgemeine Ermächtigungen

§ 1

Feststellung des Haushaltsplans

(1) Der diesem Gesetz als Anlage beigefügte Bundeshaushaltsplan für das Haushaltsjahr 2021 wird in Einnahmen und Ausgaben auf 498 620 000 000 Euro festgestellt.

die Ermächtigung nach Satz 1. Bei Mehreinnahmen nach Satz 3 können Maßnahmen nach § 60 Absatz 2 der Bundeshaushaltsordnung ergriffen werden.

(3) Das Bundesministerium der Finanzen wird ermächtigt, ab Oktober des Haushaltsjahres im Vorgriff auf die Kreditermächtigung des nächsten Haushaltsjahres Kredite bis zur Höhe von 4 Prozent des in § 1 Absatz 1 festgestellten Betrages aufzunehmen. Diese Kredite sind auf die Kreditermächtigung des nächsten Haushaltsjahres anzurechnen.

(4) Auf die Kreditermächtigung ist bei Diskont-

Abb. 16: Feststellung des Bundeshaushaltsplans durch das Haushaltsgesetz.

§ 2

Kreditermächtigungen

(1) Das Bundesministerium der Finanzen wird ermächtigt, zur Deckung von Ausgaben für das Haushaltsjahr 2021 Kredite bis zur Höhe von 179 820 000 000 Euro aufzunehmen.

(2) Dem Kreditrahmen nach Absatz 1 wachsen die Beträge zur Tilgung von im Haushaltsjahr 2021 fällig

Eigenbestand an Bundeswertpapieren darf die Höhe von 20 Prozent des Betrages der umlaufenden Bundeswertpapiere nicht übersteigen; der Betrag der umlaufenden Bundeswertpapiere ergibt sich aus der jeweils letzten im Bundesanzeiger veröffentlichten Übersicht über die umlaufenden Bundeswertpapiere. Das Bundesministerium der Finanzen wird ferner ermächtigt, Eigenbestände in Form der Wertpapierleihe oder zur Besicherung von Zinsswapgeschäften zu verwenden oder sie im Rahmen der Kreditermäch-

Abb. 17: Ermächtigung zur Aufnahme von Krediten durch das Haushaltsgesetz.

Vertragsvolumen von bis zu 45 000 000 000 Euro abzuschließen. Auf die Höchstgrenzen nach Satz 1 und 2 werden zusätzliche Verträge nicht angerechnet, die Zinsrisiken aus bereits bestehenden Verträgen verringern oder ausschließen.

(7) Das Bundesministerium der Finanzen wird ermächtigt, auch im folgenden Haushaltsjahr bis zum Tag der Verkündung des Haushaltsgesetzes im Rahmen der Kreditaufnahme folgende Verträge abzuschließen:

§ 3

Gewährleistungsermächtigungen

(1) Das Bundesministerium der Finanzen wird ermächtigt, Bürgschaften, Garantien oder sonstige Gewährleistungen bis zur Höhe von insgesamt 821 710 000 000 Euro zu übernehmen, davon

1. bis zu 155 000 000 000 Euro im Zusammenhang mit förderungswürdigen oder im besonderen staat-

Abb. 18: Ermächtigung zur Aufnahme von Gewährleistungen durch das Haushaltsgesetz.

Freie Planstellen und Stellen sind vorrangig mit Bediensteten zu besetzen, die bei anderen Behörden der Bundesverwaltung wegen Aufgabenrückgangs oder wegen Auflösung der Behörde nicht mehr benötigt werden.

§ 24

Inkrafttreten

Dieses Gesetz tritt am 1. Januar 2021 in Kraft.

Abb. 19: Inkrafttreten des Haushaltsgesetzes.

- die Ermächtigung des Bundesministeriums der Finanzen zur Übernahme von Bürgschaften, Garantien oder sonstigen Gewährleistungen (Art. 115 Abs. 1 GG; vgl. Abb. 18) und **166**
- den Tag des Inkrafttretens des Haushaltsgesetzes (Art. 82 Abs. 2 GG; vgl. Abb. 19). **167**

2.2 Fakultative Inhalte

Das Haushaltsgesetz *kann* folgende Regelungen enthalten: **168**
- Sonderregelungen zur Ausführung des Haushaltsplans;
- Sonderregelungen, die haushaltswirksame Bestimmungen anderer Gesetze zeitlich befristet mit Geltung nur für das laufende Haushaltsjahr modifizieren, und
- Regelungen, die über das laufende Haushaltsjahr hinaus (31. Dezember) bis zum Inkrafttreten des nachfolgenden Haushaltsgesetzes anwendbar sind.

3. Besonderheiten

Zwar ist das Haushaltsgesetz ein Gesetz im formellen Sinne. Es weist gegenüber anderen Parlamentsgesetzen jedoch einige Besonderheiten auf. **169**
- Der Haushaltsplan wird für ein oder zwei Rechnungsjahre, nach Jahren getrennt, durch das Haushaltsgesetz festgestellt (§ 1 Satz 1 BHO; vgl. auch Art. 110 Abs. 2 Satz 1 GG). Das Rechnungsjahr ist gemäß § 4 Satz 1 BHO das Kalenderjahr. In der Konsequenz tritt ein Haushaltsgesetz immer zum 1. Januar eines Jahres – ggf. rückwirkend – in Kraft. **170**
- Durch das Haushaltsgesetz wird der Haushaltsplan für ein oder – bei Doppelhaushalten – höchstens zwei Haushaltsjahre festgestellt (§ 1 Satz 2 BHO). Das Haushaltsgesetz ist daher ein sog. Zeitgesetz mit einer nur beschränkten Geltungsdauer. **171**
- Das Haushaltsgesetz entfaltet lediglich eine Innenwirkung zwischen der Legislative und der Exekutive, ohne Ansprüche oder Verbindlichkeiten der Bürger zu begründen oder aufzuheben (§ 3 BHO). Das Haushaltsgesetz ist daher zwar ein formelles, aber kein materielles Gesetz. **172**
- „In das Haushaltsgesetz dürfen nur Vorschriften aufgenommen werden, die sich auf die Einnahmen und Ausgaben des Bundes und auf den Zeitraum beziehen, für den das Haushaltsgesetz beschlossen wird.“ Das sog. sachliche und zeitliche Bepackungsverbot in Art. 110 Abs. 4 GG soll verhindern, dass sachfremde Erwägungen in das Gesetzgebungsverfahren zur Feststellung des Haushaltsplans einfließen. **173**

4. Zusammenfassung

174 – Der Bundeshaushalt besteht aus dem Haushaltsgesetz und dem Haushaltsplan. Der Haushaltsplan wird durch das Haushaltsgesetz festgestellt (Art. 110 Abs. 2GG). Beide bilden eine Einheit.
– Das Haushaltsgesetz ist ein formelles, aber kein materielles Gesetz. Es ermächtigt im Innenverhältnis die vollziehende Gewalt, Ausgaben zu leisten und Verpflichtungen einzugehen (§ 3 Abs. 1 BHO). Ansprüche und Verbindlichkeiten außenstehender Dritter hingegen werden durch das Haushaltsgesetz weder begründet noch aufgehoben (§ 3 Abs. 2 BHO).
– Zu den wichtigsten Inhalten des Haushaltsgesetzes gehören die Feststellung des Haushaltsplans (§ 1 HG 2021) und die Ermächtigung des Bundesministeriums der Finanzen zur Aufnahme von Kassenverstärkungs- und Deckungskrediten (§ 2 HG 2021).

III. Haushaltsplan

1. Inhalt

175 Im Bundeshaushaltsplan werden die Haushaltsmittel ausgewiesen, die dem Bund innerhalb eines Haushaltsjahres zur Verfügung stehen. Haushaltsmittel sind Einnahmen, Ausgaben, Verpflichtungsermächtigungen und Stellen. Außer den Haushaltsmitteln enthält der Haushaltsplan noch Haushaltsvermerke und Erläuterungen (Abb. 20).

1.1 Einnahmen

176 Einnahmen im haushälterischen Sinne entsprechen weitgehend dem Begriff der Einzahlungen aus der Buchhaltung. Einzahlungen bezeichnen den

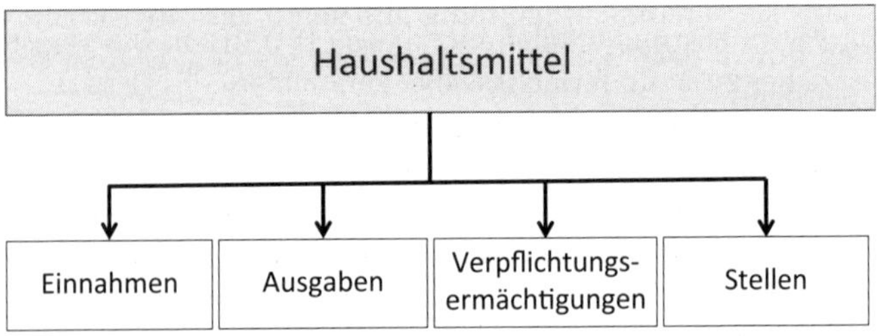

Abb. 20: Haushaltsmittel.

Zufluss an liquiden Mitteln oder – anders formuliert – die Erhöhung des Zahlungsmittelbestandes. Zu beachten ist, dass Einnahmen im öffentlichen Haushaltswesen bereits dann gebucht werden, wenn eine Forderung gegenüber Dritten besteht. Zu den staatlichen Einnahmen zählen namentlich Steuern, Gebühren, Beiträge und Einnahmen aus Krediten.

Die im Haushaltsjahr voraussichtlich kassenwirksamen Einnahmen werden in Form von sog. Haushaltsansätzen in den Haushaltsplan übernommen. Dabei handelt es sich lediglich um Schätzungen, weil sich die genaue Höhe der Einnahmen erst nach dem Ende des Haushaltsjahres ermitteln lässt. 177

Eine Ermächtigungsgrundlage gegenüber den Bürgern stellen die Einnahmenansätze im Haushaltsplan nicht dar. Denn der Haushaltsplan begründet, wie § 3 Abs. 2 BHO klarstellt, weder Ansprüche noch Verbindlichkeiten. Zur Erhebung von Einnahmen bedarf es daher einer besonderen parlamentsgesetzlichen Ermächtigungsgrundlage, die dem Prinzip vom Vorbehalt des Gesetzes genügt. 178

Beispiele

Einkommensteuergesetz; Umsatzsteuergesetz; Bundesgebührengesetz; Besondere Gebührenverordnung des Bundesministeriums des Innern, für Bau und Heimat für individuell zurechenbare öffentliche Leistungen in dessen Zuständigkeitsbereich.

1.2 Ausgaben

Ausgaben im Haushaltsrecht entsprechen im Wesentlichen dem buchhalterischen Begriff der Auszahlung. Sie drücken den Abfluss an liquiden Mitteln oder die Verringerung des Zahlungsmittelbestandes aus. Im Gegensatz zu den Einnahmen sind die im Haushaltsplan veranschlagten Ausgaben rechtlich verbindlich. Denn nach § 3 Abs. 1 BHO wird die Verwaltung durch die Ausgabenansätze im Haushaltsplan ermächtigt, Ausgaben zu dem im Haushaltsplan näher bestimmten Zweck und bis zu der dort genannten Höhe zu tätigen. Ausgaben werden im Haushaltsplan veranschlagt, falls sie voraussichtlich fällig und somit kassenwirksam werden. Sie dürfen nur in dem Haushaltsjahr getätigt werden, in dem sie veranschlagt wurden. 179

Wichtig 180

Ausgaben sind gegenwartsbezogene Haushaltsmittel.

1.3 Verpflichtungsermächtigungen

181 **Definition**

Verpflichtungsermächtigungen sind nach der Legaldefinition in § 6 BHO „Ermächtigungen zum Eingehen von Verpflichtungen zur Leistung von Ausgaben in künftigen Jahren".

Maßnahmen, die den Bund zur Leistung von Ausgaben in künftigen Haushaltsjahren verpflichten können, sind gemäß § 38 Abs. 1 Satz 1 BHO nur zulässig, wenn im Haushaltsplan entsprechende Verpflichtungsermächtigungen vorgesehen sind (Abb. 21). Zu solchen Maßnahmen zählt etwa der Abschluss von überjährigen Kauf-, Miet-, Werk- oder sonstigen Verträgen. Verpflichtungsermächtigungen sind freilich nur Ermächtigungen zum Eingehen von – ihre Bezeichnung deutet es an – „Verpflichtungen". Sie sind keine Ermächtigungen zur Leistung von Ausgaben. Zur Tilgung der aus den Verpflichtungen in einem Folgejahr resultierenden finanziellen Verbindlichkeiten ist die Verwaltung erst berechtigt, wenn sie sich im jeweiligen Folgejahr auf eine Ausgabeermächtigung stützen kann.

182 **Wichtig**

Im Unterschied zu Ausgabeermächtigungen sind Verpflichtungsermächtigungen zukunftsgerichtete Haushaltsmittel.

1.4 Stellen

183 Die Bundesminister bestimmen auf Grundlage ihrer aus Art. 65 Satz 2 und Art. 86 GG abgeleiteten Geschäftsleitungs- und Organisationsgewalt den Aufbau und die Verfahrensabläufe ihrer Ministerien und der nachgeordneten Geschäftsbereichsbehörden. Zur Geschäftsleitungs- und Organisations-

0625 Bundespolizei

Titel Funktion	Zweckbestimmung	Soll 2021 1 000 €	Soll 2020 *Reste 2020* 1 000 €	Ist 2019 1 000 €
812 23 -042	Erwerb von Kontrollgerät für Luftsicherheit	60 200	60 200	65 334
	Verpflichtungsermächtigung .... 44 800 T€			
	davon fällig:			
	im Haushaltsjahr 2022 bis zu .... 19 200 T€			
	im Haushaltsjahr 2023 bis zu .... 19 200 T€			
	im Haushaltsjahr 2024 bis zu .... 3 200 T€			
	im Haushaltsjahr 2025 bis zu .... 3 200 T€			

Abb. 21: Verpflichtungsermächtigungen.

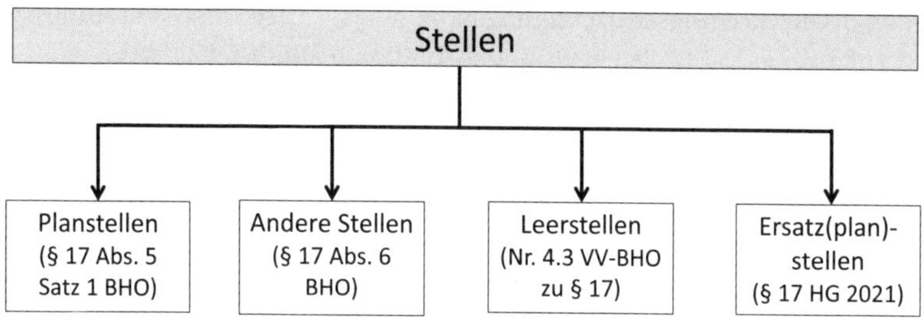

Abb. 22: Stellen.

gewalt zählt auch die personalwirtschaftliche Entscheidung über die Verteilung der im Haushaltsplan bewilligten Stellen auf die einzelnen Behörden des jeweiligen Ressorts (Abb. 22).[40]

1.4.1 Planstellen

1.4.1.1 Begriff

Planstellen[41] sind diejenigen Stellen für Beamte auf Lebenszeit, die sich unmittelbar aus dem Haushaltsplan ergeben.[42] Daher rührt auch die Bezeichnung „*Plan*"-Stellen. Sie sind grundsätzlich verbindlich, wie sich aus einem Umkehrschluss aus § 17 Abs. 6 BHO ergibt und in Nr. 4.1 Satz 3 VV-BHO zu § 17 ausdrücklich klargestellt wird.[43] **184**

§ 17 Abs. 5 BHO verlangt für die Veranschlagung von Planstellen für **185**
Beamte, dass

1. die Begründung von Beamtenverhältnissen zur Wahrnehmung der vorgesehenen Aufgaben zulässig ist und
2. es sich regelmäßig um Daueraufgaben handelt.

Die Bundeshaushaltsordnung knüpft mit dieser Regelung an das Beamtenverfassungsrecht an: Nach Art. 33 Abs. 4 GG ist die Ausübung hoheitlicher Befugnisse als ständige Aufgabe in der Regel Angehörigen des öffentlichen Dienstes zu übertragen, die in einem öffentlich-rechtlichen Dienst- und Treueverhältnis stehen (Funktionsvorbehalt).[44] Die dauerhafte Wahrnehmung dieser Aufgaben ist grundsätzlich den Beamten auf Lebenszeit vorbehalten. Aus einer Zusammenschau mit § 17 Abs. 5 BHO folgt daraus, **186**

40 Vgl. *Schröder*, in: v. Mangoldt/Klein/Starck, GG, 7. Aufl. 2018, Art. 65 Rn. 30.

41 Die nachfolgenden Ausführungen wurden im Wesentlichen dem Beitrag von *Sauerland*, a p f 2020, 65–71 entnommen.

42 *Häußer*, in: Gröpl, BHO/LHO, 2. Aufl. 2019, § 17 Rn. 50 ff.

43 *Häußer*, in: Gröpl, BHO/LHO, 2. Aufl. 2019, § 17 Rn. 54.

44 Dazu *Werres*, Beamtenverfassungsrecht, 2011, S. 7 ff.

dass Planstellen ausschließlich für Beamte auf Lebenszeit veranschlagt werden können. Dadurch wird die haushaltswirtschaftliche Grundlage für die beamtenrechtlichen Pflichten des Dienstherrn gegenüber seinen Beamten geschaffen, wie z. B. Bezüge- und Pensionszahlungen oder Beihilfe- und Fürsorgeleistungen.[45] Zeitlich begrenzte Hoheitsaufgaben sind demgegenüber grundsätzlich Arbeitnehmern zu übertragen.[46] Eine exakte Grenzziehung ist in der Praxis freilich nicht immer einfach.

187 Nach § 17 Abs. 5 Satz 1 BHO sind die Planstellen im Haushaltsplan nach Besoldungsgruppen und Amtsbezeichnungen auszubringen. Die Besoldungsgruppen und Amtsbezeichnungen ergeben sich für Beamte aus den Besoldungsordnungen A, B, C und W, die als Anlagen dem BBesG beigefügt sind.[47] Durch das Haushaltsgesetz dürfen keine neuen Ämter geschaffen oder Besoldungsgruppen geändert werden. Dies wäre mit dem sachlichen Bepackungsverbot nach Art. 110 Abs. 4 Satz 1 GG unvereinbar.[48] Soll im Ausnahmefall eine Planstelle veranschlagt werden, für die noch keine Amtsbezeichnung vorhanden ist, sondern durch das BBesG erst noch ge-

Bundespolizei 0625

Planstellen-/Stellenübersicht

Besoldungs-/ Entgelt- gruppen	2021	2020	Ist-Besetzung am 1. Juni 2020	Erläuterung der Veränderung gegenüber dem Vorjahr										von Sp. 2 entfallen auf Funk- tions- gruppen
				Neue Stellen, Stellenwegfall				Wirksamwerden von ku- und kw-Vermerken		Hebungen, Herab- stufungen		Umwand- lungen, Umsetzungen		
				ohne ku/ kw-Vermerke		und Umsetzungen mit ku/ kw-Vermerken								
				+	-	+	-	+	-	+	-	+	-	
1	2	3	4	5		6		7		8		9		10
Titel 422 01														
Beamtinnen und Beamte														
B 9	1,0	1,0	1,0	-	-	-	-	-	-	-	-	-	-	-
B 6	8,0	7,0	7,0	-	-	-	-	-	-	1,0	-	-	-	-
B 4	6,0	7,0	7,0	-	-	-	-	-	-	-	1,0	-	-	-
B 3	15,0	14,0	14,0	-	-	-	-	-	-	1,0	-	-	-	-
A 16	90,0	65,0	58,0	26,0	-	-	-	-	-	-	1,0	-	-	-
A 15	285,0	280,0	243,8	9,0	5,0	1,0	-	-	-	-	-	-	-	-
A 14	306,0	306,0	127,3	12,0	11,0	-	-	-	-	-	-	-	1,0	-
A 13 h	150,0	151,0	91,0	9,0	10,0	-	-	-	-	-	-	-	-	-
A 13 g+Z	412,0	-	-	24,0	-	-	-	-	-	388,0	-	-	-	-
A 13 g	1 658,0	1 952,0	1 423,6	94,0	-	4,0	-	-	-	-	388,0	-	4,0	-
A 12	3 758,0	3 108,0	2 358,6	156,0	-	2,0	-	-	4,0	500,0	-	-	4,0	-
A 11	4 601,0	4 529,0	3 939,4	78,0	-	-	-	-	-	-	-	-	6,0	-
A 10	5 161,0	5 146,0	4 599,9	19,0	-	-	-	-	-	-	-	-	4,0	-
A 9 g	2 672,0	3 161,0	2 182,6	19,0	6,0	-	-	-	-	-	500,0	-	2,0	-
A 9 m+Z	4 171,0	4 110,0	3 711,3	61,0	-	-	-	-	-	-	-	-	-	3 928,0
A 9 m	9 486,0	9 305,0	7 949,1	185,0	-	-	-	-	-	-	-	1,0	5,0	8 848,0
A 8	9 059,0	8 696,0	3 085,9	370,0	7,0	-	-	-	-	-	-	-	-	8 152,0
A 7	2 029,0	2 029,0	4 975,3	-	-	-	-	-	-	-	-	-	-	1 741,0

Abb. 23: Stellenplan der Bundespolizei.

45 Zum Alimentationsprinzip BVerfGE 148, 296 Rn. 123 f.

46 Zum Funktionsvorbehalt *Battis*, in: Battis, BBG, 5. Aufl. 2017, § 5 Rn. 1, 5.

47 In der Besoldungsordnung R werden Richter und Staatsanwälte besoldet.

48 Dazu *Nebel*, in: Piduch, Bundeshaushaltsrecht, Art. 110 GG Rn. 82 ff. (Stand: 40. Erg.-Lfg./ Dez. 2004).

schaffen werden muss, ist bei der Planstelle der Vermerk „Amtsbezeichnung vorbehalten" anzubringen.[49]

188 Die im Haushaltsplan veranschlagten Planstellen werden zum sog. Stellenplan zusammengefasst (Abb. 23). Der Stellenplan bildet die vom Parlament festgelegte – personalwirtschaftliche – Grenze für die Geschäftsleitungs- und Organisationsgewalt der Exekutive. Die Gesamtzahl der ausgebrachten Planstellen darf grundsätzlich zu keinem Zeitpunkt überschritten werden. Selbst wenn noch Haushaltsmittel für die Einstellung eines weiteren Beamten vorhanden sein sollten, ist die Verwaltung grundsätzlich nicht ermächtigt, einen weiteren Beamten über die im Stellenplan festgelegte Anzahl hinaus einzustellen. Die Stellenpläne begrenzen damit die Personalhoheit der Ressortbehörden.[50] Sie sind im Übrigen im „Personalhaushalt" am Ende jedes Einzelplans zusammengefasst.

189 Die Personalausgaben für die Beamten hingegen werden im „Sachhaushalt" veranschlagt (Abb. 24).

190 Der Stellenplan als solcher enthält keine Amtsbezeichnungen. Die Amtsbezeichnungen werden in einer Übersicht als „Anlage zu den Stellenplänen" am Ende des Abschnitts „Personalhaushalt" im jeweiligen Einzelplan in männlicher und weiblicher Form abgedruckt (Abb. 25).[51]

191 Als „Anlage zu den Stellenplänen" ist die Übersicht über die Amtsbezeichnungen nach § 17 Abs. 5 BHO verbindlich wie die Stellenpläne selbst. Es dürfen daher im Geschäftsbereich eines Ressorts nur solche Ämter verliehen werden, die in der Übersicht genannt sind. Die abstrakte Erwähnung in den Besoldungsordnungen des BBesG reicht demgegenüber nicht aus.[52]

0625 Bundespolizei

Titel Funktion	Zweckbestimmung	Soll 2021 1 000 €	Soll 2020 *Reste 2020* 1 000 €	Ist 2019 1 000 €
	Flexibilisierte Ausgaben			
F 422 01 -042	*Bezüge und Nebenleistungen der planmäßigen Beamtinnen und Beamten*	*1 869 379*	*1 707 709*	*1 711 576*

Abb. 24: Personalausgaben im Sachhaushalt.

49 Nr. 4.1 Satz 2 VV-BHO zu § 17

50 *Leibinger/Müller/Züll*, Öffentliche Finanzwirtschaft, 15. Aufl. 2021, Rn. 253; *Gröpl*, DÖV 2003, 231 ff.

51 Nr. 9.8.9 HRB in Verb. mit Beispiel 18 HRB enthält ein Muster.

52 Vgl. *Hugo*, in: Heuer/Scheller, Haushaltsrecht, § 17 Rn. 18 (Stand: 46. Lfg., Dez. 2008).

Anlage zu den Stellenplänen des Epl. 06

Darstellung der den Planstellen zugeordneten Amtsbezeichnungen

Bes.-Gr.	Kap.	Amtsbezeichnungen (Grundamtsbezeichnung in Fettdruck)
1	2	3
		Besoldungsordnung A und B ohne Polizeivollzugsdienst
B 11	0612	Staatssekretärin oder Staatssekretär
B 9	0612	Ministerialdirektorin oder Ministerialdirektor
	0633	Präsidentin oder Präsident des Bundesamtes für Migration und Flüchtlinge
	0624	Präsidentin oder Präsident des Bundeskriminalamtes
	0625	Präsidentin oder Präsident des Bundespolizeipräsidiums
	0615	Präsidentin oder Präsident des Bundesverwaltungsamtes
B 8	0623	Präsidentin oder Präsident des Bundesamtes für Sicherheit in der Informationstechnik
	0614	Präsidentin oder Präsident des Statistischen Bundesamtes
B 7	0621	Präsidentin oder Präsident des Bundesamtes für Bauwesen und Raumordnung
B 6	0612	Ministerialdirigentin oder Ministerialdirigent
	0612	Präsidentin oder Präsident der Bundesakademie für öffentliche Verwaltung
	0625	Präsidentin oder Präsident der Bundespolizeiakademie
	0635	Präsidentin oder Präsident der Bundeszentrale für politische Bildung

Abb. 25: Darstellung der den Planstellen zugeordneten Amtsbezeichnungen.

1.4.1.2 Exkurs: Einweisung eines Beamten in eine Planstelle

192 Nach § 49 Abs. 1 BHO darf ein Amt nur zusammen mit der Einweisung in eine besetzbare Planstelle an einen Beamten verliehen werden. § 49 Abs. 1 BHO ist eine Ordnungsvorschrift: Sie will verhindern, dass Ämter verliehen werden, deren Finanzierung im Haushaltsplan nicht gesichert ist. § 49 Abs. 1 BHO stellt damit sicher, dass bei der Einstellung und Beförderung von Beamten die haushaltsrechtliche Planstelle neben den beamtenrechtlichen Ernennungsvoraussetzungen gegeben sein muss.[53]

193 Wird ein Beamter ernannt, ohne dass eine besetzbare Planstelle verfügbar ist, ist die Ernennung dennoch wirksam. Der haushaltsrechtliche Verstoß gegen § 49 Abs. 1 BHO beeinträchtigt die beamtenrechtliche Wirksamkeit der Ernennung im Außenverhältnis somit nicht. Dies folgt aus der Rechtsnatur des Haushaltsplans als Innenrecht der Verwaltung. Aus § 3 Abs. 2 BHO folgt: „Beamtenrecht bricht Haushaltsrecht." Auch einem nicht in eine Planstelle eingewiesenen Beamten steht folglich mit seiner Ernennung ein Anspruch auf Besoldung zu.[54]

194 In solchen Fällen sind im Innenverhältnis aber Regressansprüche gegen die Verantwortlichen zu prüfen, die ein Amt verliehen haben, ohne dass eine Planstelle zur Verfügung stand. Zudem muss sichergestellt werden, dass alsbald eine Planstelle der entsprechenden Besoldungsgruppe dafür verwendet wird, den beamtenrechtlichen Anspruch haushaltswirtschaftlich zu decken.

53 BVerwGE 150, 216 ff.

54 Vgl. § 3 Abs. 1 BBesG.

Beispiele

Nachbesetzung der nächsten frei werdenden Planstelle; Schaffung einer zusätzlichen Planstelle mit kw-Vermerk.

Besetzbar ist eine Planstelle, wenn 195
- sie neu bewilligt worden ist oder durch Ausscheiden des bisherigen Stelleninhabers frei geworden ist[55]

Beispiele

Eintritt in den Ruhestand; Beförderung; Versetzung; Tod.

und
- keine Verfügungsbeschränkungen bestehen.[56]

Beispiele

Stellenkürzung; Stellenbesetzungssperre des BMF gemäß § 41 BHO; kw- oder ku-Vermerk gemäß § 47 BHO.

Die besetzbare Planstelle muss hinsichtlich der Besoldungsgruppe grundsätz- 196
lich dem verliehenen Amt entsprechen, soweit keine Ausnahmen zugelassen sind.[57] Eine Planstelle ist besetzt, solange auf ihr ein anderer Stelleninhaber „geführt" wird. Ob sie oder er Dienstbezüge aus der Planstelle erhält, ist dabei nicht entscheidend.[58] Der Grund hierfür ist darin zu sehen, dass bei einer Rückkehr des Stelleninhabers der Anspruch auf Dienstbezüge wieder aufleben kann. Eine Nachbesetzung der Planstelle mit einem Beamten ist in einem solchen Fall nur möglich, wenn der beurlaubte Beamte auf einer Leerstelle geführt wird.

Beispiel

Wenn der in die Planstelle Eingewiesene ohne Dienstbezüge beurlaubt ist, ist die Planstelle dennoch als besetzt zu behandeln (Nr. 1.6 VV-BHO zu § 49). Anderenfalls würde der beurlaubte Beamte bei seiner Rückkehr aus der Planstelle verdrängt und überzählig werden. Diese Konsequenz verstieße jedoch gegen die Verbindlichkeit des Stellenplans (§ 17 BHO).

1.4.2 Andere Stellen

Die Stellen für Arbeitnehmer[59] sind nach § 17 Abs. 6 BHO als „andere Stellen" 197
in den Erläuterungen auszuweisen. Der Stellenplan für Arbeitnehmer wird

55 Vgl. BVerwG, NVwZ 2005, 1078 ff.

56 Vgl. BVerwG, ZBR 2015, 170 (171).

57 Nr. 1.1 VV-BHO zu § 49.

58 Nr. 1.5 VV-BHO zu § 49.

59 Die nachfolgenden Ausführungen wurden im Wesentlichen dem Beitrag von *Sauerland*, a p f 2020, 65–71 entnommen.

Bundespolizei 0625

Planstellen-/Stellenübersicht

Besoldungs-/ Entgelt-gruppen	2021	2020	Ist-Besetzung am 1. Juni 2020	Erläuterung der Veränderung gegenüber dem Vorjahr: Neue Stellen, Stellenwegfall – ohne ku/ kw-Vermerke		Neue Stellen, Stellenwegfall – und Umsetzungen mit ku/ kw-Vermerken		Wirksamwerden von ku- und kw-Vermerken		Hebungen, Herabstufungen		Umwandlungen, Umsetzungen		von Sp. 2 entfallen auf Funktionsgruppen
				+	-	+	-	+	-	+	-	+	-	
1	2	3	4	5		6		7		8		9		10
Titel 428 01 - Erläuterungen														
Außertarifliche Arbeitnehmerinnen und Arbeitnehmer														
AT B	3,0	3,0	2,0	-	-	-	-	-	-	-	-	-	-	-
Tarifliche Arbeitnehmerinnen und Arbeitnehmer														
E 15	6,0	6,0	8,8	-	-	-	-	-	-	-	-	-	-	-
E 14	20,0	16,0	16,3	4,0	-	-	-	-	-	-	-	-	-	-
E 13	30,0	30,0	51,3	-	-	-	-	-	-	-	-	-	-	-
E 12	12,0	12,0	50,3	-	-	-	-	-	-	-	-	-	-	-
E 11	17,5	17,5	71,7	-	-	-	-	-	-	-	-	-	-	-
E 10	15,0	15,0	43,9	-	-	-	-	-	-	-	-	-	-	-
E 9c	-	-	13,9	-	-	-	-	-	-	-	-	-	-	-
E 9b	39,0	39,0	76,8	-	-	-	-	-	-	-	-	-	-	-
E 9a	313,0	309,0	249,1	-	-	-	-	-	1,0	-	-	5,0	-	-
E 8	1 169,0	1 169,0	259,0	-	-	-	-	-	-	-	-	-	-	-
E 7	316,0	316,0	249,7	-	-	-	-	-	1,0	-	-	1,0	-	-
E 6	1 058,0	1 058,0	960,4	-	-	-	-	-	-	-	-	-	-	-
E 5	2 118,5	2 122,5	2 285,7	-	-	-	-	-	4,0	-	-	-	-	-
E 4	245,0	241,0	328,6	4,0	-	-	-	-	-	-	-	-	-	-
E 3	580,0	585,0	807,2	-	-	-	-	-	4,0	-	1,0	-	-	-
E 2	75,0	79,0	85,0	-	-	-	-	-	2,0	-	2,0	-	-	-
Zusammen	6 014,0	6 015,0	5 557,7	8,0	-	-	-	-	12,0	-	3,0	6,0	-	-
Insgesamt	6 017,0	6 018,0	5 559,7	8,0	-	-	-	-	12,0	-	3,0	6,0	-	-

Abb. 26: Stellenplan für Arbeitnehmer.

unter der Überschrift „Titel 428 01 – Erläuterungen" im „Personalhaushalt" am Ende jedes Einzelplans gegliedert nach Kapiteln abgedruckt (Abb. 26).

198 Als Teil der Erläuterungen sind die „Stellen" für Arbeitnehmer an sich nicht verbindlich. Auf der Grundlage der Ermächtigung in § 17 Abs. 1 Satz 2 BHO erklären die Haushaltsgesetze des Bundes aber seit 1972 die Erläuterungen zu den Titeln der Gruppe 428 („Entgelte der Arbeitnehmerinnen und Arbeitnehmer") und damit den Stellenplan für Arbeitnehmer für verbindlich. Historischer Hintergrund der Änderung im Haushaltsjahr 1972 war die damalige Diskussion über ein einheitliches Dienstrecht.[60]

199 **§ 14 Abs. 1 HG 2021**

„Die Erläuterungen zu den Titeln 428 .1 sind hinsichtlich der Zahl der für die einzelnen Entgeltgruppen angegebenen Stellen verbindlich. Abweichungen von den verbindlichen Erläuterungen bedürfen der Einwilligung des Bundesministeriums der Finanzen. Pauschale Abweichungen kann das Bundesministerium der Finanzen unter der Bedingung zulassen, dass dadurch die Personalausgaben der einbezogenen Stellen um mindestens 5 Prozent gemindert werden."

200 Der Stellenplan für Arbeitnehmer ist nach § 3 Abs. 1 BHO freilich nur im Innenverhältnis zwischen Parlament und Verwaltung verbindlich. Im Außenverhältnis überlagert das Tarifrecht das Haushaltsrecht. Arbeitneh-

60 *Häußer*, in: Gröpl, BHO/LHO, 2. Aufl. 2019, § 17 Rn. 23.

mer haben daher bei Übernahme von höherwertigen Aufgaben einen tarifrechtlichen Anspruch auf höhere Vergütung, der durch haushaltsrechtliche Bestimmungen nicht beeinträchtigt wird. Anders formuliert: Die Ausweisung einer Stelle im Stellenplan ist für die tarifrechtliche Eingruppierung nicht von Bedeutung.[61]

1.4.3 Leerstellen

Wenn Beamte oder Arbeitnehmer ihren Dienstposten für längere Zeit verlassen (z. B. wegen einer Beurlaubung, Elternzeit oder Abordnung), ist die abgebende Behörde daran interessiert, die frei werdenden Planstellen oder Stellen in der Zwischenzeit neu zu besetzen, um die Verwaltungsaufgaben weiterhin wahrnehmen zu können. Die Stelleninhaber wiederum haben ein Interesse daran, jederzeit auf eine gleichartige Planstelle oder Stelle beim bisherigen Dienstherrn zurückkehren zu können. Die Haushaltspraxis löst diesen Interessenkonflikt durch sog. Leerstellen.[62] Leerstellen sind Auffangstellen für Beschäftigte, die vorübergehend unter Wegfall der Bezüge aus ihrer bisherigen Tätigkeit ausscheiden, deren Planstelle oder Stelle aber für eine Nachfolgerin oder einen Nachfolger freigemacht werden soll.[63] **201**

Leerstellen heißen „*Leer*“-Stellen, weil für sie nach Nr. 4.3 Satz 3 VV-BHO zu § 17 keine Ausgaben veranschlagt werden; denn aus ihnen werden im Regelfall keine Dienstbezüge gezahlt. Es handelt sich folglich um Stellen ohne Ansatz von Haushaltsmitteln.[64] **202**

Hauptanwendungsfälle von Leerstellen sind **203**
- die Beurlaubung zur Betreuung von Kindern,
- die vorübergehende Verwendung bei öffentlichen zwischen- oder überstaatlichen Einrichtungen oder
- die vorübergehende Verwendung bei Bundestagsfraktionen, beim Bundeskanzleramt oder bei Auslandsvertretungen.

In allen Fällen ist eine längerfristige Abwesenheit von mindestens sechs Monaten erforderlich.[65]

Leerstellen werden nach Nr. 4.3 VV-BHO zu § 17 am Ende jedes Einzelplans im „Personalhaushalt“ gesondert von den übrigen Stellen und gegliedert nach Kapiteln in einer „Leerstellenübersicht“ dargestellt (Abb. 27). Die Leerstellenübersicht ist Teil des Stellenplans für Beamte und für Arbeitnehmer und damit verbindlich. **204**

61 Vgl. *Gröpl*, in: Gröpl, BHO/LHO, 2. Aufl. 2019, § 3 Rn. 33.

62 Die nachfolgenden Ausführungen wurden im Wesentlichen dem Beitrag von *Sauerland*, a p f 2020, 65–71 entnommen.

63 *Leibinger/Müller/Züll*, Öffentliche Finanzwirtschaft, 15. Aufl. 2021, Rn. 731 ff.

64 Zu Ausnahmen von diesem Grundsatz siehe Nr. 3.2 und 3.4 zu § 50 BHO.

65 Vgl. § 18 Abs. 1 HG 2021.

Leerstellenübersicht				
Bes.-/ E.-Gr.	2021	2020	lfd. Nr.	Erläuterung
1	2	3	4	5
Zu Titel 422 01				
			1.	**Langfristige Beurlaubungen**
Zusammen.........	342,0	348,0	1.1	gemäß §§ 90, 92, 95 BBG, § 7 DBeglG, § 6 MuSchEltZV, § 24 GAD
			2.	**Beurlaubung wegen Tätigkeit außerhalb der Bundesverwaltung bei:**
A 15..................	-	1,0	2.1	Landtag Brandenburg
A 12..................	1,0	-		
A 15..................	1,0	-	2.2	Grenzschutzagentur FRONTEX
A 12..................	1,0	1,0		
A 9 m+Z...........	1,0	1,0	2.3	Gemeinde Markt Egloffstein
A 15..................	1,0	1,0	2.4	CDU/CSU-Fraktion des Deutschen Bundestages
A 11..................	1,0	1,0	2.5	EUROPOL
A 13 g..............	1,0	1,0	2.6	Schweizer Grenzwachkorps
A 16..................	-	1,0	2.7	Vereinte Nationen
A 11..................	1,0	1,0	2.8	AfD-Fraktion des Deutschen Bundestages
A 16..................	1,0	1,0	2.9	EU-Mission Irak
A 12..................	1,0	1,0	2.10	Gemeinde Ostbevern
A 11..................	-	1,0	2.11	Gemeinde Heringsdorf
A 10..................	1,0	1,0	2.12	Gemeinde Sande
A 9 m...............	1,0	1,0	2.13	Stadt Neunburg vorm Wald
A 8....................	1,0	1,0	2.14	Stadt Friesoythe

Abb. 27: Leerstellenübersicht.

205 Kehrt ein Leerstelleninhaber wieder zurück und ist eine entsprechende Planstelle oder andere Stelle des Stellenplans frei, muss diese Stelle in Anspruch genommen werden. Die Leerstelle fällt dann „automatisch" weg. Leerstellen haben somit auch die Funktion eines „Erinnerungspostens". Die Übernahme einer freien Stelle durch einen zurückgekehrten Leerstelleninhaber hat Vorrang vor der Beförderung anderer Beschäftigter in derselben Besoldungsgruppe.[66] Die Ausbringung von Leerstellen kann daher die Beförderungschancen anderer Beschäftigter einschränken.

1.4.4 Ersatzplanstellen und Ersatzstellen

206 Ersatzplanstellen[67] für Beamte und Ersatzstellen für Arbeitnehmer wurden von der Haushaltspraxis geschaffen, ohne dass sie explizit in der BHO oder den VV-BHO erwähnt werden. Die Voraussetzungen für ihre Veranschlagung finden sich in den jährlichen Haushaltsgesetzen.[68] Ihre Ausbringung kommt in Betracht, wenn

- Beschäftigte für einen begrenzten Zeitraum nicht mehr für ihre Behörde tätig sind,
- diese Beschäftigten aber weiterhin aus ihren Planstellen oder Stellen Dienstbezüge von ihrem Dienstherrn erhalten und
- die Dienstposten während der Abwesenheit der Beschäftigten mit Ersatzkräften besetzt werden sollen.[69]

---

66 Nr. 3.1 VV-BHO zu § 50.

67 Die nachfolgenden Ausführungen sind im Wesentlichen dem Beitrag von *Sauerland*, a p f 2020, 65–71 entnommen.

68 Vgl. § 17 HG 2021.

69 *Häußer*, in: Gröpl, BHO/LHO, 2. Aufl. 2019, § 17 Rn. 77 ff.

Übersicht der ku- und kw- Vermerke						
Bes.-/ E.-Gr.	2021 Soll	2021 Ersatz-(plan)st.	2020 Soll	lfd. Nr.	Inhalt des Vermerks	Erläuterung der Veränderung gegenüber dem Vorjahr
1	2	3	4	5	6	7
Zu Titel 422 01						
					kw	
				4.	**kw**	
				4.3	Ersatzplanstelle	
A 15	1,0	1,0	-	4.3.1	Ständige Vertretung bei den Vereinten Nationen (VN) New York	Neue Planstelle
A 16	1,0	1,0	1,0	4.3.2	Deutsche Botschaft in Riad/Saudi-Arabien	-
A 13 g	6,0	6,0	2,0	4.3.4	Grenzschutzagentur FRONTEX	Neue Planstelle
A 12	3,0	3,0	5,0			Wirksamwerden des Vermerks, Neue Planstelle
Zusammen	11,0	11,0	8,0			

Abb. 28: Dokumentation der Ersatz(plan)stellen.

Bei der Ersatzstelle werden die Dienstbezüge der abwesenden Beschäftigten weiterhin vom abgebenden Dienstherrn wie bei einer „echten" Planstelle gezahlt. Bei der Leerstelle zahlt hingegen der neue Arbeitgeber der Bediensteten. Ersatzstellen sind daher aus Sicht des abgebenden Dienstherrn teurer als Leerstellen. **207**

Im Gegensatz zu Planstellen oder Stellen werden Ersatzstellen nur für einen begrenzten Zeitraum ausgebracht. Sie sind also stets befristet und daher mit sog. kw-Vermerken (§ 21 BHO) zu versehen.[70] Kehrt der Inhaber der Ersatzstelle wieder zurück, fällt auch die Ersatzstelle mit der Übernahme der Ersatzkraft in eine freie oder alsbald frei werdende Planstelle oder Stelle weg.[71] **208**

Die „Ersatz(plan)stellen" werden als Teil des Stellenplans der einzelnen Kapitel des Haushaltsplans dargestellt und in einer eigenen Spalte der „Übersicht der ku- und kw-Vermerke" ausgewiesen (Abb. 28). **209**

Die Langfassung der kw-Vermerke befindet sich in den „Vorbemerkungen zum Personalhaushalt" am Ende der Einzelpläne (Abb. 29). **210**

1.5 Haushaltsvermerke

1.5.1 Begriff

Neben den Haushaltsmitteln werden in den Haushaltsplänen sog. Haushaltsvermerke ausgebracht. Nach Nr. 5 HRB können sie **211**

- nach der Zweckbestimmung eines Titels oder einer Titelgruppe (Abb. 30),
- nach dem Kapitelüberblick unter Einnahmen oder Ausgaben (mit Wirkung für das gesamte Kapitel),

70 Dazu noch unter Rz 211 ff.

71 *Hugo*, in: Heuer/Scheller, Haushaltsrecht, § 17 Rn. 28 (Stand: 46. Lfg., Dez. 2008).

Vorbemerkungen zum Personalhaushalt

1. Ersatz(plan)stellen werden zahlenmäßig in einer eigenen Spalte der Übersichten der ku- und kw-Vermerke in der Gesamtübersicht und in den einzelnen Kapiteln nachgewiesen.

   Die sonstigen Ersatz(plan)stellen sind in der Übersicht mit der Kurzformulierung "Ersatzplanstelle" bzw."Ersatzstelle" ausgewiesen, die Kurzformulierung entspricht dabei dem folgenden Wortlaut eines kw-Vermerks:

   - bei Titeln der Gruppe 422: kw - nach Rückkehr der abgeordneten Beschäftigten - mit Übernahme der Ersatzkräfte in eine freie oder die nächste frei werdende Planstelle ihrer Besoldungsgruppe oder mit Versetzung der Beschäftigten oder ihrem Ausscheiden aus dem Dienst

   - bei Titeln der Gruppe 428: kw - nach Rückkehr der abgeordneten Beschäftigten - mit Übernahme der Ersatzkräfte in eine freie oder die nächste frei werdende Stelle ihrer Entgeltgruppe oder Planstelle der entsprechenden Besoldungsgruppe oder mit Versetzung der Beschäftigten oder ihrem Ausscheiden aus dem Dienst

Abb. 29: Vorbemerkungen zum Personalhaushalt.

– nach dem letzten Kapitel des Einzelplans vor den Übersichten oder
– nach dem Einzelplanüberblick (mit Wirkung für den gesamten Einzelplan)
ausgebracht werden.

212 **Definition**

Haushaltsvermerke sind verbindliche Anordnungen des Gesetzgebers an die vollziehende Gewalt zur Bewirtschaftung der Haushaltsmittel.

1.5.2 Arten

213 §§ 21 und 22 BHO sowie die Haushaltstechnischen Richtlinien des Bundes regeln nicht abschließend verschiedene Arten von Haushaltsvermerken. Einige wichtige Vermerkarten werden nachfolgend skizziert.

214 – Sperrvermerke (§ 22 BHO) können bei Ausgaben ausgebracht werden, die aus besonderen Gründen zunächst noch nicht geleistet oder zu deren Lasten zunächst noch keine Verpflichtungen eingegangen werden sollen. Anders formuliert, wird bei einem Sperrvermerk die Leistung von Ausgaben vom Eintritt einer Bedingung abhängig gemacht. Dabei ist der Sperrgrund (die Bedingung, an die die Sperre geknüpft ist) anzugeben. Unterschieden wird zwischen einfachen und qualifizierten Sperrvermerken.

215 – Bei einem einfachen Sperrvermerk wird die Sperre nach dem Eintritt der Bedingung vom Bundesministerium der Finanzen aufgehoben. Eine einfache Sperre wird gemäß Nr. 5.1.1 HRB wie folgt formuliert: *„Die Ausgaben sind (in Höhe von […] T€ /in Höhe von […] Prozent) gesperrt."*

216 – Bei einem qualifizierten Sperrvermerk bedarf die Aufhebung der Sperre der Einwilligung des Haushaltsausschusses des Deutschen Bundestages.
Der Text einer qualifizierten Sperre lautet gemäß Nr. 5.1.2 HRB: *„Die Ausgaben sind (in Höhe von […] T€ / in Höhe von […] Prozent) gesperrt. Die Aufhebung der Sperre bedarf der Einwilligung des Haushaltsausschusses des Deutschen Bundestages."*

- Wegfallvermerke (§ 21 Abs. 1 BHO) betreffen Ausgaben und Planstellen, die in künftigen Haushaltsjahren voraussichtlich nicht mehr benötigt werden. Eine mit einem Wegfallvermerk – im Haushaltsplan mit „kw“ (= künftig wegfallend) abgekürzt – versehene Planstelle darf nach dem Ausscheiden des Stelleninhabers nicht wiederbesetzt werden (§ 47 Abs. 2 BHO). **217**
- Umwandlungsvermerke (§ 21 Abs. 2 BHO) ordnen an, Planstellen in künftigen Haushaltsjahren mit dem Ausscheiden des jeweiligen Stelleninhabers in Planstellen einer niedrigeren Besoldungsgruppe oder Stellen für Arbeitnehmerinnen und Arbeitnehmer umzuwandeln. Umwandlungsvermerke werden auch als „ku“-Vermerke („ku“ = künftig umzuwandeln) bezeichnet. **218**
- Weitere Haushaltsvermerke können z. B. Rückeinnahmen und Erstattungen, die Verbindlichkeit von Erläuterungen oder die unentgeltliche Abgabe oder Nutzung von Vermögensgegenständen betreffen (vgl. Nr. 5.6 HRB). **219**

1.6 Erläuterungen

Im Haushaltsplan finden sich regelmäßig als „Erläuterungen“ bezeichnete Hinweise. Sie werden ausschließlich bei Titeln und Titelgruppen sowie als allgemeine Erläuterungen zum Einzelplan ausgebracht. In Titeln werden Erläuterungen in der Dispositivspalte unter der Zweckbestimmung dargestellt (Abb. 31). Sie sind nur im erforderlichen Umfang vorzusehen (Nr. 2.1 VV-BHO zu § 17). Erforderlich sind Erläuterungen, wenn sie zur Inhaltsbestimmung der Zweckbestimmung dienen oder Hinweise für die Bewirtschaftung des Titels enthalten (Nr. 7.1 HRB). **220**

0625 Bundespolizei

Titel Funktion	Zweckbestimmung	Soll 2021 1 000 €	Soll 2020 *Reste 2020* 1 000 €	Ist 2019 1 000 €
812 23 -042	Erwerb von Kontrollgerät für Luftsicherheit	60 200	60 200	65 334
	Verpflichtungsermächtigung .... 44 800 T€ davon fällig: im Haushaltsjahr 2022 bis zu .... 19 200 T€ im Haushaltsjahr 2023 bis zu .... 19 200 T€ im Haushaltsjahr 2024 bis zu .... 3 200 T€ im Haushaltsjahr 2025 bis zu .... 3 200 T€			
	Haushaltsvermerk: Mehrausgaben dürfen bis zur Höhe der Mehreinnahmen bei folgendem Titel geleistet werden: 132 01.			

Abb. 30: Haushaltsvermerk.

0625 Bundespolizei

Titel Funktion	Zweckbestimmung	Soll 2021 1 000 €	Soll 2020 *Reste 2020* 1 000 €	Ist 2019 1 000 €
518 02 -042	Mieten und Pachten im Zusammenhang mit dem Einheitlichen Liegenschaftsmanagement	217 364	209 014	172 083

Erläuterungen:

Von der Bundesanstalt für Immobilienaufgaben als Eigenbaumaßnahme zu realisierende Unterbringung (davon neue Maßnahmen in Fettdruck)	genehmigte Gesamtkosten 1 000 €	Verausgabt bis 2019 1 000 €	Bewilligt 2020 1 000 €	Veranschlagt 2021 1 000 €	Vorbehalten für 2022 ff. 1 000 €	Jährlicher Mietzins 1 000 €	voraussichtliche Übergabe
1	2	3	4	5	6	7	8
1. Neuunterbringung der Bundespolizeiinspektion Ludwigsdorf	11 600	-	-	4 000	7 600	1 180	2023
2. Herrichtung des Dienstgebäudes Nr. 17 in der Bundespolizeiabteilung Bad Düben	7 620	-	-	-	7 620	479	2024
3. Erweiterungsbau - Dienstgebäude Nr. 19, gemeinsame Nutzung Bundespolizei-Fliegerstaffel Blumberg und Fliegerstaffel Land Brandenburg und Berlin	9 570	678	1 554	7 338	-	648	2024
5. Neubau Raumschießanlage für die Bundespolizeidirektion München	10 280	-	-	5 140	5 140	673	2022
7. Neubau einer Mehrzwecksporteinrichtung inklusive Polizei- und Situationstrainingsbereich in der Bundespolizeiakademie	10 680	-	-	-	10 680	890	2024
9. Neubau des Bundespolizeipräsidiums in Potsdam	83 725	405	83 320	-	-	5 109	2023

Abb. 31: Erläuterungen.

221 **Wichtig**

Erläuterungen kommt – wie ihre Bezeichnung bereits andeutet – lediglich eine erklärende Funktion zu. Im Unterschied zu Haushaltsvermerken sind sie grundsätzlich rechtlich unverbindlich. Jedoch können Erläuterungen im Haushaltsgesetz für rechtlich verbindlich erklärt werden, wie § 17 Abs. 1 Satz 2 BHO bestimmt. So erklären z. B. die jährlichen Haushaltsgesetze seit 1972 die Erläuterungen zu den Titeln 428 .1 „Entgelte der Arbeitnehmerinnen und Arbeitnehmer" hinsichtlich der Zahl der für die einzelnen Entgeltgruppen angegebenen Stellen für verbindlich.

2. Gliederung

2.1 Überblick

222 Der Haushaltsplan besteht aus dem Gesamtplan und derzeit 23 Einzelplänen (§ 13 Abs. 1 BHO). Die Einzelpläne setzen sich aus Kapiteln zusammen (§ 13 Abs. 2 Satz 2 Var. 1 BHO). Die Kapitel wiederum sind in Titel einzuteilen (§ 13 Abs. 2 Satz 2 Var. 2 BHO), die die kleinste Unterteilung des Haushaltsplans darstellen. Daraus resultiert die in Abb. 32 wiedergegebene Gliederung des Haushaltsplans.

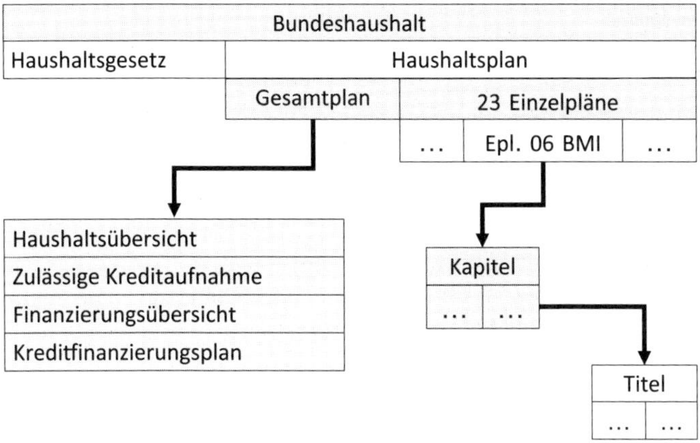

Abb. 32: Gliederung des Haushaltsplans.

Maßgeblich für die Systematik des Bundeshaushaltsplans sind die Verwaltungsvorschriften zur Haushaltssystematik des Bundes (VV-HB). Sie bestehen aus **223**
- dem Gruppierungsplan,
- dem Funktionenplan und
- den Haushaltstechnischen Richtlinien des Bundes (HRB).

Holzschnittartig lässt sich der Haushaltsplan in informatorische Bestandteile und ermächtigende Bestandteile untergliedern. Die informatorischen Bestandteile sind rechtlich unverbindlich. Sie richten sich insbesondere an die Öffentlichkeit, die einen zusammenfassenden Überblick über die Art und die Höhe der Einnahmen und Ausgaben erhalten soll. Die detaillierten Ermächtigungsteile hingegen sind vorwiegend an die vollziehende Gewalt adressiert. Sie enthalten rechtsverbindliche Ermächtigungen, Ausgaben zu tätigen und Verpflichtungen einzugehen. **224**

2.2 Gesamtplan

Der Gesamtplan wird zusammen mit dem Haushaltsgesetz im Bundesgesetzblatt verkündet (§ 1 Satz 2 BHO). Er dient der Transparenz und der Information. **225**

Auf Bundesebene besteht der Gesamtplan gemäß § 13 Abs. 4 BHO aus vier Übersichten: **226**
1. der Haushaltsübersicht;
2. der Übersicht der nach der sog. Schuldenbremse in Art. 115 Abs. 2 GG zulässigen Kreditaufnahme;
3. der Finanzierungsübersicht und
4. dem Kreditfinanzierungsplan.

227 Die Gesamtpläne in den Landeshaushalten enthalten hingegen nur drei Teile. In der Aufzählung in § 10 Abs. 4 HGrG fehlt eine Übersicht über die zulässige Kreditaufnahme. Der Grund hierfür besteht darin, dass die Haushalte der Länder – anders als der des Bundes – gemäß Art. 109 Abs. 3 Satz 1 und 5 GG grundsätzlich ohne Einnahmen aus Krediten auszugleichen sind. Eine Übersicht im Sinne von § 13 Abs. 4 Nr. 2 BHO erübrigt sich bei den Ländern daher.

2.2.1 Haushaltsübersicht

228 Die Haushaltsübersicht ist nach der Definition in § 13 Abs. 4 Nr. 1 BHO eine Zusammenfassung der Einnahmen, Ausgaben und Verpflichtungsermächtigungen der Einzelpläne (Abb. 33). Darüber hinaus dokumentiert sie die nach § 5 HG flexibilisierten Ausgaben. Einnahmen und Ausgaben werden in der Haushaltsübersicht nach Arten zusammengefasst, z. B. sächliche Verwaltungsausgaben, Personalausgaben usw.

2.2.2 Zulässige Kreditaufnahme

229 Art. 115 Abs. 2 Satz 1 GG verpflichtet den Bund, Einnahmen und Ausgaben im Haushaltsplan grundsätzlich ohne Einnahmen aus Krediten auszugleichen. Diesem Gebot ist entsprochen, wenn die Einnahmen des Bundes aus Krediten 0,35 Prozent im Verhältnis zum nominalen Bruttoinlandsprodukt nicht überschreiten (Art. 115 Abs. 2 Satz 2 GG). Zusätzlich sind bei einer von der wirtschaftlichen Normallage abweichenden konjunkturellen Entwicklung die Auswirkungen auf den Haushalt im Auf- und Abschwung symmetrisch zu berücksichtigen (Art. 115 Abs. 2 Satz 3 GG). Näheres ist im Artikel 115-Gesetz

Gesamtplan - Teil I: Haushaltsübersicht

B. Ausgaben

Epl.	Bezeichnung	Personal-ausgaben 2021 1 000 €	Sächliche Verwaltungs-ausgaben 2021 1 000 €	Militärische Beschaffungen, Anlagen usw. 2021 1 000 €	Schulden-dienst 2021 1 000 €
1	2	6	7	8	9
01	Bundespräsident und Bundespräsidialamt..........	25 185	12 932	-	-
02	Deutscher Bundestag..........	711 963	174 145	-	-
03	Bundesrat..........	19 266	14 059	-	-
04	Bundeskanzlerin und Bundeskanzleramt..........	344 676	1 297 514	-	-
05	Auswärtiges Amt..........	1 031 150	446 959	-	-
06	Bundesministerium des Innern, für Bau und Heimat..........	5 038 524	4 566 841	-	-
07	Bundesministerium der Justiz und für Verbraucherschutz..........	593 238	185 886	-	-
08	Bundesministerium der Finanzen..........	3 710 947	1 640 968	-	-
09	Bundesministerium für Wirtschaft und Energie....	951 292	385 039	-	-

Abb. 33: Haushaltsübersicht – Ausgaben (Auszug).

Gesamtplan - Teil II:

Berechnung der zulässigen Kreditaufnahme
nach § 5 des Artikel 115-Gesetzes sowie der Verordnung über das Verfahren
zur Bestimmung der Konjunkturkomponente nach § 5 des Artikel 115-Gesetzes

	Komponenten zur Berechnung der zulässigen Kreditaufnahme	Betrag für 2021 Millionen €
	1	2
1.	Maximal zulässige strukturelle Nettokreditaufnahme (in % des BIP)	0,35
2.	Nominales Bruttoinlandsprodukt des der Haushaltsaufstellung vorangegangenen Jahres	3 449 050
3.	Maximal zulässige strukturelle Nettokreditaufnahme (Produkt aus 1. und 2.)	12 072
4.	Saldo der finanziellen Transaktionen (Differenz zwischen 4a. und 4b.)	-8 451
4a.	Finanzielle Transaktionen: Einnahmen	(963)
4aa.	Einnahmen aus finanziellen Transaktionen Bundeshaushalt	963
4ab.	Einnahmen aus finanziellen Transaktionen der Sondervermögen	-
4b.	Finanzielle Transaktionen: Ausgaben	(9 414)

Abb. 34: Berechnung der zulässigen Kreditaufnahme (Auszug).

vom 10. August 2009[72] geregelt. Die nicht triviale Berechnung der nach dem Artikel 115-Gesetz zulässigen Kreditaufnahme wird in Teil II des Gesamtplans in einer eigenen Übersicht ausgewiesen (§ 13 Abs. 4 Nr. 2 BHO; vgl. Abb. 34).

2.2.3 Finanzierungsübersicht

In der Finanzierungsübersicht wird die Berechnung des Finanzierungssaldos **230** dargestellt (§ 13 Abs. 4 Nr. 3 BHO). Der Finanzierungssaldo ergibt sich – sehr verkürzt – aus einer Gegenüberstellung der Einnahmen mit Ausnahme der Einnahmen aus Krediten einerseits und der Ausgaben mit Ausnahme der Ausgaben zur Schuldentilgung andererseits (Tab. 1). Er weist die Deckungslücke bei der Aufstellung des Haushaltsplans aus, die durch eine Kreditaufnahme des Bundes geschlossen werden muss.

Tab. 1: Finanzierungsübersicht (verkürzt).

Berechnung des Finanzierungssaldos	2021	2020
1. Einnahmen (ohne Einnahmen aus Krediten)	318,6 Mrd. €	290,4 Mrd. €
2. Ausgaben (ohne Ausgaben zur Schuldentilgung)	498,6 Mrd. €	508,5 Mrd. €
Finanzierungssaldo	**-180,0 Mrd. €**	**-218,1 Mrd. €**

Quelle: Bundeshaushaltsplan 2021 – Gesamtplan (Teil III), S. 24.

72 BGBl. I S. 2702 (2704).

2.2.4 Kreditfinanzierungsplan

231 Der Kreditfinanzierungsplan enthält eine Darstellung der im Haushaltsjahr voraussichtlich zu verbuchenden Einnahmen aus Krediten und der voraussichtlich zu leistenden Ausgaben zur Tilgung von Krediten (§ 13 Abs. 4 Nr. 4 BHO). Dabei wird zwischen kurz-, mittel- und langfristigen Krediten differenziert (Tab. 2).

Tab. 2: Kreditfinanzierungsplan (verkürzt).

Kreditfinanzierungsplan	2021	2020
1. Einnahmen aus Krediten (Bruttokreditaufnahme)	**484,1 Mrd. €**	**418,4 Mrd. €**
1.1 davon Laufzeit mehr als vier Jahre	167,4 Mrd. €	183,3 Mrd. €
1.2 davon Laufzeit ein bis vier Jahre	35,2 Mrd. €	172,1 Mrd. €
1.3 davon Laufzeit weniger als ein Jahr	281,5 Mrd. €	63,0 Mrd. €
2. Ausgaben zur Tilgung von Krediten	**304,1 Mrd. €**	**200,3 Mrd. €**
2.1 davon Laufzeit mehr als vier Jahre	84,7 Mrd. €	101,0 Mrd. €
2.2 davon Laufzeit ein bis vier Jahre	36,4 Mrd. €	46,2 Mrd. €
2.3 davon Laufzeit weniger als ein Jahr	183,0 Mrd. €	53,1 Mrd. €
3. Herleitung der Nettokreditaufnahme		
3.1 Bruttokreditaufnahme	484,1 Mrd. €	418,4 Mrd. €
3.2 Tilgung von Krediten	304,1 Mrd. €	200,3 Mrd. €
Nettokreditaufnahme	**180,0 Mrd. €**	**218,1 Mrd. €**

Quelle: Bundeshaushaltsplan 2021 – Gesamtplan (Teil IV), S. 25–26.

2.3 Einzelpläne

232 Die Einzelpläne enthalten die Einnahmen, Ausgaben und Verpflichtungsermächtigungen „eines einzelnen Verwaltungszweigs oder bestimmte Gruppen von Einnahmen, Ausgaben oder Verpflichtungsermächtigungen“ (§ 13 Abs. 2 Satz 1 BHO). Im Bundeshaushaltsplan 2021 finden sich 23 Einzelpläne.

233 **Definition**

Einzelpläne, in denen die Haushaltsmittel „eines einzelnen Verwaltungszweigs“ veranschlagt werden, sind nach organisatorischen Zuständigkeiten oder nach Institutionen gegliedert. Im Wesentlichen handelt es sich um Einzelpläne, die die Einnahmen, Ausgaben und Verpflichtungsermächtigungen von Ministerien und Verfassungsorganen enthalten. Sie werden auch Institutionalpläne oder Ministerialpläne genannt.

Definition 234

Einzelpläne, die „bestimmte Gruppen von Einnahmen, Ausgaben oder Verpflichtungsermächtigungen" ausweisen, enthalten Haushaltsmittel, die keinem einzelnen Ressort zugeordnet werden können. Vielmehr werden die in ihnen veranschlagten Haushaltsmittel ressortübergreifend von mehreren oder allen obersten Bundesbehörden gemeinsam verwaltet oder betreffen den Bund insgesamt. Die Gliederung dieser Einzelpläne richtet sich nach Sachgebieten. Sie werden daher als Realpläne bezeichnet.

Realpläne im Bereich des Bundes sind 235
- Einzelplan 32 „Bundesschuld" und
- Einzelplan 60 „Allgemeine Finanzverwaltung".

Kernbereich des Einzelplans 32 ist die „Bundesschuld" und somit einerseits die 236
Kreditaufnahme und andererseits die Kredittilgung (sog. Schuldendienst) durch den Bund. Im Einzelplan 60 werden in erster Linie die Einnahmen aus den Bundessteuern und aus dem Anteil des Bundes an den Gemeinschaftsteuern (Einkommensteuer, Körperschaftsteuer, Umsatzsteuer) zusammengefasst.

Jedem Einzelplan ist ein Vorwort vorangestellt, in dem die wesentlichen 237
Politikbereiche und Aufgaben des Verwaltungszweigs sowie die Gliederung des Einzelplans dargestellt werden.

Hinweis 238

Alle Einzelpläne sind mit einer zweistelligen Einzelplannummer versehen. Die Nummern 01 bis 04 sind traditionell den Einzelplänen des Bundespräsidenten, des Deutschen Bundestages, des Bundesrates und des Bundeskanzlers vorbehalten (Tab. 3).

Tab. 3: Bezeichnung der Einzelpläne.

Epl.	Bezeichnung	
01	Bundespräsident und Bundespräsidialamt	Institutionalpläne
02	Deutscher Bundestag	
03	Bundesrat	
04	Bundeskanzlerin und Bundeskanzleramt	
05	Auswärtiges Amt	
06	Bundesministerium des Innern, für Bau und Heimat	
07	Bundesministerium der Justiz und für Verbraucherschutz	
08	Bundesministerium der Finanzen	
09	Bundesministerium für Wirtschaft und Energie	
10	Bundesministerium für Ernährung und Landwirtschaft	

Tab. 3: Bezeichnung der Einzelpläne.

Epl.	Bezeichnung	
11	Bundesministerium für Arbeit und Soziales	Institutional-pläne
12	Bundesministerium für Verkehr und digitale Infrastruktur	
14	Bundesministerium der Verteidigung	
15	Bundesministerium für Gesundheit	
16	Bundesministerium für Umwelt, Naturschutz und nukleare Sicherheit	
17	Bundesministerium für Familie, Senioren, Frauen und Jugend	
19	Bundesverfassungsgericht	
20	Bundesrechnungshof	
21	Der Bundesbeauftragte für den Datenschutz und die Informationsfreiheit	
23	Bundesministerium für wirtschaftliche Zusammenarbeit und Entwicklung	
30	Bundesministerium für Bildung und Forschung	
32	*Bundesschuld*	*Realpläne*
60	*Allgemeine Finanzverwaltung*	

Quelle: Bundeshaushaltsplan 2021.

2.4 Kapitel

239 **Definition**

§ 13 Abs. 2 Satz 2 BHO schreibt vor, die Einzelpläne in Kapitel einzuteilen. Die in sich abgeschlossenen Kapitel geben alle Einnahmen, Ausgaben und Verpflichtungsermächtigungen einer einzelnen Behörde, eines einzelnen Verwaltungszweigs oder eines Aufgabengebietes wieder.

240 **Hinweis**

Alle Kapitel werden mit einer vierstelligen Kapitelnummer gekennzeichnet. Die beiden ersten Ziffern des Kapitels entsprechen der Einzelplannummer. Die beiden letzten Ziffern formen die Kapitelnummer im engeren Sinne. Beide Ziffernblöcke werden getrennt gesprochen.

241 Die einzelnen Kapitel lassen sich dem Deckblatt eines Einzelplans entnehmen (Abb. 35).

242 Bei Einzelplänen, die nach dem Institutionalprinzip gegliedert sind, werden die Kapitel wie folgt aneinandergereiht:

- Kapitel ...01 ff.: Allgemeine Bewilligungen;
- Kapitel ...12: Ministerium;

Einzelplan 06

Bundesministerium des Innern, für Bau und Heimat

Inhalt

Kapitel	Bezeichnung	Seite
	Vorwort zum Einzelplan	3
	Überblick zum Einzelplan	5
	Haushaltsvermerk / Hinweise zum Einzelplan	7
0601	Heimat, Gesellschaft und Verfassung	8
	Ausgaben-Tgr. 01 Heimat und gesellschaftlicher Zusammenhalt einschließlich interreligiöser Dialog	11
	Ausgaben-Tgr. 02 Sport	17
	Ausgaben-Tgr. 04 Verfassung	23
	Ausgaben-Tgr. 05 Raumordnung	25
	Anlage 1 Wirtschaftspläne	29
0602	IT und Netzpolitik, Digitalfunk und Moderne Verwaltung	30
	Ausgaben-Tgr. 01 IT und Netzpolitik	34

Abb. 35: Deckblatt des Einzelplans 06 – Bundesministerium des Innern, für Bau und Heimat.

– Kapitel …14 ff.: Geschäftsbereichsbehörden oder nachgeordnete Verwaltungsbereiche.

Den Kapiteln werden regelmäßig Vorbemerkungen vorangestellt, in denen **243**
z. B. die Rechtsgrundlagen für die Errichtung der Behörde des jeweiligen Kapitels und deren Aufgaben skizziert werden (Abb. 36).

Ein Überblick mit einer aggregierten Gegenüberstellung aller Einnahmen, **244**
Ausgaben und Verpflichtungsermächtigungen eines Kapitels schließt sich den Vorbemerkungen an (Abb. 37).

Vorbemerkung

Die Bundespolizei wird in bundeseigener Verwaltung geführt und untersteht dem Bundesministerium des Innern, für Bau und Heimat. Organisation und Aufgaben sind im Bundespolizeigesetz vom 19. Oktober 1994 (BGBl. I S. 2978, 2979), zuletzt geändert durch Artikel 1 des Gesetzes vom 5. Mai 2017 (BGBl. I S. 1066), geregelt.

Die vielfältigen Aufgaben der Bundespolizei sind im Gesetz über die Bundespolizei, aber auch in anderen Rechtsvorschriften, wie z. B. dem Aufenthaltsgesetz und dem Luftsicherheitsgesetz, geregelt.

Danach obliegen der Bundespolizei:

1. der grenzpolizeiliche Schutz des Bundesgebietes,
2. die Gefahrenabwehr auf dem Gebiet der Bahnanlagen der Eisenbahnen des Bundes,
3. der Schutz vor Angriffen auf die Sicherheit des Luftverkehrs einschließlich Sicherheitsmaßnahmen an Bord deutscher Luftfahrzeuge und ausgewählte Aufgaben der Luftfrachtsicherheit (Transferfrachtkontrollen),
4. der Schutz von Verfassungsorganen des Bundes und von Bundesministerien,
5. die Unterstützung des Auswärtigen Amtes beim Schutz deutscher Auslandsvertretungen,
6. der Einsatz im Ausland für polizeiliche oder andere nichtmilitärische Zwecke auf Ersuchen der UN, der EU oder WEU,
7. die Durchführung von Maßnahmen nach dem Völkerrecht auf See außerhalb des Küstenmeeres,
8. die Unterstützung der Länder in Fällen von besonderer Bedeutung,
9. die Hilfeleistung bei Naturkatastrophen oder schweren Unglücksfällen,
10. die Verfolgung von Straftaten und Ordnungswidrigkeiten sowie
11. der Vollzug von Rückführungsmaßnahmen ausreisepflichtiger ausländischer Staatsangehöriger einschließlich der Passersatzbeschaffung für einzelne Drittstaaten.

Abb. 36: Vorbemerkung zum Kapitel 0625 (Bundespolizei).

Bundespolizei 0625

Überblick zum Kapitel 0625	Soll 2021 1 000 €	Soll 2020 1 000 €	Veränderung gegenüber 2020 1 000 €	Ausgabereste 2020 1 000 €	Ist 2019 1 000 €
Einnahmen					
Verwaltungseinnahmen	881 713	787 522	+94 191		641 999
Übrige Einnahmen	300	400	-100		9 157
Gesamteinnahmen	882 013	787 922	+94 091		651 156
Ausgaben					
Personalausgaben	2 445 341	2 261 577	+183 764		2 184 016
Sächliche Verwaltungsausgaben	685 379	585 925	+99 454	14 979	526 702
Zuweisungen und Zuschüsse (ohne Investitionen)	831 354	717 763	+113 591	2 245	568 304
Ausgaben für Investitionen	767 362	369 951	+397 411	97 088	339 687
Besondere Finanzierungsausgaben	-	-	-		-
Gesamtausgaben	4 729 436	3 935 216	+794 220	114 312	3 618 709
davon flexibilisiert	3 633 238	2 960 206	+673 032	113 554	2 809 216
davon nicht flexibilisiert	1 096 198	975 010	+121 188	758	809 493
Verpflichtungsermächtigung im Haushalt 2021					
Verpflichtungsermächtigung	3 399 155				
davon fällig:					
im Haushaltsjahr 2022 bis zu	527 934				
im Haushaltsjahr 2023 bis zu	487 262				

Abb. 37: Überblick zum Kapitel 0625 (Bundespolizei).

2.5 Titel

2.5.1 Begriff

245 Die Einzelpläne und Kapitel sind weiter in Titel einzuteilen (§ 13 Abs. 2 Satz 2 BHO). Titel sind die kleinste Einheit des Haushaltsplans. In ihnen werden die Einnahmen nach Entstehungsgrund sowie die Ausgaben und Verpflichtungsermächtigungen nach Zwecken getrennt veranschlagt (§ 17 Abs. 1 Satz 1 BHO).

246 **Wichtig**

Soweit in Titeln Ausgaben oder Verpflichtungsermächtigungen veranschlagt sind, ist der jeweilige Titel die parlamentarische Ermächtigung der vollziehenden Gewalt, Ausgaben zu leisten oder Verpflichtungen einzugehen. Nicht ohne Grund wird der Titel deshalb auch als „wichtigste Gliederungsform des Haushaltsplans“[73] bezeichnet.

247 Die Einteilung in Titel richtet sich nach den Verwaltungsvorschriften über die Gruppierung der Einnahmen und Ausgaben des Haushaltsplans nach Arten – dem sog. Gruppierungsplan (§ 13 Abs. 2 Satz 3 BHO). Der Gruppierungsplan ist Teil der Verwaltungsvorschriften zur Haushaltssystematik des Bundes (VV-HB) und nach § 10 Abs. 2 HGrG sowohl für den Bund als auch die Länder verbindlich. Der Gruppierungsplan ordnet die Titel „nach Ar-

73 *Westermeier/Wiesner*, Das staatliche Haushalts-, Kassen- und Rechnungswesen, 9. Aufl. 2012, Rn. 286.

ten“, wie § 13 Abs. 2 Satz 3 BHO formuliert. Gemeint ist nach ökonomischen Kategorien. § 13 Abs. 3 BHO legt wichtige Einnahme- und Ausgabenkategorien fest.

2.5.2 Bestandteile

2.5.2.1 Begriff

Definition 248

Ein Titel besteht aus Titelnummer, Funktion, Zweckbestimmung (Dispositiv) und Mittelansatz für Einnahmen oder Ausgaben. Unter Umständen kommen als weitere Bestandteile Verpflichtungsermächtigungen, Haushaltsvermerke oder Erläuterungen hinzu (Abb. 38).

2.5.2.2 Titelnummer

Jeder Titel verfügt über eine Titelnummer. Im Bundeshaushaltsplan ist die 249
Titelnummer stets fünfstellig. Zwischen den ersten drei Ziffern und den letzten beiden Ziffern der Titelnummer verbleibt ein Zwischenraum (Abb. 39).

Beispiel

Der Titel „Erwerb von Kontrollgerät für Luftsicherheit“ hat die Titelnummer *812 23*.

Die ersten drei Ziffern der Titelnummer bilden die sog. Gruppierungsnum- 250
mer. Sie werden vom Gruppierungsplan für Bund und Länder einheitlich und verbindlich vorgegeben. Die dreistellige Gruppierungsnummer besteht aus
- Hauptgruppe,
- Obergruppe und
- Gruppe.

0625 Bundespolizei

Titel Funktion	Zweckbestimmung	Soll 2021 1 000 €	Soll 2020 *Reste 2020* 1 000 €	Ist 2019 1 000 €
812 23 -042	Erwerb von Kontrollgerät für Luftsicherheit	60 200	60 200	65 334

Verpflichtungsermächtigung .... 44 800 T€
davon fällig:
im Haushaltsjahr 2022 bis zu .... 19 200 T€
im Haushaltsjahr 2023 bis zu .... 19 200 T€
im Haushaltsjahr 2024 bis zu .... 3 200 T€
im Haushaltsjahr 2025 bis zu .... 3 200 T€

Haushaltsvermerk:

Mehrausgaben dürfen bis zur Höhe der Mehreinnahmen bei folgendem Titel geleistet werden: 132 01.

Abb. 38: Bestandteile eines Titels.

0625 Bundespolizei

Titel Funktion	Zweckbestimmung	Soll 2021 1 000 €	Soll 2020 *Reste 2020* 1 000 €	Ist 2019 1 000 €
812 23 -042	Erwerb von Kontrollgerät für Luftsicherheit	60 200	60 200	65 334

Verpflichtungsermächtigung .... 44 800 T€
davon fällig:
im Haushaltsjahr 2022 bis zu .... 19 200 T€
im Haushaltsjahr 2023 bis zu .... 19 200 T€
im Haushaltsjahr 2024 bis zu .... 3 200 T€
im Haushaltsjahr 2025 bis zu .... 3 200 T€

Haushaltsvermerk:

Mehrausgaben dürfen bis zur Höhe der Mehreinnahmen bei folgendem Titel geleistet werden: 132 01.

Abb. 39: Titelnummer.

251 **Definition**

Die erste Ziffer der Gruppierungsnummer (und damit auch der Titelnummer) ist die Hauptgruppe. Die insgesamt neun Hauptgruppen teilen Einnahmen und Ausgaben in neun noch recht grobe Kategorien (Tab. 4).

Tab. 4: Hauptgruppen nach dem Gruppierungsplan.

Hauptgruppen	
0	Einnahmen aus Steuern und steuerähnlichen Abgaben sowie EU-Eigenmittel
1	Verwaltungseinnahmen, Einnahmen aus Schuldendienst und dgl.
2	Einnahmen aus Zuweisungen und Zuschüssen mit Ausnahme für Investitionen
3	Einnahmen aus Schuldenaufnahmen, aus Zuweisungen und Zuschüssen für Investitionen, besondere Finanzierungseinnahmen
4	Personalausgaben
5	Sächliche Verwaltungsausgaben, militärische Beschaffungen usw., Ausgaben für den Schuldendienst
6	Ausgaben für Zuweisungen und Zuschüsse mit Ausnahme für Investitionen
7	Baumaßnahmen
8	Sonstige Ausgaben für Investitionen und Investitionsförderungsmaßnahmen
9	Besondere Finanzierungsausgaben

Quelle: Gruppierungsplan ab Haushaltsjahr 2021.

Definition

Durch die Ergänzung einer zweiten Ziffer wird die Hauptgruppe zur Obergruppe erweitert (Tab. 5). Die Einnahme- und Ausgabearten innerhalb einer Hauptgruppe werden dadurch differenzierter dargestellt.

Tab. 5: Obergruppen der Hauptgruppe 4 nach dem Gruppierungsplan.

Obergruppen	
41	Aufwendungen für Abgeordnete und ehrenamtlich Tätige
42	Bezüge, Entgelte und Nebenleistungen
43	Versorgungsbezüge und dgl.
44	Beihilfen, Unterstützungen, Fürsorgeleistungen und dgl.
45	Sonstige personalbezogene Ausgaben
46	Globale Mehr- und Minderausgaben für Personalausgaben

Quelle: Gruppierungsplan ab Haushaltsjahr 2021.

Definition

Mit der Beifügung einer dritten Ziffer verwandelt sich die Obergruppe in eine Gruppe, wodurch die Gliederung des Haushaltsplans weiter verfeinert wird (Tab. 6).

Tab. 6: Gruppen der Obergruppe 42 (Auszug) nach dem Gruppierungsplan.

Gruppen	
[...]	[...]
422	Bezüge und Nebenleistungen der Beamtinnen, Beamten, Richterinnen und Richter
423	Bezüge und Nebenleistungen der Berufssoldatinnen und Berufssoldaten und der Soldatinnen und Soldaten auf Zeit, Wehrsold und Nebenleistungen der Freiwilligen Wehrdienstleistenden sowie Restzahlungen von Sold der Zivildienstleistenden (nur Bund)
[...]	[...]
428	Entgelte der Arbeitnehmerinnen und Arbeitnehmer

Quelle: Gruppierungsplan ab Haushaltsjahr 2021.

Die vierte oder vorletzte Stelle der Titelnummer ist die sog. Ordnungsziffer. Im Regelfall ist hier die Ziffer 0 zu verwenden, wie Nr. 4 HRB bestimmt. Abweichungen ergeben sich beim Bund bei den sog. Titelgruppen.

Definition 255

Titel unterschiedlicher ökonomischer Einnahme- oder Ausgabearten können zu einer Titelgruppe zusammengefasst werden, wenn eine – innerhalb des Kapitels abgrenzbare – übergeordnete Zweckidentität vorliegt. Titelgruppen fassen somit mehrere sachlich zusammenhängende Einzeltitel zu einer Gruppe zusammen. Titelgruppen sollen die Bewirtschaftung der Titel vereinfachen.

256 Die Bildung von Titelgruppen ist auf Ausnahmefälle begrenzt. Titelgruppen aus weniger als drei Titeln sind grundsätzlich nicht zulässig (Nr. 4.9 HRB).

257 Titelgruppen sind sowohl bei Einnahmen als auch bei Ausgaben im Anschluss an die nicht zu Titelgruppen gehörenden Titel aufzuführen. Titelgruppen erhalten eine zweistellige Titelgruppennummer sowie eine übergeordnete Zweckbestimmung, die der Titelgruppe als Überschrift voranzustellen ist. Die auf die einzelne Titelgruppe entfallenden Gesamtbeträge sind neben der Überschrift in Klammern anzugeben (Nr. 4.9.1 HRB).

258 Die Titel der Titelgruppen sollen sich durch Verwendung der Zahlen 1 bis 9 für die Ordnungsziffer (entsprechend der Titelgruppennummer) von den übrigen Titeln unterscheiden. Werden über die in der vorletzten Stelle der Titelnummer verfügbaren Ziffern hinaus weitere Ziffern für Titelgruppen benötigt, so sind diese in der vorletzten und letzten Stelle von den übrigen Titeln zu unterscheiden (Abb. 40). Alle Titel einer Titelgruppe sollen in der vorletzten Stelle die gleiche Ordnungsziffer tragen (Nr. 4.9.1 HRB).

259 **Definition**

Für bestimmte Titel hat der Bund in Nr. 4.2 HRB die fünfte Ziffer der Titelnummer, teilweise zusammen mit der vierten Ziffer, vorgegeben. Es handelt sich um sog. Festtitel, bei denen der Text der Zweckbestimmung verbindlich festgelegt ist. Festtitel dienen dazu, die Gliederungssystematik einer Gruppe weiter zu verfeinern.

0625 Bundespolizei

Titel Funktion	Zweckbestimmung	Soll 2021 1 000 €	Soll 2020 *Reste 2020* 1 000 €	Ist 2019 1 000 €
	Titelgruppe 02			
Tgr. 02	Fluggast- und Reisegepäckkontrollen gem. § 5 LuftSiG	(836 127)	(742 036)	
	Haushaltsvermerk: 1. Die Ausgaben sind gegenseitig deckungsfähig. 2. Minderausgaben dürfen nicht zur Deckung von Mehrausgaben bei anderen Titeln oder zur Erbringung von Globalen Minderausgaben herangezogen werden.			
511 22 -042	Unterhaltung von Luftsicherheitskontrollgerät	36 700	26 200	31 535
671 21 -042	Erstattungen an Dritte für die Durchführung der Fluggast- und Reisegepäckkontrolle	739 227	655 636	512 821
812 23 -042	Erwerb von Kontrollgerät für Luftsicherheit	60 200	60 200	65 334

Abb. 40: Titelgruppe.

Beispiel

Die Titel der Gruppe 422 „Bezüge und Nebenleistungen der Beamtinnen, Beamten, Richterinnen und Richter“ werden beim Bund durch folgende Festtitel näher untergliedert:

422 .1 „Bezüge und Nebenleistungen der planmäßigen Beamtinnen und Beamten (ggf. Richterinnen und Richter, Professorinnen und Professoren, Staatsanwältinnen und Staatsanwälte)“

422 .3 „Bezüge der Anwärterinnen und Anwärter sowie Nebenleistungen der Beamtinnen und Beamten auf Widerruf im Vorbereitungsdienst“

Bei dem Punkt an der vierten Stelle der Titelnummer der im vorherigen Beispiel genannten Festtitel handelt es sich um einen Platzhalter. Regelmäßig steht der Platzhalter für die Ordnungsziffer 0. Lediglich bei Titelgruppen wird für die vierte Ziffer eine Zahl von 1 bis 9 verwendet. 260

Definition 261

Eine Haushaltsstelle (auch Finanzposition genannt) ist eine Stelle im Haushaltsplan, an der Einnahmen oder Ausgaben veranschlagt sind. Entsprechend der Gliederung des Haushaltsplans setzt sich eine Haushaltsstelle aus insgesamt neun Ziffern zusammen: der Einzelplannummer, der Kapitelnummer und der Titelnummer.

Beispiel

Einzelplan 06:	Bundesministerium des Innern, für Bau und Heimat
Kapitel 0625:	Bundespolizei
Titel 812 23:	Erwerb von Kontrollgerät für Luftsicherheit
	Haushaltsstelle: 0625/812 23

2.5.2.3 Funktionskennziffer

Zusätzlich zur Titelnummer enthält jeder Titel eine dreistellige Funktionskennziffer (Abb. 41). Die Funktionskennziffer ist von der Titelnummer unabhängig. Sie dient informatorischen Zwecken und damit der Transparenz des Haushaltsplans. 262

Definition 263

Die Funktionskennziffer unterteilt die Einnahmen und Ausgaben des Haushaltsplans einzelplanübergreifend nach einzelnen Aufgabengebieten (Funktionen). Eine systematische Darstellung der Einnahmen und Ausgaben nach Aufgabengebieten enthält der sog. Funktionenplan (§ 14 Abs. 2 BHO).

264 Der Funktionenplan ist ähnlich dem Gruppierungsplan gegliedert in
- Hauptfunktionen,
- Oberfunktionen und
- Funktionen.

265 **Definition**

Die Hauptfunktion wird durch die erste Zahl der dreistelligen Funktionskennziffer wiedergegeben.

266 Insgesamt neun Hauptfunktionen legt der Funktionenplan verbindlich fest.

Tab. 7: Hauptfunktionen nach dem Funktionenplan.

Hauptfunktionen	
0	Allgemeine Dienste
1	Bildungswesen, Wissenschaft, Forschung, kulturelle Angelegenheiten
2	Soziale Sicherung, Familie und Jugend, Arbeitsmarktpolitik
3	Gesundheit, Umwelt, Sport und Erholung
4	Wohnungswesen, Städtebau, Raumordnung und kommunale Gemeinschaftsdienste
5	Ernährung, Landwirtschaft und Forsten
6	Energie- und Wasserwirtschaft, Gewerbe, Dienstleistungen
7	Verkehrs- und Nachrichtenwesen
8	Finanzwirtschaft

Quelle: Funktionenplan ab Haushaltsjahr 2021.

Definition

Mit der Ergänzung einer zweiten Ziffer wird die Hauptfunktion zur Oberfunktion erweitert. Die dreistellige Gliederungseinheit bildet die Funktion ab.

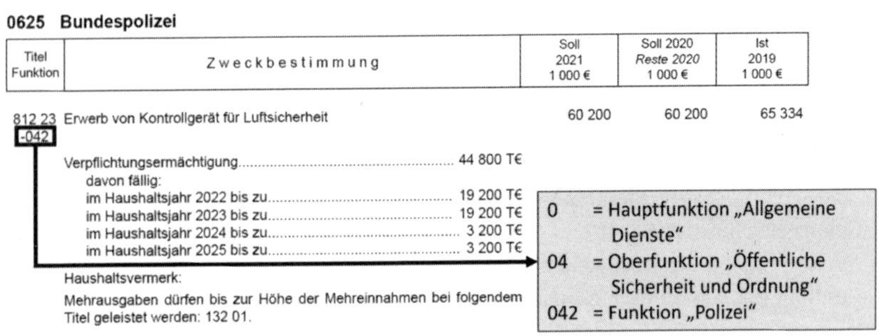
0625 Bundespolizei

Titel Funktion	Zweckbestimmung	Soll 2021 1 000 €	Soll 2020 *Reste 2020* 1 000 €	Ist 2019 1 000 €
812 23 -042	Erwerb von Kontrollgerät für Luftsicherheit	60 200	60 200	65 334

Verpflichtungsermächtigung .... 44 800 T€
davon fällig:
im Haushaltsjahr 2022 bis zu .... 19 200 T€
im Haushaltsjahr 2023 bis zu .... 19 200 T€
im Haushaltsjahr 2024 bis zu .... 3 200 T€
im Haushaltsjahr 2025 bis zu .... 3 200 T€

Haushaltsvermerk:
Mehrausgaben dürfen bis zur Höhe der Mehreinnahmen bei folgendem Titel geleistet werden: 132 01.

Abb. 41: Funktionskennziffer in einem Titel.

0625 Bundespolizei

Titel Funktion	Zweckbestimmung	Soll 2021 1 000 €	Soll 2020 *Reste 2020* 1 000 €	Ist 2019 1 000 €
812 23 -042	Erwerb von Kontrollgerät für Luftsicherheit	60 200	60 200	65 334
	Verpflichtungsermächtigung ... 44 800 T€ davon fällig: im Haushaltsjahr 2022 bis zu ... 19 200 T€ im Haushaltsjahr 2023 bis zu ... 19 200 T€ im Haushaltsjahr 2024 bis zu ... 3 200 T€ im Haushaltsjahr 2025 bis zu ... 3 200 T€			
	Haushaltsvermerk: Mehrausgaben dürfen bis zur Höhe der Mehreinnahmen bei folgendem Titel geleistet werden: 132 01.			

Abb. 42: Zweckbestimmung in einem Titel.

2.5.2.4 Zweckbestimmung

Gemäß § 17 Abs. 1 Satz 1 BHO sind die Einnahmen nach dem Entstehungs- **268**
grund, die Ausgaben und Verpflichtungsermächtigungen nach Zwecken getrennt im Haushaltsplan zu veranschlagen. Der Entstehungsgrund der Einnahmen und der Verwendungszweck der Ausgaben werden im sog. Dispositiv – der Zweckbestimmung des Titels – ausgewiesen (Abb. 42). Die Zweckbestimmung entfaltet rechtliche Verbindlichkeit. Die vollziehende Gewalt darf bei der Ausführung des Haushaltsplans deshalb

- keine anderen Einnahmearten als diejenigen verbuchen, die in der Zweckbestimmung des jeweiligen Einnahmetitels aufgeführt sind, und
- die Ausgaben zu keinem anderen Zweck als demjenigen leisten, der in der Zweckbestimmung des jeweiligen Ausgabetitels vorgegeben ist.

0625 Bundespolizei

Titel Funktion	Zweckbestimmung	Soll 2021 1 000 €	Soll 2020 *Reste 2020* 1 000 €	Ist 2019 1 000 €
812 23 -042	Erwerb von Kontrollgerät für Luftsicherheit	60 200	60 200	65 334
	Verpflichtungsermächtigung ... 44 800 T€ davon fällig: im Haushaltsjahr 2022 bis zu ... 19 200 T€ im Haushaltsjahr 2023 bis zu ... 19 200 T€ im Haushaltsjahr 2024 bis zu ... 3 200 T€ im Haushaltsjahr 2025 bis zu ... 3 200 T€			
	Haushaltsvermerk: Mehrausgaben dürfen bis zur Höhe der Mehreinnahmen bei folgendem Titel geleistet werden: 132 01.			

Abb. 43: Mittelansatz in einem Titel.

2.5.2.5 Mittelansatz

269 Die im Haushaltsplan veranschlagten Mittel sind die im Haushaltsjahr voraussichtlich kassenwirksam werdenden Einnahmen und Ausgaben. Der Mittelansatz wird im Haushaltsplan in Tausend Euro dargestellt (Abb. 43). Neben dem Soll-Ansatz des Haushaltsjahres werden der Soll-Ansatz des Vorjahres und das Ist-Ergebnis des Vorvorjahres ausgewiesen. Die Ansätze der beiden Vorjahre dienen lediglich der Information; sie sollen die Entwicklung des Titels verdeutlichen.

270 **Definition**

Gelegentlich existieren Titel, die zwar über eine Titelnummer und eine Zweckbestimmung, nicht jedoch über einen Mittelansatz verfügen. Es handelt sich um sog. Leertitel (Abb. 44).

271 Leertitel dürfen nur ausnahmsweise aus zwingenden haushaltswirtschaftlichen Gründen in den Haushaltsplan aufgenommen werden. Ausgaben aus einem Leertitel bedürfen der Zustimmung des Haushaltsausschusses des Deutschen Bundestages.

2.5.2.6 Verpflichtungsermächtigungen

272 Ein Titel kann Verpflichtungsermächtigungen enthalten.[74] Nach Nr. 6.1 HRB sind Verpflichtungsermächtigungen bei den in Betracht kommenden Ausgabetiteln gesondert auszubringen.

2.5.2.7 Haushaltsvermerke

273 Haushaltsvermerke können gemäß Nr. 5 HRB u. a. nach der Zweckbestimmung eines Titels oder einer Titelgruppe ausgebracht werden. Werden Haushaltsvermerke nach der Zweckbestimmung eines Titels ausgewiesen, heißen sie Titelvermerke.[75]

0625 Bundespolizei

Titel Funktion	Zweckbestimmung	Soll 2021 1 000 €	Soll 2020 *Reste 2020* 1 000 €	Ist 2019 1 000 €
684 01 -042	Zuschüsse für Projekte aus dem Außengrenzenfonds der Europäischen Union	-	-	-

Abb. 44: Leertitel.

74 Zu Verpflichtungsermächtigungen siehe ausführlich Rz 181 ff.

75 Zu Haushaltsvermerken siehe ausführlich Rz 211 ff.

2.5.2.8 Erläuterungen

Erläuterungen werden ausschließlich bei Titeln und Titelgruppen sowie als allgemeine Erläuterungen zum Einzelplan ausgebracht.[76] Bei Titeln sind Erläuterungen nur erforderlich, wenn sie den Inhalt der Zweckbestimmung konkretisieren oder Hinweise für die Bewirtschaftung des Titels enthalten. Sie sind grundsätzlich in der Zweckbestimmungsspalte zu dokumentieren.[77] 274

2.6 Anlagen zum Haushaltsentwurf

Gemäß § 14 Abs. 1 Satz 1 BHO hat der Haushaltsplan insgesamt fünf Übersichten als Anlagen. Die Anlagen nehmen nicht an der Gesetzesqualität des Haushaltsplans teil. Ihnen kommt vor allem eine informatorische Funktion zu. Sie sollen die Transparenz des Haushaltsplans erhöhen und so haushaltspolitische Entscheidungen des Deutschen Bundestags erleichtern. Die Anlagen sind dem Entwurf des Haushaltsplans beizufügen (§ 14 Abs. 1 Satz 2 BHO). 275

Im Einzelnen handelt es sich um 276

1. eine Gruppierungsübersicht, in der die Einnahmen und Ausgaben aller Einzelpläne nach Arten in Gruppen entsprechend dem Gruppierungsplan dargestellt sind (§ 14 Abs. 1 Satz 1 Nr. 1 Buchst. a BHO);
2. eine Funktionenübersicht, in der die Einnahmen und Ausgaben aller Einzelpläne nach Aufgabengebieten in Funktionen entsprechend dem Funktionenplan dargestellt sind (§ 14 Abs. 1 Satz 1 Nr. 1 Buchst. b BHO);
3. einen Haushaltsquerschnitt, d. h. eine matrixartige Zusammenfassung der Gruppierungs- und Funktionenübersicht, in der dargestellt wird, welche Einnahme- und Ausgabearten auf welche Aufgabenbereiche entfallen (§ 14 Abs. 1 Satz 1 Nr. 1 Buchst. c BHO);
4. eine Übersicht über die den Haushalt als Einnahmen und Ausgaben durchlaufenden Posten (§ 14 Abs. 1 Satz 1 Nr. 2 BHO);
5. eine Personalübersicht als Übersicht über die Planstellen der Beamten und die Stellen der Arbeitnehmer (§ 14 Abs. 1 Satz 1 Nr. 3 BHO).

3. Zusammenfassung

- Der Haushaltsplan besteht aus einem Gesamtplan und derzeit 23 Einzelplänen (§ 13 Abs. 1 BHO). Der Gesamtplan enthält beim Bund vier Übersichten: eine Haushaltsübersicht, eine Übersicht über die nach Art. 115 Abs. 2 GG zulässige Kreditaufnahme, eine Finanzierungsübersicht und einen Kreditfinanzierungsplan. 277

---

76 Zu Erläuterungen siehe ausführlich Rz 220 ff.

77 Vgl. im Einzelnen Nr. 7.1 HRB.

- Bei den Einzelplänen wird zwischen Institutionalplänen und Realplänen differenziert. Institutionalpläne, auch Ministerialpläne genannt, weisen die auf den Geschäftsbereich einer Institution entfallenden Haushaltsmittel aus. In den Realplänen werden die Haushaltsmittel veranschlagt, die keiner einzelnen Institution zugeordnet werden können, sondern ressortübergreifend auszuweisen sind.
- Einzelpläne werden in Kapitel untergliedert (§ 13 Abs. 2 Satz 2 BHO). Überwiegend handelt es sich bei Kapiteln um Behörden im Geschäftsbereich eines Ministeriums. Die Kapitelnummer ist vierstellig. An die zweistellige Nummer des Einzelplans wird die zweistellige, spezielle Kennzeichnung des Kapitels angehängt. Das Kapitel 0625 etwa steht für die Bundespolizei im Einzelplan 06 (Bundesministerium des Innern, für Bau und Heimat).
- Der Titel ist die kleinste Gliederungseinheit im Bundeshaushalt. Er enthält Titelnummer, Funktionskennziffer, Zweckbestimmung, Mittelansatz und ggf. Haushaltsvermerke und Erläuterungen.
- Die Titelnummer besteht beim Bund aus fünf Ziffern. Die erste Ziffer des Titels ist die Hauptgruppe. Sie gibt Aufschluss darüber, ob es sich um eine Einnahme (Hauptgruppen 0 bis 3) oder eine Ausgabe (Hauptgruppen 4 bis 9) handelt. Die ersten beiden Ziffern eines Titels werden als Obergruppe bezeichnet. Die ersten drei Ziffern eines Titels zusammengenommen bezeichnen die Gruppe. Hauptgruppe, Obergruppe und Gruppe werden dem Gruppierungsplan entnommen. Die vierte und fünfte Stelle der Titelnummer kann der Bund autonom festlegen. Die vierte Stelle ist dabei überwiegend die Ziffer 0 (sog. Ordnungskennziffer). Nur bei einer Titelgruppe wird die Ziffer 0 durch die Nummer der Titelgruppe ersetzt. In einer Titelgruppe können mehrere Titel, die einem gemeinsamen übergeordneten Zweck dienen, zusammengefasst werden. Für die fünfte Stelle der Titelnummer hat der Bund eine Reihe von Festlegungen in seinen Haushaltstechnischen Richtlinien getroffen (sog. Festtitel). Dabei können mit der fünften Ziffer eines Titels Differenzierungen innerhalb einer Gruppe vorgenommen werden.
- Die Funktionskennziffer gibt an, für welchen staatlichen Aufgabenbereich beispielsweise eine Ausgabe anfällt. Sie wird mit einem Gedankenstrich hinter der Titelnummer angehängt, ist aber inhaltlich unabhängig von ihr. Die Funktionskennziffer wird aus dem Funktionenplan abgeleitet, der ganz ähnlich wie der Gruppierungsplan aufgebaut ist und in dem eine Unterteilung in Hauptfunktionen, Oberfunktionen und Funktionen vorgenommen wird.
- Neben der Titelnummer (mit Funktionskennziffer) ist im Haushaltsplan die Zweckbestimmung des Titels angegeben. Ferner ist im Haushaltsplan

der Soll-Ansatz für den jeweiligen Titel veranschlagt. Bei Ausgabetiteln handelt es sich um Ausgabeermächtigungen der Verwaltung: Grundsätzlich dürfen bis zur Höhe des Soll-Ansatzes Ausgaben für die Zwecke des Titels geleistet werden. Bei Einnahmetiteln hingegen werden die erwarteten Einnahmen ausgewiesen, die möglichst präzise geschätzt werden müssen. Daneben werden noch der Soll-Ansatz des Vorjahres und das Ist-Ergebnis des Vorvorjahres dargestellt.

- Der Haushaltsplan enthält vier Arten von Haushaltsmitteln. Diese werden vom Parlament bewilligt und innerhalb dieser Grenzen von der Verwaltung bewirtschaftet. Dazu zählen Einnahmen, Ausgaben, Verpflichtungsermächtigungen sowie Planstellen und Stellen.
- Möchte die Verwaltung eine Verpflichtung eingehen, die zu Zahlungen im aktuellen Haushaltsjahr führt, benötigt sie eine Ausgabeermächtigung für das aktuelle Haushaltsjahr. Möchte die Verwaltung hingegen Verpflichtungen eingehen, die künftige Haushaltsjahre betreffen, benötigt die Verwaltung Verpflichtungsermächtigungen. Verpflichtungsermächtigungen sind Ermächtigungen zum Eingehen von Verpflichtungen, die zu Zahlungen in künftigen Haushaltsjahren führen (§ 6 BHO), mithin zukunftsbezogene Haushaltsmittel.
- Im Personalhaushalt sind die Planstellen und Stellen, also die vierte Art von Haushaltsmitteln, veranschlagt. Planstellen werden für Beamte eingerichtet und nach Besoldungsgruppen und Amtsbezeichnungen im Haushaltsplan ausgebracht (§ 17 Abs. 5 BHO). Planstellen sind wie Ausgabeermächtigungen und Verpflichtungsermächtigungen Obergrenzen.
- Stellen für Tarifbeschäftigte sind im Haushaltsplan als Erläuterungen auszubringen (§ 17 Abs. 6 BHO). In der Konsequenz ist dieser Teil des Stellenplans grundsätzlich nicht verbindlich (§ 17 Abs. 1 Satz 2 BHO). Die Erläuterungen zu Titel 428 .1 werden aber in § 14 Abs. 1 Satz 1 HG 2021 für verbindlich erklärt, woraus die Verbindlichkeit auch des Stellenplans resultiert.

IV. Finanzplan

Art. 109 Abs. 4 GG ermächtigt den Gesetzgeber, durch Bundesgesetz für **278**
Bund und Länder gemeinsam geltende Grundsätze für eine mehrjährige Finanzplanung aufzustellen. Von der grundgesetzlichen Ermächtigung hat der Gesetzgeber in §§ 9 bis 14 StWG und §§ 50 bis 52 HGrG Gebrauch gemacht. Danach hat der Bund seiner regelmäßig auf ein Jahr und damit eher kurzfristig angelegten Haushaltswirtschaft eine mittelfristige fünfjährige Finanzplanung zugrunde zu legen.

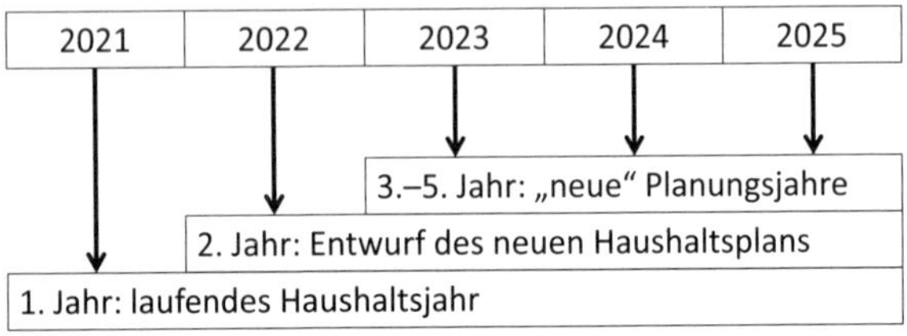

Abb. 45: Mittelfristige Finanzplanung.

279 Gegenstand der mittelfristigen Finanzplanung sind „Umfang und Zusammensetzung der voraussichtlichen Ausgaben und die Deckungsmöglichkeiten in ihren Wechselbeziehungen zu der mutmaßlichen Entwicklung des gesamtwirtschaftlichen Leistungsvermögens“ (§ 9 Abs. 1 Satz 2 StWG).

280 Instrument der mittelfristigen Finanzplanung ist der Finanzplan. Der Finanzplan umfasst einen Zeitraum von fünf Jahren (Abb. 45). Das erste Planungsjahr ist das laufende Haushaltsjahr (§ 50 Abs. 2 HGrG). Das zweite Planungsjahr basiert auf dem Haushaltsentwurf für das kommende Haushaltsjahr. Die übrigen drei Planungsjahre sind „echte Planungsjahre“[78]. Der Finanzplan ist jährlich der Entwicklung anzupassen und fortzuführen (§ 9 Abs. 3 StWG).

281 Inhaltlich ist der Finanzplan so aufgebaut wie der Haushaltsplan. Er enthält die mittelfristigen Planungsansätze für alle Einnahme- und alle Ausgabetitel. Zudem sind die vorgesehenen Investitionsschwerpunkte im Finanzplan zu erläutern und zu begründen (§ 50 Abs. 4 HGrG). Aus Gründen der Übersichtlichkeit wird der Finanzplan allerdings nur in aggregierter Form veröffentlicht.

282 Der Finanzplan ist vom Bundesministerium der Finanzen aufzustellen und zu begründen (§ 9 Abs. 2 Satz 1 StWG). Er wird von der Bundesregierung beschlossen und den Gesetzgebungsorganen spätestens im Zusammenhang mit dem Entwurf des Haushaltsgesetzes für das nächste Haushaltsjahr vorgelegt (§ 9 Abs. 2 Satz 2 StWG; § 50 Abs. 3 Satz 1 HGrG). Eine Verabschiedung des Finanzplans durch den Gesetzgeber ist nicht vorgesehen (Abb. 46). Allerdings kann der Gesetzgeber die Vorlage von Alternativrechnungen verlangen (§ 50 Abs. 3 Satz 2 HGrG).

283 Dem Finanzplan kommt – im Unterschied zum Haushaltsplan – keine unmittelbare Rechtsverbindlichkeit zu. Ohne jede rechtliche Relevanz ist der Finanzplan dennoch nicht. Denn nach § 50 Abs. 7 HGrG „soll“ die Regierung „rechtzeitig geeignete Maßnahmen treffen, die nach der Finanzpla-

---

78 *Leibinger/Müller/Züll*, Öffentliche Finanzwirtschaft, 15. Aufl. 2021, Rn. 290.

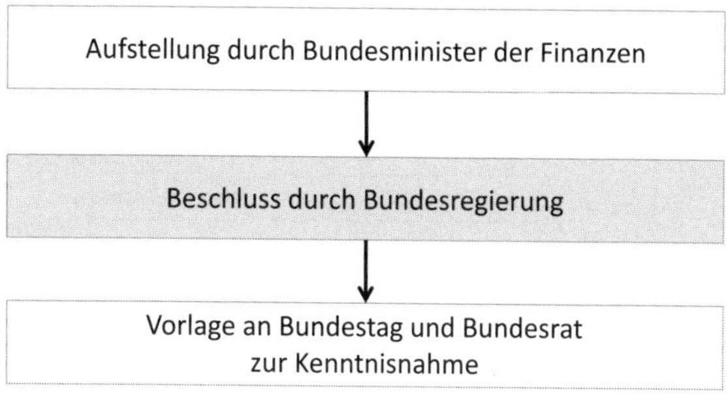

Abb. 46: Beschluss des Finanzplans.

nung erforderlich sind, um eine geordnete Haushaltsentwicklung unter Berücksichtigung des voraussichtlichen gesamtwirtschaftlichen Leistungsvermögens in den einzelnen Planungsjahren zu sichern." Insoweit konsequent verpflichtet das Bundesministerium der Finanzen alle einzelplanbewirtschaftenden Stellen in seinem jährlichen Haushaltsaufstellungsrundschreiben, die Ansätze des Finanzplans des Vorjahres beim Aufstellen des Haushaltsentwurfs nicht zu überschreiten.

Der Finanzplan hat im Wesentlichen die folgenden Funktionen: **284**

1. politische Funktion: Festlegung der mittelfristigen politischen Ziele der Regierung;
2. finanzwirtschaftliche Funktion: Ermittlung des zur Verwirklichung der Ziele notwendigen Finanzbedarfs;
3. gesamtwirtschaftliche Funktion: Sicherung einer geordneten Haushaltsentwicklung durch Berücksichtigung der gesamtwirtschaftlichen Rahmenbedingungen.

D. Haushaltsgrundsätze

I. Einführung

Haushaltsgrundsätze sind allgemeine Regeln auf dem Gebiet der Haushaltswirtschaft. Sie dienen insbesondere dazu, die Budgethoheit des Parlaments zu sichern. Hierzu gehört ebenfalls, die Kontrolle der Haushaltswirtschaft durch Parlament und Bundesrechnungshof zu erleichtern. Auch für die Bürger soll das Finanzgebaren von Regierung und Verwaltung transparent sein. **285**

Diese Grundsätze gelten so oder so ähnlich in allen demokratischen Staaten. Auch die im Haushaltsrecht der Europäischen Union verankerten Haushaltsgrundsätze sind mit denen aus dem deutschen Haushaltsrecht nahezu identisch. Wie diese Regeln dann konkret gelebt werden, unterscheidet sich gleichwohl zwischen den Ländern. Beispielsweise ist der englische Haushaltsplan weitaus weniger detailliert und arbeitet mit viel pauschaleren Ansätzen als der Haushaltsplan des Bundes. **286**

Haushaltsgrundsätze können nach verschiedenen Kriterien klassifiziert werden. So gibt es Grundsätze mit Verfassungsrang wie etwa den Grundsatz des Haushaltsausgleichs (Art. 110 Abs. 1 Satz 2 GG) oder den Grundsatz der Vorherigkeit (Art. 110 Abs. 2 Satz 1 GG), aber auch ausschließlich einfachgesetzlich geregelte Grundsätze, z. B. den Grundsatz der Einzelveranschlagung (§ 17 Abs. 1 BHO). **287**

Eine andere wichtige Differenzierung kann anhand der Phasen des Haushaltskreislaufs vorgenommen werden. Der Haushaltskreislauf umfasst die Aufstellung des Haushaltsplans durch die Regierung, die Feststellung durch das Parlament, die Ausführung des Haushaltsplans durch Regierung und Verwaltung sowie die Kontrolle der Haushaltswirtschaft durch Parlament und Bundesrechnungshof. Einige Haushaltsgrundsätze wie die Einzelveranschlagung und die Jährlichkeit betreffen die Phase der Haushaltsaufstellung. Andere Grundsätze wie die sachliche und die zeitliche Bindung sind relevant für die Haushaltsausführung. **288**

In diesem Kapitel werden zunächst die vier „großen" Haushaltsgrundsätze behandelt, denen einerseits eine hohe praktische Relevanz zukommt, die andererseits den Schwerpunkt der Curricula im Fach „Öffentliche Finanzwirtschaft" in Studiengängen an Verwaltungshochschulen bilden. Die sieben „kleinen" Haushaltsgrundsätze werden weniger ausführlich dargestellt. Die Einteilung in die folgenden elf Grund- **289** sätze ist nicht „in Stein gemeißelt" und kann auch anders vorgenommen werden.

I. Gesamtdeckung,
II. Einzelveranschlagung und sachliche Bindung,
III. Jährlichkeit und zeitliche Bindung,
IV. Bruttoprinzip,
V. Wirtschaftlichkeit und Sparsamkeit,
VI. Vorherigkeit,
VII. Fälligkeit,
VIII. Einheit und Vollständigkeit,
IX. Ausgeglichenheit,
X. Haushaltswahrheit und -klarheit,
XI. Öffentlichkeit.

II. Gesamtdeckung

290 **Einführendes Beispiel**

Nehmen Sie an, andere Behörden zahlen im Laufe des Jahres 2021 insgesamt 400 T € an die Bundespolizei für die Teilnahme ihrer Mitarbeiter an Aus- und Fortbildungslehrgängen der Bundespolizeiakademie. Der Eingang dieser Mittel ist zunächst bei Titel 232 01 zu verbuchen. Die Bundespolizei hat aber einen dringenden Ausgabebedarf für Aus- und Fortbildung (Titel 525 01), der über die bei diesem Titel veranschlagte Ausgabeermächtigung in Höhe von 13,817 Mio. € hinausgeht (Abb. 47).

Wie viel von den eingenommenen 400 T € darf die Bundespolizei für Aus- und Fortbildung verwenden? Was geschieht mit den übrigen Einnahmen?

0625 Bundespolizei

	Titel Funktion	Zweckbestimmung	Soll 2021 1 000 €	Soll 2020 *Reste 2020* 1 000 €	Ist 2019 1 000 €
		Einnahmen			
	232 01 -042	Entgelte für die Teilnahme von bundespolizeifremden Angehörigen öffentlicher Verwaltungen an Aus- und Fortbildungslehrgängen der Bundespolizeiakademie	300	400	274
		Ausgaben			
F	*525 01 -042*	*Aus- und Fortbildung*	*13 817*	*13 413*	*10 191*
		Haushaltsvermerk: *Mehrausgaben dürfen bis zur Höhe der Mehreinnahmen bei folgendem Titel geleistet werden: 232 01.*			

Abb. 47: Einführendes Beispiel zum Haushaltsgrundsatz der Zweckbindung.

1. Grundsatz

1.1 Begriffsbestimmung

Der Grundsatz der Gesamtdeckung ist in § 8 Satz 1 BHO normiert. **291**

Definition

„*Alle* Einnahmen dienen als Deckungsmittel für *alle* Ausgaben."

§ 8 Satz 1 BHO bedeutet, dass jede Einnahme, die eine Bundesbehörde erzielt, grundsätzlich an den Bundeshaushalt abzuliefern ist. Sie dient dort zur Deckung aller Ausgaben, kann also nicht einer bestimmten Ausgabe konkret zugeordnet werden. Es ist folglich dem Grundsatz nach verboten, bestimmte Einnahmen für spezielle Ausgaben zu reservieren, etwa die Einnahmen aus der Tabaksteuer für Programme zur Rauchentwöhnung. **292**

Der Begriff „Gesamtdeckung" kann folglich so verstanden werden, dass alle Einnahmen dazu verwendet werden müssen, die Gesamtheit aller Ausgaben zu decken (und eben nicht nur ganz bestimmte Ausgaben). Vielleicht noch deutlicher ist die alternative Bezeichnung als „Zweckbindungsverbot" für diesen Grundsatz. Es ist verboten, die Einnahmen einem bestimmten Zweck zuzuordnen. In der finanzwissenschaftlichen Literatur wird häufig auch der Begriff „Non-Affektationsprinzip" für diesen Grundsatz verwendet. **293**

Einführendes Beispiel (Fortsetzung) **294**

Für das einleitende Beispiel bedeutet dieser Grundsatz zunächst, dass die eingegangenen 400 T € vollständig an den Bundeshaushalt abzuliefern sind. Es muss im Anschluss aber noch geprüft werden, ob eine Ausnahme vom Grundsatz der Gesamtdeckung vorliegt, sodass dies noch nicht die endgültige Lösung der Aufgabe ist.

Beachten Sie, dass der Grundsatz der Gesamtdeckung die Verwendung von *Einnahmen* regelt. Viele andere Haushaltsgrundsätze beziehen sich hingegen ausschließlich auf *Ausgaben*. **295**

Kaum ein Satz im Haushaltsrecht wird häufiger missverstanden als § 8 Satz 1 BHO. Häufig wird vermutet, dass alle Einnahmen einer Behörde oder eines Kapitels zur Deckung aller Ausgaben dieser Behörde oder dieses Kapitels dienen. Zunächst wäre eine solche Anforderung absurd, weil die meisten Behörden deutlich weniger Einnahmen erzielen als ihnen an Ausgabeermächtigungen zur Verfügung stehen und ein Großteil der vom Parlament bewilligten Ausgaben nicht geleistet werden könnte. Überdies lässt die Formulierung des Grundsatzes keinerlei Beschränkung auf eine einzelne Behörde erkennen. **296**

297 Eine andere Fehlinterpretation von § 8 Satz 1 BHO ist eine Verwechselung mit dem Grundsatz des Haushaltsausgleichs. Der Vorschrift ist keine ausdrückliche Forderung zu entnehmen, dass erwartete Einnahmen und geplante Ausgaben gleich hoch sein müssen. Für dieses Ziel könnte der Satz vielleicht umgekehrt lauten: „Alle geplanten Ausgaben müssen durch erwartete Einnahmen gedeckt sein." Tatsächlich ist der Grundsatz des Haushaltsausgleichs in Art. 110 Abs. 1 Satz 2 GG wie folgt formuliert: „Der Haushaltsplan ist in Einnahme und Ausgabe auszugleichen." Die beiden Haushaltsgrundsätze haben also unterschiedliche Rechtsgrundlagen und Bedeutungen.

1.2 Funktion

298 Um den Sinn und Zweck des Grundsatzes der Gesamtdeckung bzw. des Zweckbindungsverbots zu verstehen, stellen Sie sich vor, dass es im Bundeshaushalt sehr viele oder ausschließlich zweckgebundene Einnahmen gäbe, also Einnahmen, die einer ganz bestimmten Ausgabe zugeordnet wären. Dass eine „Selbstfinanzierung" aller Ausgaben einer Behörde durch die Zweckbindung selbst erzielter Einnahmen nicht sinnvoll sein kann, wurde bereits festgestellt.[79]

299 Die Zweckbindung von Einnahmen könnte freilich auch breiter ausgestaltet werden: Beispielsweise würde das Aufkommen der Einkommensteuer zu 40 Prozent an die Finanzierung des Gesundheitswesens gekoppelt, wäre also zweckgebunden. Das Aufkommen der Mehrwertsteuer müsste zu 20 Prozent zur Finanzierung von Ausgaben für die innere Sicherheit verwendet werden usw. Aber auch diese Ausgestaltung der Zweckbindung hätte oft gravierende Nachteile. Einnahmen unterliegen Schwankungen und lassen sich nicht exakt für ein gesamtes Haushaltsjahr im Voraus prognostizieren, zumal die Aufstellung des Haushaltsplans deutlich vor Beginn des Haushaltsjahres erfolgen muss. So hat die konjunkturelle Entwicklung erheblichen Einfluss auf das Aufkommen der meisten Steuern, z. B. der Körperschaftsteuer und der Einkommensteuer. Bei einer Zweckbindung solcher Einnahmen würde also letztlich die Konjunktur oder – bei entsprechender Freiheit bei der Verwendung der Mittel – die empfangende Behörde darüber entscheiden, wie viel für einen bestimmten Zweck ausgegeben wird. In einer Demokratie ist dies aber die ureigene Aufgabe des Parlaments.

300 Jede Abweichung vom Grundsatz der Gesamtdeckung vermindert also den Entscheidungsspielraum des Parlaments. Dies gilt insbesondere für in Dauergesetzen festgelegte Zweckbindungen. Diese sind bei den jährlichen

79 Vgl. Rz 296.

Haushaltsverhandlungen bereits festgelegt, und es bestehen vergleichsweise hohe Hürden – nämlich die Änderung eines bereits gültigen Gesetzes – um sie rückgängig zu machen.

Darüber hinaus können Abweichungen vom Grundsatz der Gesamtde- 301
ckung auch zu Unwirtschaftlichkeit führen. Nehmen Sie an, eine zweckgebundene Einnahme fällt höher aus als erwartet, z. B. weil sich die Konjunktur besonders positiv entwickelt hat. Der Bedarf beim zugeordneten Ausgabetitel sei aber unverändert geblieben, sodass die zur Verfügung stehenden Mittel höher sind als der Bedarf. Natürlich könnte die für den Ausgabetitel verantwortliche Behörde die nicht benötigten Mittel an den Bundeshaushalt abführen (indem sie die nicht benötigten Einnahmen nicht auf den Ausgabetitel umbucht), damit sie dort einer wirtschaftlichen Verwendung zugeführt werden. Nach dem Haushaltsgrundsatz der Wirtschaftlichkeit und Sparsamkeit (Art. 114 Abs. 2 GG; § 7 BHO) ist es der Verwaltung sogar verboten, die Mittel ohne den entsprechenden Bedarf auszugeben.

Grundsätzlich verfügbare Haushaltsmittel nicht auszugeben widerstrebt 302
oft dem Eigeninteresse von Behörden oder der dort handelnden Beschäftigten. Unwirtschaftliche, aber nicht völlig sinnlose Ausgaben können für die Behörden von größerem Nutzen sein als eine „Rückgabe" der Mittel. Ferner wird die Höhe der Gesamtausgaben bisweilen als ein Indiz für die Bedeutung einer Behörde (und damit möglicherweise auch eine angemessene Besoldung der Behördenleitung) gesehen. Schließlich könnten nicht verausgabte Mittel den Eindruck erwecken, dass die Behörde womöglich insgesamt einen geringeren Ausgabenbedarf hat und daher in zukünftigen Haushaltsplänen Mittel gekürzt werden – das wird zumindest bisweilen befürchtet.

Der Nachweis einer unwirtschaftlichen Verwendung ist für Kontrollins- 303
tanzen wie den Bundesrechnungshof oft schwierig zu führen. Nicht jede Haushaltsstelle kann im Detail geprüft werden, und die geprüften Behörden kennen ihr Spezialgebiet besser als externe Prüfer. Insgesamt besteht bei Abweichungen vom Grundsatz der Gesamtdeckung also die Gefahr erhöhter Ausgaben.

Der umgekehrte Fall, dass Einnahmen geringer ausfallen als erwartet, 304
kann weit schwerwiegendere Nachteile haben. Wichtige Ausgaben müssen möglicherweise unterbleiben. In vielen staatlichen Aufgabenbereichen wie im Gesundheitswesen oder bei der Sicherheit wäre dies kaum vertretbar. Auch Rechtsverpflichtungen des Staates können in solchen Fällen nicht einfach ausgesetzt werden. Zwar könnte man fehlende Einnahmen grundsätzlich durch andere Verstärkungsmöglichkeiten ausgleichen. Je mehr aber vom Grundsatz der Gesamtdeckung abgewichen wird, desto größere Teile

der Einnahmen sind bereits anderweitig gebunden. Hinzu kommen Anreize zu erhöhten Ausgaben für diese Zwecke, sodass tendenziell weniger Mittel für die Verstärkung zur Verfügung stehen.

305 Bei diesen Überlegungen wird auch deutlich, wie unflexibel eine weitgehende Zweckbindung ist. Umschichtungen und Anpassungen im Haushaltsvollzug werden erschwert. Sollen die für einen Zweck reservierten Einnahmen für einen anderen Zweck verwendet werden, muss die Zweckbindung wieder aufgehoben werden. Zweckbindung und anpassungsfähige Haushaltswirtschaft lassen sich also kaum gleichzeitig realisieren.

306 Auch längerfristig ist ein Haushalt mit vielen Zweckbindungen von Einnahmen weniger flexibel. Sollen neue Prioritäten bei den Ausgaben gesetzt werden, so müssen ebenfalls die Zuordnungen der Einnahmen angepasst werden, sodass der Entscheidungsprozess komplizierter und langwieriger wird.

2. Ausnahme: Zweckbindung von Einnahmen

2.1 Begriffsbestimmung

307 Die Zweckbindung von Einnahmen als Ausnahme vom Grundsatz der Gesamtdeckung ist in § 8 Satz 2 BHO zugelassen.

Definition

„Auf die Verwendung für bestimmte Zwecke dürfen Einnahmen beschränkt werden, soweit dies durch Gesetz vorgeschrieben oder im Haushaltsplan zugelassen ist."

308 Was Zweckbindung bedeutet, wurde bereits ausführlich im vorherigen Abschnitt dargestellt: Einnahmen werden auf die Verwendung für ganz bestimmte Ausgabezwecke beschränkt (Einnahmen-Ausgaben-Kopplung). Sie fließen dann nicht mehr in den „großen Topf" Bundeshaushalt, sondern decken nur den Ausgabenzweck, an den sie gebunden sind.

309 **Einführendes Beispiel (Fortsetzung)**

In unserem einführenden Beispiel werden die Einnahmen aus Titel 232 01 (Entgelte für die Teilnahme von bundespolizeifremden Angehörigen öffentlicher Verwaltungen an Aus- und Fortbildungslehrgängen der Bundespolizeiakademie) teilweise an den Titel bzw. Zweck „Aus- und Fortbildung" (Titel 525 01) gebunden. Die Art der Zweckbindung wird später noch genauer untersucht.

310 An diesem Beispiel wird erneut deutlich: Liegt die Ausnahme vom Grundsatz der Gesamtdeckung, die Zweckbindung, vor, sind immer (mindestens) ein Einnahmetitel und (mindestens) ein Ausgabetitel beteiligt. Um dies zu

verdeutlichen, sollte am besten von einer „Zweckbindung von Einnahmen“ gesprochen werden. Wir erinnern uns: Einnahmetitel gehören zu den Hauptgruppen 0 bis 3, Ausgabetitel zu den Hauptgruppen 4 bis 9. Allein an der jeweils ersten Ziffer der Titelnummern der beteiligten Titel können einfach und sicher falsche Ausnahmen ausgeschlossen werden.

Die Funktionsweise der Zweckbindung von Einnahmen verdeutlicht **311**
Abb. 48. Die Zweckbindung ist immer einseitig, d. h. die Einnahmen werden an den Ausgabezweck gebunden. Eine umgekehrte Bindung von Ausgabemitteln an Einnahmen macht keinen Sinn. Im Beispiel wird ein einziger Einnahmetitel an einen einzigen Ausgabezweck gebunden. Im Bundeshaushalt gibt es jedoch auch Fälle, in denen bestimmte Einnahmen für zwei oder mehr bestimmte Ausgabetitel verwendet werden dürfen. Auch der umgekehrte Fall kommt vor, dass mehrere Einnahmetitel an einen Ausgabetitel zweckgebunden werden.

2.2 Voraussetzungen

2.2.1 Zweckbindung durch Dauergesetz

§ 8 Satz 2 Halbs. 2 BHO führt die Voraussetzungen der Zweckbindung von **312**
Einnahmen auf: „[…] soweit dies durch Gesetz vorgeschrieben oder im Haushaltsplan zugelassen ist.“ Eine Zweckbindung kann in einem Dauergesetz vorgesehen sein, also in einem im Unterschied zu einem Zeitgesetz unbefristet geltenden Gesetz. In den meisten Fällen handelt es sich bei dem Dauergesetz, in dem Ausnahmen von Haushaltsgrundsätzen erlaubt werden, um die BHO. Im Fall der Zweckbindung von Einnahmen sind jedoch andere Dauergesetze einschlägig.

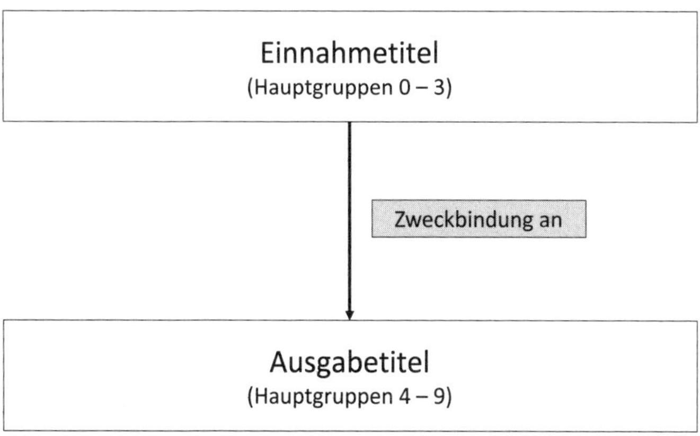

Abb. 48: Zweckbindung von Einnahmen.

313 **Beispiel**

Auf Bundesebene besonders relevant sind dauergesetzlich geregelte Zweckbindungen von Einnahmen im Verkehrsbereich. So sind Teile der Energiesteuer (früher Mineralölsteuer) zweckgebunden. In Art. 1 Straßenbaufinanzierungsgesetz heißt es: „Das Aufkommen an Mineralölsteuer [...] ist in Höhe von 50 vom Hundert für Zwecke des Straßenwesens zu verwenden." Hiervon wurde das Mehraufkommen aus späteren Steuererhöhungen jedoch ausgenommen. – Art. 3 Verkehrsfinanzgesetz schreibt die Zweckbindung weiterer Teile der Energiesteuer vor. Die recht komplexe Regelung ist nicht unmittelbar dem Haushaltsplan zu entnehmen. Auch die Höhe der zweckgebundenen Mittel kann nicht direkt abgelesen werden. Insgesamt stellt diese Zweckbindung nicht unbedingt ein Musterbeispiel für Haushaltsklarheit dar (vgl. Rz 609 ff.).

314 Auch die Bindung von Teilen des Energiesteueraufkommens an das Straßenwesen wird regelmäßig durch das jährliche Haushaltsgesetz aufgeweicht. § 6 Abs. 8 HG lautet: „Das Aufkommen an Mineralölsteuer [...] ist auch für sonstige verkehrspolitische Zwecke im Bereich des Bundesministeriums für Verkehr und digitale Infrastruktur zu verwenden." Eine solche Ausweitung einer dauergesetzlichen Zweckbindung durch das Haushaltsgesetz ist möglich, da das Haushaltsgesetz, das jährlich neu beschlossen wird, das speziellere Gesetz ist und damit Anwendungsvorrang hat (lateinisch: Lex specialis derogat legi generali).

315 Eine weitere Zweckbindung von Einnahmen im verkehrspolitischen Bereich findet sich in § 11 Bundesfernstraßenmautgesetz. Danach werden (nach verschiedenen Abzügen u. a. für die Systemkosten) die Mauteinnahmen aus der Lkw-Maut zur Finanzierung von Bundesfernstraßen verwendet.

316 Ein Beispiel für eine Zweckbindung von Einnahmen außerhalb des Verkehrsbereichs besteht zumindest theoretisch in § 4 Alkopopsteuergesetz. Demnach ist das Netto-Mehraufkommen, das sich aus der Differenz zwischen dem Aufkommen der Alkopopsteuer und den Mindereinnahmen bei der Branntweinsteuer ergibt, zur Finanzierung von Maßnahmen zur Suchtprävention der Bundeszentrale für gesundheitliche Aufklärung zu verwenden. Bisher hat es aber nie ein positives Netto-Mehraufkommen gegeben. Dies dürfte insbesondere darauf zurückzuführen sein, dass die Alkopopsteuer ihren eigentlichen Zweck, nämlich Jugendliche durch Preissteigerungen vom Konsum süßer alkoholischer Mischgetränke abzuhalten, ziemlich gut erfüllt.

317 Die Zweckbindung der Mittel muss nicht unbedingt von Vorteil sein. Zunächst einmal ist dem Haushaltsgesetzgeber die Zweckbindung der Einnahmen bekannt. Die erwarteten Einnahmen dürften oft zu einer geringeren Veranschlagung bei den begünstigten Titeln führen im Vergleich zu einer Situation ohne Zweckbindung. Dies hat sich z. B. bei der Lkw-Maut gezeigt.

Vor Einführung der Maut im Jahr 2005 lagen die Ausgaben für Bundesfernstraßen bei knapp 5 Mrd. €, ein Jahrzehnt später immer noch bei ziemlich genau dem gleichen Wert. Die Einnahmen haben hier also nicht zu einer Zunahme der Ausgaben für den begünstigten Zweck geführt. Vielmehr hat sich die Finanzierungsstruktur von allgemeinen Haushaltsmitteln hin zur Lkw-Maut verschoben.

Hinzu kommt, dass die Unsicherheit über die Höhe der Einnahmen für das begünstigte Ressort problematisch sein kann. Höhere Einnahmen als erwartet mögen positiv empfunden werden. Sie stehen aber oft erst gegen Ende des Jahres fest und können längerfristig nicht geplant werden. Hier besteht allerdings die Möglichkeit, nicht genutzte Ausgabeermächtigungen in das folgende Haushaltsjahr zu übertragen (vgl. Rz 480 ff.). Problematischer kann der Fall bei geringeren Einnahmen sein. Vertragliche Verpflichtungen können dann womöglich nicht aus eigenen Mitteln erfüllt werden. Daher müssen die Einnahmen vorsichtig geschätzt werden. In dem Fall würde das Ressort jedoch regelmäßig nicht alle zweckgebundenen Mittel nutzen können. Um dieses Problem abzumildern, sieht Art. 2 Straßenbaufinanzierungsgesetz vor, dass das BMF im Vorgriff auf das zweckgebundene Aufkommen an Mineralölsteuer in künftigen Haushaltsjahren Kredite aufnehmen darf.[80] 318

Leicht könnte vermutet werden, dass beim Solidaritätszuschlag, den das Grundgesetz bekanntlich als „Ergänzungsabgabe zur Einkommen- und Körperschaftsteuer“ kennt,[81] ebenfalls eine dauergesetzliche Zweckbindung zugunsten des „Aufbaus Ost“ bestünde. Vermutlich war die zusätzlich eingeführte Einnahmequelle des Solidaritätszuschlags auch eine Möglichkeit, die mit der Wiedervereinigung angefallenen Ausgaben teilweise zu decken. Eine formale Zweckbindung besteht für diese Einnahmen jedoch nicht. Der Solidaritätszuschlag fließt in den allgemeinen Bundeshaushalt (und zwar als Bundessteuer zu 100 Prozent) und dient dort zur Deckung aller Ausgaben. Es handelt sich hierbei also eher um eine Art „politische Zweckbindung“ – neue Abgaben lassen sich gegenüber den Wählern besser begründen, wenn sie mit einem zustimmungsfähigen Zweck verbunden werden. 319

2.2.2 Zweckbindung durch Haushaltsgesetz (§ 6 Abs. 7 HG 2021)

Durch das jährliche Haushaltsgesetz können ebenfalls Ausnahmen von Haushaltsgrundsätzen geschaffen werden. Wie bereits erläutert,[82] können 320

80 Haushaltsrechtlich ist allerdings keine spezielle Kreditermächtigung für diesen Zweck erforderlich. Der Haushaltsausgleich könnte auch durch nicht in Anspruch genommene Ausgabeermächtigungen an anderen Stellen erreicht werden.

81 Vgl. Rz 66.

82 Siehe dazu Rz 314.

durch das Haushaltsgesetz sogar in Dauergesetzen bestehende Ausnahmen erweitert werden. Oft ist das Haushaltsgesetz die wichtigste Quelle für Ausnahmen von Haushaltsgrundsätzen.

321 Bei der Zweckbindung von Einnahmen ist dies anders. Hier gibt es gegenwärtig nur eine einzige Zweckbindung in § 6 Abs. 7 HG 2021: „Innerhalb eines Kapitels können Mehreinnahmen aus der Veräußerung von Dienstkraftfahrzeugen herangezogen werden, um die Ausgaben für die Ersatzbeschaffung von Dienstkraftfahrzeugen zu verstärken." Wenn also für die ausrangierten Fahrzeuge einer Behörde höhere Beträge erzielt werden als im Haushaltsplan veranschlagt, können zusätzliche neue Fahrzeuge beschafft oder die neu zu beschaffenden Fahrzeuge besser ausgestattet werden.

2.2.3 Zweckbindung durch Haushaltsvermerk (§ 8 Satz 2 BHO)

322 Durch Vermerke im Haushaltsplan können verbindliche Regelungen, die nur in einzelnen Kapiteln gelten, getroffen werden.[83] Bekanntlich ist der Haushaltsplan eine Anlage des Haushaltsgesetzes.[84] Der häufigste Anwendungsfall für solche Haushaltsvermerke sind Ausnahmen von Haushaltsgrundsätzen. Die Formulierungen verschiedener Arten von Haushaltsvermerken sind in Nr. 5 HRB aufgeführt.

323 **Einführendes Beispiel (Fortsetzung)**

Im einführenden Beispiel lautet der Haushaltsvermerk unter dem Einnahmetitel 232 01: „Mehreinnahmen dienen zur Leistung der Mehrausgaben bei folgendem Titel: 525 01."

324 An einer Zweckbindung sind immer (mindestens) ein Einnahmetitel und (mindestens) ein Ausgabetitel beteiligt. Bei dem zugehörigen Ausgabetitel, für den die Einnahmen (bzw. ein Teil der Einnahmen) verwendet werden dürfen, muss ebenfalls ein Haushaltsvermerk ausgebracht sein. Dieser Haushaltsvermerk wird als korrespondierender Haushaltsvermerk (man könnte auch sagen: spiegelbildlicher Haushaltsvermerk) bezeichnet. Er drückt im Ergebnis das gleiche aus wie der Haushaltsvermerk beim Einnahmetitel, aber aus der „Perspektive" des Ausgabetitels. Es dient der Haushaltsklarheit, dass sowohl beim Einnahme- als auch beim Ausgabetitel ein Zweckbindungsvermerk ausgebracht werden muss.

83 Dazu bereits oben Rz 211 ff.

84 Dazu bereits oben Rz 151.

Einführendes Beispiel (Fortsetzung)

Der korrespondierende Haushaltsvermerk beim Ausgabetitel lautet im einführenden Beispiel: „Mehrausgaben dürfen bis zur Höhe der Mehreinnahmen bei folgendem Titel geleistet werden: 232 01."

Welche Bedeutung haben diese zusammengehörenden Haushaltsvermerke für die Fallkonstellation im einleitenden Beispiel? Bei Titel 232 01 gehen 400 T € ein. Der Haushaltsvermerk beim Einnahmetitel besagt, dass die Mehreinnahmen für den Ausgabetitel verwendet werden dürfen. Was ist mit *Mehr*einnahmen gemeint? Offensichtlich nicht die gesamten Einnahmen, denn sonst könnte auf die Vorsilbe „Mehr" verzichtet werden. Gemeint sind vielmehr die Einnahmen, die über den Sollansatz hinausgehen. Bei Titel 232 01 sind 300 T € im Soll veranschlagt. Gehen wie im Beispiel 400 T € ein, betragen die *Mehr*einnahmen 400 T € – 300 T € = 100 T €. Um diese 100 T € übersteigen die tatsächlichen Einnahmen das Soll. Ein anderer Ausdruck für Mehreinnahmen ist *überplanmäßige* Einnahmen. Auch hier wird deutlich, dass es sich um den Betrag handelt, der über den im Haushaltsplan veranschlagten Wert hinausgeht. **325**

Nur diese Mehreinnahmen – in unserem Beispiel die 100 T € – dürfen zur Verstärkung des Ausgabetitels verwendet werden, im Beispiel für Titel 525 01. Beim Ausgabetitel dürften mithilfe der Mehreinnahmen Mehrausgaben geleistet werden. Auch hier bedeutet „Mehr" wieder: über den Sollansatz hinaus. In unserem Beispiel erhöht sich also die Ausgabeermächtigung bei Titel 525 01 von ursprünglich 13,817 Mio. € durch die zweckgebundenen Mittel auf nunmehr 13,917 Mio. €. **326**

Die Verwechselung von *Mehr*einnahmen mit Einnahmen und von *Mehr*ausgaben mit Ausgaben ist einer der häufigsten Fehler in Prüfungen. Hintergrund ist Folgendes: Der Haushaltsplan ist ausgeglichen in Einnahmen und Ausgaben geplant (Grundsatz des Haushaltsausgleichs).[85] Die im Haushaltsplan veranschlagten Einnahmen sind dabei schon berücksichtigt, also sozusagen „verplant". Würden die *gesamten* Einnahmen – und nicht nur die Mehreinnahmen – als zusätzliche Ausgabeermächtigungen beim Ausgabetitel verwendet, wäre der Haushaltsplan nicht mehr ausgeglichen. Der Sollansatz beim Einnahmetitel würde praktisch „doppelt" verplant. **327**

Natürlich müssen zweckgebundene Einnahmen – genauso wie alle anderen Haushaltsmittel – wirtschaftlich verwendet werden. Das heißt u. a., dass bei dem Ausgabetitel, der verstärkt werden soll, ein entsprechender Bedarf bestehen muss. Ansonsten dürften die Einnahmen nicht für diesen Zweck verwendet werden. Das bedeutet, dass über den Sollansatz beim **328**

85 Vgl. Rz 602 ff.

Ausgabetitel komplett verfügt sein muss, bevor die zweckgebundenen Einnahmen genutzt werden können (Nr. 5.5.1 und Nr. 5.5.2 HRB).

329 **Einführendes Beispiel (Fortsetzung)**

Im einführenden Beispiel wurde der Bedarf beim Ausgabetitel vorgegeben. Von den eingenommenen 400 T € werden 100 T € für den Ausgabetitel verwendet. In der Haushaltspraxis wird so verfahren, dass die Mehreinnahmen nach Eingang auf den Ausgabetitel umgebucht werden und dort als zusätzliche Ausgabeermächtigung zur Verfügung stehen. Was aber geschieht mit den übrigen 300 T €? Für diese planmäßigen Einnahmen gilt weiterhin der Haushaltsgrundsatz der Gesamtdeckung. In der Folge stehen diese Einnahmen im Bundeshaushalt für die Deckung aller Ausgaben zur Verfügung.

330 Bei einer Ausnahme von einem Haushaltsgrundsatz, die durch ein Dauergesetz geschaffen wird, spricht man auch von einer „geborenen" Ausnahme, hier also von „geborener Zweckbindung von Einnahmen". Die Bezeichnung „geboren" bringt zum Ausdruck, dass es sich um eine dauerhafte Regelung handelt, die nur dadurch wegfallen kann, dass man ein Gesetz explizit im parlamentarischen Verfahren ändert. Deshalb wird auch eine dauergesetzliche Zweckbindung von Einnahmen teilweise als besonders gravierende Einschränkung der Budgethoheit des Parlaments gesehen.

331 Eine durch den jährlichen Haushalt geschaffene Ausnahme wird auch als „gekorene" Ausnahme bezeichnet. „Gekoren" beinhaltet zum einen die Möglichkeit, eine Ausnahme durch das jährliche Haushaltsgesetz zu schaffen. Zum anderen umfasst „gekoren" auch einen Vermerk im Haushaltsplan. Der Haushaltsplan wird bekanntlich ebenfalls nur für ein Jahr aufgestellt, fasst also die beiden Möglichkeiten zusammen. Die Bezeichnung „gekoren" soll zum Ausdruck bringen, dass das Parlament solche Ausnahmen in jedem Jahr neu „küren" (= auswählen) muss, indem es sie mit dem Haushaltsgesetz oder dem Haushaltsplan als Anlage beschließt. Die Frage, ob eine Ausnahme weitergelten soll, stellt sich damit zumindest theoretisch in jedem Jahr neu. Die Hürden, eine gekorene Ausnahme abzuschaffen, sind dadurch niedriger als bei einer geborenen Ausnahme.

332 Die Regelung einer nicht dauerhaften Ausnahme von einem Haushaltsgrundsatz durch das Haushaltsgesetz bietet sich an, wenn die Ausnahme für alle oder zumindest fast alle Kapitel gelten soll. Einige Kapitel könnten dann wiederum über einen Haushaltsvermerk von der im Haushaltsgesetz geregelten Ausnahme ausgenommen werden („Rückausnahme von der Ausnahme"). Eine Ausnahme von einem Haushaltsgrundsatz kraft Haushaltsvermerks ist hingegen sinnvoll, wenn diese Regelung nur für einige Kapitel oder im Extremfall nur für ein einziges Kapitel gelten soll. In selte-

nen Fällen gibt es auch Haushaltsvermerke, die sich auf einen gesamten Einzelplan beziehen. Auch diese Vermerke sind spezieller als eine Regelung im Haushaltsgesetz.

2.3 Arten

Die Zweckbindung kann in zwei unterschiedlichen Erscheinungsformen auftreten (Abb. 49). 333

1. Zum einen gibt es die unechte Zweckbindung, die auch als Verstärkung bezeichnet wird. Hier dürfen die zweckgebundenen (Mehr-)Einnahmen zur Verstärkung der Ausgaben verwendet werden, müssen es aber nicht. Besteht beim Ausgabetitel kein entsprechender Bedarf, dürfen die (Mehr-)Einnahmen gar nicht für diesen Zweck verwendet werden.
2. Bei der echten Zweckbindung besteht eine verpflichtende Verwendungsauf- 334
   lage. Die zweckgebundenen Einnahmen müssen also in jedem Fall für den bezeichneten Zweck verwendet werden. Dies gilt z. B. für Zuschüsse der Europäischen Union für nationale Projekte. Erhält die Bundespolizei Mittel aus dem europäischen Fonds für die Innere Sicherheit für Projekte zur Sicherung der europäischen Außengrenzen (zunächst als Einnahmen, die dann auf den entsprechenden Ausgabetitel umgebucht werden, da eine echte Zweckbindung besteht), dürfen die Einnahmen ausschließlich für diesen Zweck verwendet werden: Sie fließen nicht in den allgemeinen Bundeshaushalt. Gleiches gilt für Spenden. Wenn jemand dem Bund für einen bestimmten Zweck eine Spende zukommen lässt und der Bund die Spende annimmt, muss sie dem Willen des Spenders entsprechend verwendet werden.

Wird eine Zweckbindung von Einnahmen durch einen Haushaltsvermerk er- 335
klärt, so ist an der Formulierung der korrespondierenden Vermerke eindeutig erkennbar, ob es sich um eine echte oder eine unechte Zweckbindung handelt. Nr. 5.5.2 HRB legen hierzu fest: „Um Verwendungsbeschränkungen bestimmter Einnahmen für bestimmte Ausgabezwecke (echte Zweckbindung)

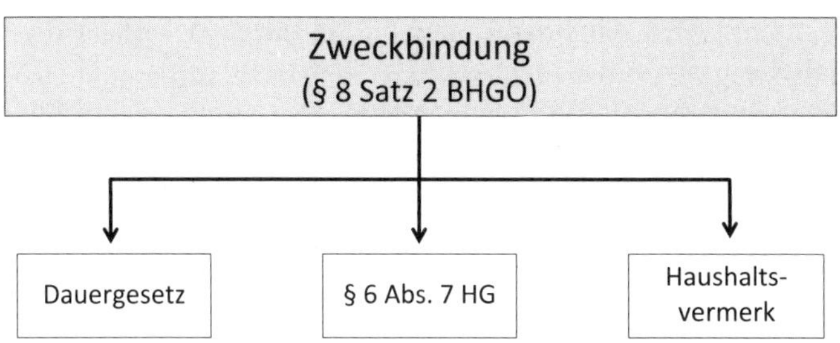

Abb. 49: Arten der Zweckbindung.

0625 Bundespolizei

Titel Funktion	Zweckbestimmung	Soll 2021 1 000 €	Soll 2020 *Reste 2020* 1 000 €	Ist 2019 1 000 €
	Einnahmen			
272 01 -042	Zuschüsse der Europäischen Union und der Vereinten Nationen	-	-	584
	Haushaltsvermerk: Mehreinnahmen sind wegen bindender Vorgaben der EU zweckgebunden. Sie dienen nur zur Leistung der Mehrausgaben bei folgenden Titeln: 532 04 und 532 05.			
	Ausgaben			
532 04 -042	Verwendung, Einsätze und Maßnahmen der Bundespolizei außerhalb des Bundesgebiets	42 707	23 960	16 722
	Verpflichtungsermächtigung .... 7 900 T€ davon fällig: im Haushaltsjahr 2022 bis zu .... 2 700 T€ im Haushaltsjahr 2023 bis zu .... 4 200 T€ im Haushaltsjahr 2024 bis zu .... 1 000 T€			
	Haushaltsvermerk: 1. **Die Ausgaben sind übertragbar.** 2. Mehrausgaben dürfen bis zur Höhe der zweckgebundenen Mehreinnahmen bei folgendem Titel geleistet werden: 272 01.			
532 05 -042	Kosten im Zusammenhang mit Projekten der Europäischen Union und der Vereinten Nationen	-	- *758*	1 779
	Haushaltsvermerk: Mehrausgaben dürfen bis zur Höhe der zweckgebundenen Mehreinnahmen bei folgendem Titel geleistet werden: 272 01.			

Abb. 50: Echte Zweckbindung.

unmissverständlich deutlich zu machen, sind den korrespondierenden Vermerken die Worte ‚nur' (Einnahmen) bzw. ‚zweckgebunden' (Einnahmen/Ausgaben) beizufügen."

336 Sowohl im Haushaltsvermerk beim Einnahmetitel als auch im Haushaltsvermerk bei den Ausgabetiteln taucht das Wort „zweckgebunden" auf, im Vermerk beim Einnahmetitel zusätzlich das Wort „nur" (Abb. 50).

337 Wie sieht es beim einführenden Beispiel aus? Handelt es sich um eine echte oder eine unechte Zweckbindung von Einnahmen durch Haushaltsvermerk? Dort wird der Begriff „zweckgebunden" in keinem der beiden Haushaltsvermerke verwendet. Auch das Wort „nur" fehlt im Haushaltsvermerk beim Einnahmetitel. Folglich handelt es sich um eine unechte Zweckbindung von Einnahmen bzw. um einen Verstärkungsvermerk.

338 Der Haushaltsgesetzgeber knüpft unterschiedliche rechtliche Folgen an die echte und unechte Zweckbindung von Einnahmen. Nur bei echter Zweckbindung können nicht geleistete Ausgaben in das nächste Haushaltsjahr übertragen werden (Nr. 5.5.2 HRB).[86]

86 Vgl. Rz 480 ff.

Nach § 17 Abs. 3 BHO sind zweckgebundene Einnahmen und die dazugehörigen Ausgaben kenntlich zu machen. Bei einer Zweckbindung von Einnahmen durch Haushaltsvermerk erfolgt das Kenntlichmachen quasi automatisch durch die korrespondierenden Haushaltsvermerke. Im Falle von Zweckbindungen von Einnahmen durch Gesetz muss die Zweckbindung im Haushaltsplan zusätzlich kenntlich gemacht werden. Hierzu stellt Nr. 1.1 VV-BHO zu § 8 fest: „Die Zweckbindung ist in den Erläuterungen kenntlich zu machen." Dies gilt nach Nr. 5.5 HRB aber nur bei echter Zweckbindung von Einnahmen. Für die Prüfung, ob eine Ausnahme vom Grundsatz der Gesamtdeckung, also eine Zweckbindung von Einnahmen vorliegt, ist diese Regelung sehr hilfreich. Wenn bei einem Titel[87] weder ein Zweckbindungsvermerk noch eine Erläuterung zur Zweckbindung vorhanden ist, könnte also allenfalls eine unechte gesetzliche Zweckbindung bestehen. **339**

Bei allen hier aufgeführten dauergesetzlichen Regelungen zur Zweckbindung handelt es sich um obligatorische Verwendungsauflagen für die Einnahmen. Sie *müssen* für einen bestimmten Zweck verwendet werden, es besteht kein Wahlrecht. Beispielsweise heißt es im Straßenbaufinanzierungsgesetz: „Das Aufkommen an Mineralölsteuer [...] *ist* [...] für Zwecke des Straßenwesens *zu verwenden*."[88] Die Formulierung lässt keinen Spielraum für eine anderweitige Verwendung der Einnahmen zu. Hier liegt also eindeutig eine echte Zweckbindung vor. Das bedeutet aber auch: Wenn keine entsprechende Erläuterung bei einem Titel ausgebracht ist (Nr. 1 VV-BHO zu § 8), kann auch keine dauergesetzliche Zweckbindung bei diesem speziellen Titel vorliegen. Sie müssen also gar nicht alle dauergesetzlichen Rechtsquellen für eine Zweckbindung kennen, um feststellen zu können, ob eine solche vorliegt oder nicht. Hinzukommt, dass im Haushaltsplan der Bundespolizei gegenwärtig keine dauergesetzliche Zweckbindung besteht.[89] **340**

In § 6 Abs. 7 HG 2021 heißt es hingegen, dass die Mehreinnahmen herangezogen werden „können". Es handelt sich also um eine Option, jedoch keine Pflicht. Ferner heißt es dort, dass sie herangezogen werden können, um die Ausgaben für die Ersatzbeschaffung von Dienstkraftfahrzeugen zu „verstärken". Beide Formulierungen belegen, dass eine unechte Zweckbin- **341**

87 Von Fällen, in denen ein Haushaltsvermerk sich auf einen ganzen Einzelplan oder eine Titelgruppe bezieht, sei hier abgesehen.

88 Hervorhebung durch die Verfasser.

89 Die Luftsicherheitsgebühr ähnelt einer Zweckbindung, allerdings ist die Richtung dort umgekehrt: Die Einnahmen aus der Luftsicherheitsgebühr können nicht zweckgebunden dazu verwendet werden, Ausgaben für Fluggast- und Reisegepäckkontrollen zu leisten. Vielmehr sollen die anfallenden Ausgaben durch die Luftsicherheitsgebühr refinanziert werden.

0625 Bundespolizei

Titel Funktion	Zweckbestimmung	Soll 2021 1 000 €	Soll 2020 *Reste 2020* 1 000 €	Ist 2019 1 000 €
132 01 -042	Erlöse aus der Veräußerung von beweglichen Sachen	1 000	1 000	1 563

Haushaltsvermerk:

1. Mehreinnahmen zu Nr. 1 der Erläuterungen dienen zur Leistung der Mehrausgaben bei folgendem Titel: 811 01.
2. Mehreinnahmen zu Nr. 2 der Erläuterungen dienen zur Leistung der Mehrausgaben bei folgendem Titel: 811 05.
3. Mehreinnahmen zu Nr. 3 der Erläuterungen dienen zur Leistung der Mehrausgaben bei folgendem Titel: 811 06.
4. Mehreinnahmen zu Nr. 4 der Erläuterungen dienen zur Leistung der Mehrausgaben bei folgendem Titel: 812 23.
5. Mehreinnahmen zu Nr. 5 der Erläuterungen dienen zur Leistung der Mehrausgaben bei folgenden Titeln: 812 01, 812 02 und 812 04.

Erläuterungen:

Bezeichnung	1 000 €
Erlöse aus der	
1. Veräußerung von Kraftfahrzeugen	400
2. Veräußerung von Luftfahrzeugen	400
3. Veräußerung von Seefahrzeugen	50
4. Veräußerung von Kontrollgerät für Luftsicherheit	50
5. Sonstiges	100
Zusammen	1 000

Abb. 51: Erlöse aus der Veräußerung beweglicher Sachen.

dung bzw. eine Verstärkung vorliegt. Im Haushaltsplan der Bundespolizei ist die Zweckbindung gut zu erkennen. Bei Titel 132 01 (Erlöse aus der Veräußerung von beweglichen Sachen) sind Erläuterungen und differenzierte Haushaltsvermerke ausgebracht, die genau erkennen lassen, welcher Teil der Einnahmen aus der Veräußerung von Dienst-Kfz wie verwendet werden darf (vgl. Abb. 51).

2.4 Funktion

342 Nr. 5.5 HRB verlangt: „Ausnahmen vom Grundsatz der Gesamtdeckung (§ 8 BHO) sind nur in engen Grenzen vorzusehen." Diese Anforderung ist womöglich noch ein Relikt aus Zeiten, in denen die Haushaltswirtschaft deutlich weniger flexibel war als heute. Tatsächlich sind Zweckbindungsvermerke im Haushaltsplan relativ häufig, so auch in Kapitel 0625 (Bundespolizei).

343 Für echte Zweckbindungsvermerke stellt das Bundesministerium der Finanzen in seinem Haushaltsaufstellungsrundschreiben 2022 fest: „Eine Beschränkung bestimmter Einnahmen auf die Verwendung für bestimmte Zwecke (Zweckbindung) durch Haushaltsvermerk ist nur unter der Voraussetzung zulässig, dass die Mittel von Dritten mit rechtsverbindlicher Ver-

wendungsauflage zugewendet werden (insbesondere zweckgebundene Zuschüsse und Erstattungen der Europäischen Union sowie zweckgebundene Mittel wie Spenden, Stiftungen, Erbschaften, Vermächtnisse, Aufträge von Dritten und Bundesbehörden)." Sinn und Zweck der echten Zweckbindungsvermerke sind offensichtlich: Es muss dem Willen der Institution oder der Person entsprochen werden, die die Mittel zur Verfügung gestellt hat.

Für die Zulässigkeit unechter Zweckbindungsvermerke ist in Nr. 2 VV-BHO zu § 8 festgelegt: „Können überplanmäßige Einnahmen eingehen, ist eine Verwendung dieser Einnahmen für bestimmte Ausgaben durch Ausbringung eines Haushaltsvermerks zulässig. Dies gilt insbesondere, wenn hierdurch Anreize zur Erzielung von Mehreinnahmen verstärkt werden oder ein Sachzusammenhang zwischen den Einnahmen und den Ausgaben besteht." **344**

Im Haushaltsaufstellungsrundschreiben 2022 werden Wirtschaftlichkeitsanreize zur Voraussetzung für Zweckbindungsvermerke erklärt: „Besteht die Möglichkeit, dass überplanmäßige Einnahmen eingehen, ist eine Heranziehung dieser Einnahmen für bestimmte Ausgabetitel durch Ausbringung eines Haushaltsvermerks unter der Voraussetzung zulässig, dass hierdurch eine sparsame und auf Wirtschaftlichkeit orientierte Mittelbewirtschaftung gefördert wird und Anreize zur Erzielung von Mehreinnahmen verstärkt werden." **345**

Hier werden auch Sinn und Zweck der unechten Zweckbindung von Einnahmen verdeutlicht. Gilt der Grundsatz der Gesamtdeckung, so sind die Anreize für eine Behörde, Einnahmen oder höhere Einnahmen zu erzielen, vergleichsweise gering. Schließlich hat die Behörde selbst keinen unmittelbaren Nutzen von höheren Einnahmen. Bei der unechten Zweckbindung ist der Sollansatz (soweit vorhanden) beim Einnahmetitel eine Art Zielwert. Bis zu dieser Höhe gilt für die Einnahmen der Grundsatz der Gesamtdeckung – mit all den bereits erläuterten Vorteilen. Darüber hinaus gehende Einnahmen kann die Behörde für bestimmte eigene Zwecke verwenden, sodass die Anreize zur Erzielung von Einnahmen gestärkt werden. Rechtsstaatlich ungeeignet sind Verstärkungsvermerke bei Einnahmen aus Geldbußen. Hier darf kein Einnahmemotiv eine Rolle spielen, sondern allein die Schuld des Täters. **346**

Einführendes Beispiel (Lösung)

Der betroffene Haushaltsgrundsatz ist der Grundsatz der Gesamtdeckung gemäß § 8 Satz 1 BHO. Die zu prüfende Ausnahme ist die Zweckbindung gemäß § 8 Satz 2 BHO.

Bei Titel 232 01 liegt ein Zweckbindungsvermerk (unechte Zweckbindung, Nr. 5.5.1 HRB) zugunsten des Titels 525 01 vor. Die Zulässigkeit resultiert aus § 8 Satz 2 BHO.

Bei Titel 525 01 besteht ein dringender Bedarf, sodass er grundsätzlich verstärkt werden darf. Es dürfen allerdings nur die Mehreinnahmen für den Ausgabetitel verwendet werden. Die Mehreinnahmen betragen 100 T € (= 400 T € – 300 T €). Insgesamt dürfen Ausgaben in Höhe von 13,917 Mio. € bei Titel 525 01 geleistet werden. Für die Einnahmen in Höhe des Sollansatzes von 300 T € gilt weiterhin der Grundsatz der Gesamtdeckung. Dieser Teil der Einnahmen dient im Bundeshaushalt zur Deckung aller Ausgaben.

2.5 Zusammenfassung

347 – Nach dem Haushaltsgrundsatz der Gesamtdeckung (§ 8 Satz 1 BHO) dienen alle Einnahmen des Bundes zur Deckung aller Ausgaben des Bundes. Die einzelne Behörde darf grundsätzlich nicht über die von ihr erzielten Einnahmen verfügen.
- Bei der Zweckbindung (§ 8 Satz 2 BHO) werden Einnahmen auf die Verwendung für bestimmte Zwecke beschränkt. Es ist also immer (mindestens) ein Einnahmetitel und (mindestens) ein Ausgabetitel beteiligt.
- Echte Zweckbindung führt zu einer obligatorischen Verwendungsauflage. Unechte Zweckbindung bewirkt hingegen nur eine Verstärkungsmöglichkeit.
- Die Zweckbindung von Einnahmen kann durch Dauergesetz (z. B. das Straßenbaufinanzierungsgesetz), durch das Haushaltsgesetz (z. B. § 6 Abs. 7 HG 2021) oder durch Haushaltsvermerk (Nr. 5.5 HRB) angeordnet werden.

III. Einzelveranschlagung und sachliche Bindung

348 Der Haushaltsgrundsatz der Einzelveranschlagung und sachlichen Bindung wird im Schrifttum auch in zwei verschiedene Haushaltsgrundsätze aufgeteilt.[90] Schließlich beziehen sich seine beiden Bestandteile auf unterschiedliche Phasen des Haushaltskreislaufs: Die Einzelveranschlagung auf die Aufstellungsphase, die sachliche Bindung auf die Ausführungsphase. Einzelveranschlagung und sachliche Bindung hängen aber so eng miteinander zusammen, dass es sinnvoll erscheint, sie als zwei Bestandteile ein und desselben Haushaltsgrundsatzes zu behandeln.

---

90 *Westermeier/Wiesner*, Das staatliche Haushalts-, Kassen- und Rechnungswesen, 9. Aufl., 2012, Rn. 210.

1. Grundsatz

1.1 Einzelveranschlagung

Der Grundsatz der Einzelveranschlagung ist in § 17 Abs. 1 Satz 1 BHO festgelegt: **349**

Definition

„Die Einnahmen sind nach dem Entstehungsgrund, die Ausgaben und Verpflichtungsermächtigungen nach Zwecken getrennt zu veranschlagen [...]."

Dem Grundsatz der Einzelveranschlagung wird durch die Systematik der Titel entsprochen. Wie bereits dargelegt wurde,[91] lässt die erste Ziffer der Titelnummer (Hauptgruppe) erkennen, ob es sich um eine Einnahme (Hauptgruppen 0 bis 3) oder um eine Ausgabe handelt (Hauptgruppen 4 bis 9). Die Hauptgruppe liefert zudem erste Informationen über den Entstehungsgrund der Einnahmen: Sind es z. B. Steuereinnahmen (Hauptgruppe 0) oder Verwaltungseinnahmen (Hauptgruppe 1)? Bei Ausgabetiteln lässt die Hauptgruppe erste Rückschlüsse auf den Zweck der Ausgabe zu: Sollen etwa Personal (Hauptgruppe 4) oder Baumaßnahmen (Hauptgruppe 7) bezahlt werden? **350**

Obergruppe und Gruppe geben jeweils genaueren Aufschluss über den Entstehungsgrund einer Einnahme bzw. den Zweck einer Ausgabe. Die durch den Gruppierungsplan festgelegten ersten drei Ziffern der Titelnummer stellen praktisch den Mindestgrad der Differenzierung dar, der der Einzelveranschlagung genügt (Nr. 1 VV-BHO zu § 17). **351**

Das Gegenteil einer Einzelveranschlagung wäre eine Globalveranschlagung. Die weiteste Form der Globalveranschlagung wiederum wäre ein Budget. In diesem Fall würde z. B. einer Behörde lediglich eine Obergrenze für ihre gesamten Ausgaben ohne weitere Differenzierung gesetzt. Die Behörde könnte also völlig frei für sich entscheiden, wie sie das Budget auf verschiedene Zwecke aufteilt. Bei einer weniger weitgehenden Globalveranschlagung würden einzelne relativ breit gefasste Titel veranschlagt und so den Behörden innerhalb dieser Titel Spielräume gelassen. Eine solche eher globale Veranschlagung ist beispielsweise bei Fördertiteln üblich. **352**

Ein Budget gäbe den einzelnen Behörden maximale Flexibilität innerhalb der gesetzten Obergrenze für die Summe aller Ausgaben. Dadurch könnten die Behörden besser auf unvorhergesehene Ereignisse reagieren und stärker eigenverantwortlich wirtschaften. **353**

91 Vgl. Rz. 248 ff.

354 Andererseits wird die Einzelveranschlagung auch als „Einzelbewilligungsrecht des Parlaments“ bezeichnet. Sie stärkt die Entscheidungskompetenz des Parlaments und damit die Budgethoheit. In ihrer Reinform sorgt die Einzelveranschlagung dafür, dass das Parlament für jede einzelne Behörde und für jeden einzelnen Ausgabenzweck detaillierte Obergrenzen setzt, also eine Feinsteuerung vornehmen kann. Dadurch steigt die Transparenz der Haushaltswirtschaft. Bürger, Unternehmen, Interessengruppen, die Wissenschaft und weitere Interessierte können dem Haushaltsplan genau entnehmen, welche Einnahmen und Ausgaben geplant sind. Ein solches Vorgehen zwingt alle am Prozess der Haushaltsaufstellung Beteiligten zu exakten Schätzungen und erleichtert später die Kontrolle der Haushaltswirtschaft.

355 Natürlich kann das Parlament im Rahmen seiner Budgethoheit auch entscheiden, weniger detaillierte Vorgaben zu machen und den Behörden größere Freiheiten zu lassen. Im internationalen Vergleich sind die deutschen Haushaltspläne eher detailliert. Britische Haushaltspläne kommen z. B. mit einem Bruchteil der Titel aus. Das deutsche Parlament darf allerdings nicht komplett auf sein Einzelbewilligungsrecht verzichten. Ein Haushaltsplan, der sich in reinen Behördenbudgets erschöpfen würde, wäre daher wohl nicht verfassungsgemäß.

356 Allerdings hat der Detaillierungsgrad der deutschen Haushaltspläne im Zeitablauf ebenfalls abgenommen. Im Jahr 1995 bestand der Bundeshaushalt noch aus knapp 11.000 Titeln und das Druckstück aus drei Bänden. Noch in den 1990er-Jahre hat sich die Zahl der Titel nahezu halbiert und der gedruckte Haushaltsplan besteht nur noch aus zwei Bänden. Dies lässt sich als Schwächung der Einzelveranschlagung und als Stärkung der Flexibilität interpretieren. Noch bedeutender dürfte aber die zunehmende Flexibilität in der Ausführungsphase des Haushaltskreislaufs sein, auf die wir gleich detailliert eingehen werden. Im Ergebnis bleibt es bei einer immer noch relativ detaillierten Veranschlagung – mit allen hier genannten Vorteilen – bei gleichzeitig geringerer Verbindlichkeit der Veranschlagungen, was die Nachteile der Einzelveranschlagung abmildert. Insgesamt scheint damit ein recht cleverer Kompromiss gefunden.

357 Im Haushaltsrecht sind keine ausdrücklichen Ausnahmen von der Einzelveranschlagung vorgesehen. In der Literatur wird teilweise argumentiert, die Deckungsfähigkeit sei auch eine Ausnahme vom Grundsatz der Einzelveranschlagung und nicht nur der sachlichen Bindung. Dies ist unzutreffend, aber dazu später mehr.

358 In der Haushaltspraxis hat sich eine bedeutende Ausnahme von der Einzelveranschlagung entwickelt, die Globale Minderausgabe (GMA). Wie der

0625 Bundespolizei

Titel Funktion	Zweckbestimmung	Soll 2021 1 000 €	Soll 2020 *Reste 2020* 1 000 €	Ist 2019 1 000 €
971 08 -019	Globale Mehrausgabe für Maßnahmen zur Bekämpfung von Rechtsextremismus und Rassismus sowie zur Stärkung des interreligiösen Dialogs Verpflichtungsermächtigung .... 75 000 T€ davon fällig: im Haushaltsjahr 2022 bis zu .... 50 000 T€ im Haushaltsjahr 2023 bis zu .... 15 000 T€ im Haushaltsjahr 2024 bis zu .... 10 000 T€ Haushaltsvermerk: **1. Die Mittel dienen zur Deckung eines eventuellen Mehrbedarfs in den Einzelplänen und können mit Einwilligung des Bundesministeriums der Finanzen in Anspruch genommen werden.** **2. Die Ausgaben und Verpflichtungsermächtigungen sind bei den entsprechenden Titeln der jeweiligen Einzelpläne zu buchen.** Erläuterungen: Die Mittel sollen der Bekämpfung von Rechtsextremismus und Rassismus, Antisemitismus, Muslimfeindlichkeit und allen anderen Formen gruppenbezogener Menschenfeindlichkeit dienen. Darunter können auch Mittel im Zusammenhang mit dem Wiederaufbau der Synagoge Bornplatz in Hamburg fallen. Die Zeichen für die Anerkennung und Wertschätzung einer vielfältigen Gesellschaft sollen gestärkt werden.	150 000		
972 01 -880	Globale Minderausgabe	-6 000 000	-3 719 104	-

Abb. 52: Globale Mehr- und Minderausgabe.

Begriff „global" zum Ausdruck bringt, wird hier von einer Einzelveranschlagung abgewichen. Dafür werden negative Ausgaben in der Hauptgruppe 9 (Titel 972 01 im Einzelplan 60) veranschlagt. Die globalen Einsparverpflichtungen werden zuerst auf die Einzelpläne und im Anschluss die einzelnen Kapitel umgelegt. Abb. 52 zeigt die Veranschlagung der Globalen Minderausgabe im Jahr 2021 in Höhe von -6 Mrd. €.

Das Bundesministerium der Finanzen reglementiert in seinen Haushalts- **359**
führungsrundschreiben regelmäßig die Titel, die für Einsparungen für die Globale Minderausgabe herangezogen werden dürfen. Im Haushaltsführungsrundschreiben 2021 heißt es dazu: „Gesperrte Ausgaben und die Titel 518 .2 (ELM-Mieten) scheiden als Einsparstelle aus. Titel der Hauptgruppen 7 und 8 sollen nur dann als Einsparstelle genutzt werden, wenn in anderen Bereichen alle Einsparmöglichkeiten ausgeschöpft wurden."

Die Globale Minderausgabe ist aus ökonomischer Perspektive ein poten- **360**
ziell sinnvolles Instrument. Auf Ebene der Einzelpläne und der Kapitel wissen die handelnden Personen besser, wo in ihren Haushalten noch Einsparpotenziale liegen. Die Globale Minderausgabe steigert also die Flexibilität der handelnden Behörden.

Die Flexibilität wird teilweise als Problem gesehen. Die Einzelpläne kön- **361**
nen in nicht unerheblichem Maße intern umschichten, und das ohne aus-

drückliche gesetzliche Grundlage in der BHO. Dadurch wird das Einzelbewilligungsrecht des Parlaments geschwächt. Auch werden neben der Einzelveranschlagung weitere Haushaltsgrundsätze verletzt (Haushaltsklarheit, Fälligkeit, ggf. Haushaltswahrheit). Stimmen im Schrifttum halten eine dauerhaft von der Regierung über die Regierungsentwürfe eingebrachte Globale Minderausgabe mit zunehmender Höhe für unzulässig.[92]

362 Neben der globalen Minderausgabe gab es schon lange das Instrument der Globalen Mehrausgabe. In der Vergangenheit waren die dort veranschlagten Mittel jedoch gering. Im Rahmen der Coronakrise hat der Titel 971 04 dann eine massive Aufwertung erfahren. Im Jahr 2021 sind dort 35 Mrd. € an Ausgabeermächtigungen veranschlagt (vgl. Abb. 52). Der Hintergedanke war, dass in der Pandemie jederzeit ein unvorhergesehener, dringender Ausgabenbedarf entstehen kann. Ohne die Globale Mehrausgabe müsste ein Nachtragshaushalt eingebracht werden. Trotz beschleunigten Verfahrens würde dies eine gewisse Zeit in Anspruch nehmen, was nachteilig sein kann, wenn dringend erforderliche Schutzausrüstung, Impfstoffe, Medikamente usw. beschafft werden müssen.

363 Bei der schnelleren Alternative – über- und außerplanmäßige Ausgaben, also das Notbewilligungsrecht des BMF – erfolgt keine parlamentarische Beteiligung. Der Haushaltsausgleich muss durch Einsparungen an anderer Stelle sichergestellt werden. Die Globale Mehrausgabe ist hingegen bereits im Haushaltsplan veranschlagt. Neben der Beteiligung des Bundesministeriums der Finanzen wird durch die im Haushaltsvermerk Nr. 1 ausgebrachte qualifizierte Sperre der Haushaltsausschuss des Deutschen Bundestages beteiligt, wenn die Globale Mehrausgabe zu mehr als 15 Mrd. € in Anspruch genommen wird (Abb. 52). Daneben wurde noch eine globale Verpflichtungsermächtigung in Höhe von 2 Mrd. € veranschlagt. In einer von erheblicher Unsicherheit gekennzeichneten Krisensituation erscheinen diese Instrumente durchaus sinnvoll.

1.2 Sachliche Bindung

364 **Einführendes Beispiel**

Stellen Sie sich vor, die Bundespolizei (Kapitel 0625) habe aufgrund eines Computerfehlers deutlich mehr Zusagen an Bewerber um Anwärterstellen versandt, als vorgesehen waren. Aus rechtlichen Gründen sollen alle, die eine Zusage erhalten haben, auch eingestellt werden. Dadurch ergibt sich bei Titel 422 03 ein Mehrbedarf gegenüber dem Soll in Höhe von 40 Mio. € (Abb. 53).

---

92 *Dittrich*, BHO, § 11 Rn. 8.10 (Stand: 61. Erg.-Lfg. [Aug. 2021]).

Nehmen Sie ferner an, dass durch eine besonders effiziente neue Fahrzeugflotte, gesunkene Spritpreise und eine in Coronazeiten verminderte Fahrleistung bei Titel 514 01 Einsparungen gegenüber dem Soll in Höhe von 40 Mio. € angefallen sind.
Dürfen die Einsparungen bei Titel 514 01 für Mehrausgaben bei Titel 422 03 verwendet werden?

Der Grundsatz der sachlichen Bindung ist in § 45 Abs. 1 Satz 1 BHO verankert. **365**

Definition

„Ausgaben und Verpflichtungsermächtigungen dürfen nur zu dem im Haushaltsplan bezeichneten Zweck, soweit und solange er fortdauert, [...] geleistet oder in Anspruch genommen werden."

Der Grundsatz der sachlichen Bindung besagt, dass die Ausgaben nur so **366**
geleistet werden dürfen, wie es im Haushaltsplan steht. Die Zweckbestimmung des Titels 811 01 ist beispielsweise „Erwerb von Fahrzeugen". Die bei diesem Titel im Sollansatz veranschlagten Ausgabemittel dürfen grundsätzlich nur für den Erwerb von Fahrzeugen und nicht etwa für den Erwerb von IT-Anlagen oder irgendwelche andere Zwecke verwendet werden. Die Verwaltung ist strikt an die Zweckbestimmungen der Titel gebunden.

Auch wenn der Sollansatz bei Titel 811 01 nicht voll ausgeschöpft wird, **367**
mithin Einsparungen anfallen, dürfen diese Einsparungen dem Grundsatz nach nicht für einen andere Zweck als den Erwerb von Fahrzeugen verwendet werden. Besteht kein weiterer Bedarf für den Erwerb von Fahrzeugen, verfallen die Ausgabeermächtigungen grundsätzlich.

Während sich die Einzelveranschlagung auf die Phase der Aufstellung **368**
des Haushaltsplans bezieht, ist die sachliche Bindung relevant für die Ausführungsphase, also wenn der Haushaltsplan schon feststeht und die Verwaltung die zur Verfügung stehenden Haushaltsmittel bewirtschaftet. Ein weiterer wichtiger Unterschied zwischen Einzelveranschlagung und sachlicher Bindung besteht darin, dass die sachliche Bindung nur für Ausgaben relevant ist – wie die Definition verdeutlicht: „Ausgaben dürfen nur [...]."

0625 Bundespolizei

	Titel Funktion	Zweckbestimmung	Soll 2021 1 000 €	Soll 2020 *Reste 2020* 1 000 €	Ist 2019 1 000 €
F	422 03 -042	*Bezüge der Anwärterinnen und Anwärter sowie Nebenleistungen der Beamtinnen und Beamten auf Widerruf im Vorbereitungsdienst*	*150 872*	*138 370*	*115 120*
F	514 01 -042	*Verbrauchsmittel, Haltung von Fahrzeugen und dgl.*	*82 141*	*78 872*	*66 356*

Abb. 53: Einführendes Beispiel zur Deckungsfähigkeit.

Der Einzelveranschlagung kommt hingegen sowohl für Einnahmen als auch für Ausgaben Relevanz zu.

369 Der Grundsatz der sachlichen Bindung stellt die logische Fortsetzung der Einzelveranschlagung dar. Stellen Sie sich vor, es gäbe zwar den Grundsatz der Einzelveranschlagung, nicht jedoch den der sachlichen Bindung. Im Ergebnis würde das Parlament dann zwar die Ausgaben nach Zwecken getrennt veranschlagen, es müsste sich aber niemand an diese Veranschlagung halten. Die Titel würden dann zu unverbindlichen „Ausgabevorschlägen", und die Behörden könnten praktisch innerhalb von Budgets frei wirtschaften. Die sachliche Bindung sorgt also dafür, dass die titelgenaue Veranschlagung verbindlich ist.

370 Für unser einführendes Beispiel bedeutet der Grundsatz der sachlichen Bindung, dass die Einsparungen bei Titel 514 01 grundsätzlich nicht für Mehrausgaben bei Titel 422 03 verwendet werden dürfen.

371 Die sachliche Bindung sichert die Ziele der Einzelveranschlagung. Erst beide Teilgrundsätze zusammen stellen sicher, dass das Parlament und nicht die Verwaltung titelgenau über die Ausgaben entscheidet. Die Bindung der Verwaltung an die Zweckbestimmung der Titel erleichtert die Kontrolle der Haushaltswirtschaft.

372 Auf der anderen Seite ist eine strikte sachliche Bindung natürlich sehr unflexibel. Einsparungen bei einem Titel dürfen nicht für Mehrausgaben bei einem anderen Titel verwendet werden, obwohl bei letzterem vielleicht ein dringender Bedarf besteht. Dies kann zwei Nachteile mit sich bringen: Für die Zwecke des Titels, bei dem eigentlich ein geringerer Bedarf als der Sollansatz besteht, wird u. U. mehr ausgegeben als erforderlich, damit keine Mittel verfallen und womöglich in späteren Haushaltsjahren Kürzungen des Ansatzes erfolgen. Dieser Fehlanreiz kann dadurch abgemildert werden, dass die nicht genutzten Ausgabeermächtigungen ganz oder teilweise mit ins nächste Haushaltsjahr genommen werden können. Auf der anderen Seite kann auch ein dringender Ausgabebedarf bei einem anderen Titel nicht ohne Weiteres mit diesen Einsparungen gedeckt werden. Entweder müssen wichtige Ausgaben zurückgestellt oder zumindest andere Wege gefunden werden, um sie leisten zu können. Wegen dieser Nachteile sind im Haushaltsrecht relativ umfangreiche Ausnahmen vom Grundsatz sachliche Bindung vorgesehen.

373 Da in der Bezeichnung des Haushaltsgrundsatzes das Wort „Bindung" vorkommt und sich diese Bindung auf die *Zweck*bestimmung des Titels bezieht, ist die Verwechselungsgefahr mit der Zweckbindung besonders groß. Die Ähnlichkeit besteht aber nur im Hinblick auf den Wortlaut, nicht in inhaltlicher Hinsicht: Die sachliche Bindung ist ein Grundsatz, der sich nur auf Ausgaben bezieht. Die Zweckbindung hingegen ist eine Ausnahme vom Grundsatz der Gesamtdeckung, und es geht um die Zweckbindung von Einnahmen. Vielleicht hilft es, wenn Sie sich merken, dass die sachliche Bindung in der Literatur teilweise auch als sachliche Spezialität bezeichnet wird. Bei dieser Bezeichnung dürfte weniger Verwechselungsgefahr mit der Zweckbindung bestehen.

2. Ausnahme: Deckungsfähigkeit

2.1 Begriffsbestimmung

Die Nachteile der sachlichen Bindung sind der Grund dafür, dass es umfangreiche Ausnahmen von diesem Grundsatz gibt. Die Ausnahme wird als Deckungsfähigkeit bezeichnet. Sie ist in der Nr. 1 VV-BHO zu § 20 legaldefiniert. **374**

Definition

Deckungsfähigkeit ist die „Möglichkeit, bei einem Titel höhere Ausgaben als veranschlagt aufgrund von Einsparungen bei einem oder mehreren anderen Ausgabetiteln zu leisten."

Nehmen wir an, eine Behörde kann mit großer Wahrscheinlichkeit davon ausgehen, dass sie im aktuellen Haushaltsjahr bei Titel A mindestens 40 Mio. € weniger benötigen wird, als im Haushaltsplan im Sollansatz veranschlagt war, z. B. aufgrund gesunkener Preise, Wegfalls eines ursprünglich erwarteten Bedarfs oder ähnlichem. Nehmen wir weiter an, dass bei einem anderen Titel B, dessen Sollansatz bereits voll ausgeschöpft wurde, ein dringender Mehrbedarf (also über den ausgeschöpften Sollansatz hinaus) in Höhe von 40 Mio. € bestünde (wie im einführenden Beispiel bei Titel 422 03). **375**

Der Grundsatz der sachlichen Bindung verbietet es, die Einsparungen bei Titel A für Mehrausgaben bei Titel B zu verwenden. Wenn jedoch die Ausnahme der Deckungsfähigkeit vorliegt, können die Einsparungen bei Titel A zur Deckung des Mehrbedarfs bei Titel B verwendet werden. Man könnte den Wortlaut „Deckungsfähigkeit" also so interpretieren, dass die Fähigkeit vorliegt, den Mehrbedarf bei einem Titel zu decken, wenn entsprechende Einsparungen vorliegen. Oder noch einfacher ausgedrückt: Man darf Mittel zwischen verschiedenen Titeln verschieben. **376**

Natürlich kann es vorkommen, dass der Mehrbedarf bei einem Titel so groß ist, dass die Einsparungen eines einzelnen anderen deckungsfähigen Titels nicht ausreichen, um den Mehrbedarf zu decken. In diesem Fall kön- **377** nen die Einsparungen von zwei oder mehr deckungsfähigen Titeln herangezogen werden.

378 Endgültig kann erst mit Ablauf des Haushaltsjahres festgestellt werden, ob bei einem Titel Einsparungen vorliegen. Dann würde aber die Deckungsfähigkeit nicht mehr helfen. Für die Haushaltspraxis ist es daher wichtig, Prognosen zu treffen. Dies ist gegen Ende des Haushaltsjahres einfacher als am Anfang. Für den Moment gehen wir davon aus, dass die Einsparungen auch tatsächlich vorliegen. Auf die Inanspruchnahme der Deckungsfähigkeit im Haushaltsvollzug gehen wir später noch etwas genauer ein (Rz 450 ff.).

379 Wichtig ist festzuhalten, dass sich die Deckungsfähigkeit ausschließlich auf Ausgaben bezieht (im Gegensatz zur Zweckbindung). Daher kann sie keine Ausnahme von der Einzelveranschlagung sein, die auch die Veranschlagung von Einnahmen regelt, sondern nur von der sachlichen Bindung. Überdies bedeutet Deckungsfähigkeit die Verstärkung eines Titels innerhalb ein und desselben Haushaltsjahres, jedoch nicht zwischen verschiedenen Haushaltsjahren. Letzteres ist die Übertragbarkeit, die Sie erst im folgenden Kapitel kennenlernen werden. Vermeiden Sie es daher bitte im Zusammenhang mit Deckungsfähigkeit davon zu sprechen, dass Ausgabeermächtigungen von einem Titel zu einem anderen „übertragen" werden. Jede andere Formulierung wie z. B. „verschoben" oder „der Mehrbedarf wird gedeckt" ist weniger missverständlich.

2.2 Arten

380 In Nr. 1 VV-BHO zu § 20 wird zwischen einseitiger und gegenseitiger Deckungsfähigkeit unterschieden. Ähnlich wie bei der Zweckbindung gibt es bei der Deckungsfähigkeit zwei unterschiedliche Erscheinungsformen:

- Einseitige Deckungsfähigkeit liegt vor, wenn Einsparungen bei Titel A für Mehrausgaben bei Titel B verwendet werden dürfen, nicht aber umgekehrt. Fallen bei Titel B Einsparungen an und besteht bei Titel A ein dringender Mehrbedarf, so können bei dieser Konstellation die Einsparungen nicht zur Deckung des Mehrbedarfs bei Titel A verwendet werden. Die einseitige Deckungsfähigkeit ist also quasi eine Einbahnstraße.

381 – Bei gegenseitiger Deckungsfähigkeit ist es hingegen irrelevant, ob Einsparungen bei Titel A für Mehrausgaben bei Titel B verwendet werden sollen oder umgekehrt. Beides wäre zulässig. Die gegenseitige Deckungsfähigkeit ist die in der Praxis häufigere und bedeutendere Erscheinungsform der Deckungsfähigkeit.

382 Im Zusammenhang mit den Erscheinungsformen der Deckungsfähigkeit werden häufig die beiden Begriffe „deckungspflichtig" und „deckungsbe-

rechtigt“ verwendet. Bei der einseitigen Deckungsfähigkeit im vorherigen Beispiel – nur „Verschieben“ von A nach B ist zulässig – stellt Titel B den deckungsberechtigten Titel dar. Er ist (unter bestimmten Bedingungen) „berechtigt“, die Einsparungen von Titel A zu erhalten. Titel A ist der deckungspflichtige Titel. Er ist (unter bestimmten Bedingungen) dazu „verpflichtet“, seine Einsparungen an Titel B abzugeben. Teilweise wird Titel A auch als „deckungsgebender“ Titel bezeichnet.

Bei gegenseitiger Deckungsfähigkeit sind beide Titel jeweils deckungsberechtigt und deckungspflichtig. Tatsächlich kann ein Titel aber nur eines sein, da er nicht gleichzeitig Einsparungen an andere Titel abgeben und Einsparungen von anderen Titeln empfangen kann. Auch hier ist also der „abgebende“ Titel der deckungspflichtige, der „aufnehmende“ Titel hingegen der deckungsberechtigte. In Abb. 54 sind die beiden Erscheinungsformen der Deckungsfähigkeit grafisch dargestellt. 383

2.3 Voraussetzungen

In der Definition der Deckungsfähigkeit in Nr. 1 VV-BHO zu § 20 sind auch die drei Möglichkeiten genannt, wie die Deckungsfähigkeit von Ausgabeermächtigungen erklärt werden kann: „Deckungsfähigkeit ist die durch § 20 Abs. 1, durch Haushaltsgesetz oder Haushaltsvermerk nach § 20 Abs. 2 begründete Möglichkeit […].“ Wie die Zweckbindung kann auch die Deckungsfähigkeit grundsätzlich durch Dauergesetz (§ 20 Abs. 1 BHO), Haushaltsgesetz oder Haushaltsvermerk (basierend auf § 20 Abs. 2 BHO) zuge- 384

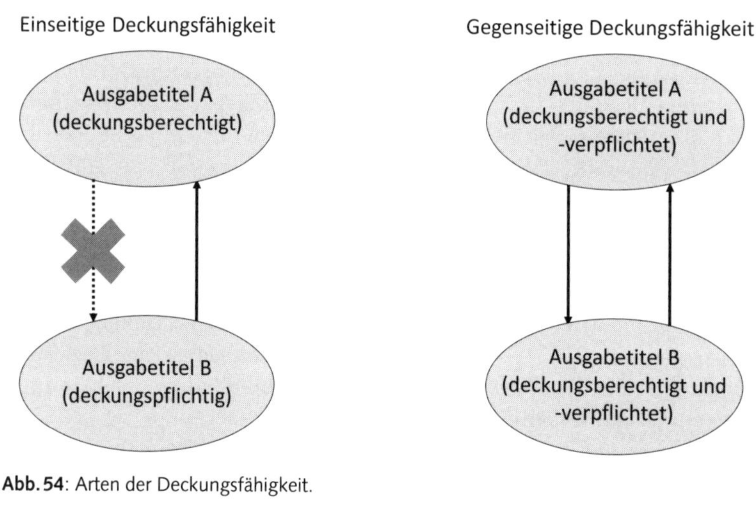

Abb. 54: Arten der Deckungsfähigkeit.

lassen werden. Da der Deckungsfähigkeit durch Haushaltsgesetz die größte Bedeutung zukommt, soll mit dieser Rechtsgrundlage begonnen werden.

2.3.1 Deckungsfähigkeit durch Haushaltsgesetz (§ 5 HG 2021)

2.3.1.1 Überblick

385 Die Flexibilisierung bestimmter Ausgabetitel wurde erstmalig im Haushaltsjahr 1998 angewandt. Wie die Bezeichnung vermuten lässt, ging es darum, die Haushaltswirtschaft flexibler zu machen und der Exekutive mehr Handlungsmöglichkeiten zu eröffnen. Hierfür wurden mit der Flexibilisierung Ausnahmen von vergleichsweise starren Haushaltsgrundsätzen, insbesondere (aber nicht nur) von der sachlichen Bindung, geschaffen. Die Flexibilisierung kann durchaus als die bedeutendste Reform im Haushaltsrecht der Bundesrepublik Deutschland angesehen werden.

386 Die Flexibilisierung ist geregelt in § 5 HG 2021, dessen Überschrift „Flexibilisierte Ausgaben“ lautet. § 5 Abs. 1 HG 2021 regelt zunächst die Voraussetzungen, unter denen die nachfolgenden Absätze zur Anwendung kommen: „Auf die in Teil I Buchstabe D des Gesamtplans aufgeführten Kapitel des Bundeshaushalts sind die Absätze 2 bis 5 anzuwenden, soweit im Einzelfall keine andere Regelung durch Haushaltsvermerk getroffen ist.“

387 § 5 HG 2021 ist also nicht auf sämtliche Kapitel im Bundeshaushalt anzuwenden, sondern nur auf die in Teil I Buchstabe D des Gesamtplans genannten. Bei Teil I des Gesamtplans handelt es sich um die Haushaltsübersicht. In Buchstabe D der Haushaltsübersicht werden die flexibilisierten Ausgaben nach § 5 HG 2021 dokumentiert (vgl. Abb. 55).

Gesamtplan - Teil I: Haushaltsübersicht

D. Flexibilisierte Ausgaben nach § 5 des Haushaltsgesetzes

Epl.	Bezeichnung	Kapitel	Summe 2021 1 000 €	Summe 2020 1 000 €	gegenüber 2020 mehr (+) weniger (-) 1 000 €
1	2	3	4	5	6
01	Bundespräsident und Bundespräsidialamt	01, 11, 12, 13	**33 019**	33 240	-221
02	Deutscher Bundestag	11, 12, 13, 16, 17	**386 061**	374 756	+11 305
03	Bundesrat	11, 12	**33 515**	31 862	+1 653
04	Bundeskanzlerin und Bundeskanzleramt	10, 11, 12, 13, 31, 32, 51, 52, 53, 54, 55, 56	**429 798**	400 239	+29 559
05	Auswärtiges Amt	04, 11, 12, 13, 14	**1 424 081**	1 438 456	-14 375
06	Bundesministerium des Innern, für Bau und Heimat	11, 12, 14, 15, 16, 17, 18, 19, 20, 21, 22, 23, 24, 25, 28, 29, 33, 34, 35	**7 444 173**	6 588 231	+855 942
07	Bundesministerium der Justiz und für Verbraucherschutz	10, 11, 12, 13, 14, 15, 16, 17, 18, 19	**623 861**	605 074	+18 787

Abb. 55: Flexibilisierte Kapitel im Haushaltsplan.

Die in Teil I Buchstabe D des Gesamtplans aufgeführten flexibilisierten Ausgaben sind gegliedert nach Einzelplänen. In Spalte 3 sind die flexibilisierten Kapitel innerhalb eines Einzelplans aufgeführt. Nur auf die genannten flexibilisierten Kapitel sind die Regelungen in § 5 Abs. 2 ff. HG 2021 anwendbar. In nicht flexibilisierten Kapiteln – also solchen, die nicht in Teil I Buchstabe D des Gesamtplans genannt sind – gilt § 5 HG 2021 nicht. In diesen Kapiteln kann es folglich keine flexibilisierten Titel geben. **388**

Fast alle Behördenkapitel zählen zu den flexibilisierten Kapiteln, so auch die Kapitel 0624 (Bundeskriminalamt), 0625 (Bundespolizei) und 0634 (Hochschule des Bundes für öffentliche Verwaltung). Eine Ausnahme stellt das Kapitel 0626 (Bundesamt für Verfassungsschutz) dar. Neben der Geheimhaltung der genauen Haushaltsansätze (vgl. Rz 615 f.) gelten dort eigene Vorschriften für die Bewirtschaftung der Haushaltsmittel. Ebenfalls nicht flexibilisiert sind alle fünf Fachkapitel im Geschäftsbereich des Bundesministeriums des Innern, für Bau und Heimat. **389**

Um es noch einmal herauszustellen: Ein flexibilisiertes Kapitel enthält sicherlich flexibilisierte Titel. In aller Regel gibt es in flexibilisierten Kapiteln aber auch nicht flexibilisierte Titel. Wer meint, in flexibilisierten Kapiteln müssten sämtliche Titel flexibilisiert sein, irrt. Die umgekehrte Feststellung trifft hingegen zu: In einem nicht flexibilisierten Kapitel können keine flexibilisierten Titel enthalten sein. **390**

Ein flexibilisiertes Kapitel kann auf dreierlei Weise identifiziert werden: **391**

1. Das Kapitel ist in Teil I Buchstabe D des Gesamtplans aufgeführt.
2. Das Kapitel enthält flexibilisierte Titel.
3. In einem Globalvermerk zu Beginn der Ausgaben ist ausgeführt, dass die Flexibilisierungsregeln gemäß § 5 Abs. 2 bis 5 HG 2021 gelten.

2.3.1.2 Hauptgruppeninterne Deckungsfähigkeit (§ 5 Abs. 2 HG 2021)

In § 5 Abs. 2 HG 2021 sind die flexibilisierten Titel aufgeführt. **392**

§ 5 Abs. 2 HG 2021

„Innerhalb der einzelnen Kapitel sind jeweils gegenseitig deckungsfähig:

1. Ausgaben der Hauptgruppe 4, ohne Ausgaben der Titel der Gruppe 411 und der Titel 428 .2, sowie Ausgaben der Titel 634 .3,
2. Ausgaben der Titel 511 .1, 514 .1, 517 .1, 518 .1, 519 .1, 523 .1, 525 .1, 526 .1, 526 .2, 527 .1, 527 .3, 532 .1, 532 .2, 532 .3, 539 .9, 543 .1, 544 .1 und 545 .1,
3. Ausgaben der Titel 632 .9, 636 .9, 671 .9, 681 .8, 681 .9, 684 .9, 686 .9 und 687 .9,
4. Ausgaben der Titel der Gruppen 711 bis 739,
5. Ausgaben der Titel der Hauptgruppe 8.“

Die Aufzählung in § 5 Abs. 2 Satz 1 Nr. 1–3 HG 2021 enthält zahlreiche Platzhalter „.“. Ohne diese Platzhalter müssten sämtliche Ziffern von 0 bis 9 an der vierten Stelle der Titelnummer jedes der in § 5 Abs. 2 HG 2021 ge- **393** nannten Titel gesondert aufgeführt werden. Dadurch würde dieser Absatz deutlich länger und unübersichtlicher. Daher hat der Gesetzgeber diese Form der Darstellung gewählt.

394 Der Platzhalter an der vierten Stelle der Titelnummer macht deutlich, dass die Frage, ob eine Titelgruppe vorliegt oder nicht (und wenn ja, welche) für die Frage der Flexibilisierung eines Titels grundsätzlich ohne Bedeutung ist. Die vierte Ziffer eines Titels muss bei einer Prüfung auf Flexibilisierung folglich nicht beachtet werden. Allerdings kann es sein, dass z. B. eine gesamte Titelgruppe durch einen besonderen Haushaltsvermerk von der Flexibilisierung ausgenommen wird.

395 Nun könnte man meinen, wenn die vierte Ziffer der Titelnummer schon irrelevant für die Prüfung auf Flexibilisierung ist, so müsste die fünfte Ziffer erst recht ohne Bedeutung sein. Dem ist aber nicht so. Die fünfte Ziffer eines Titels ermöglicht wesentliche Differenzierungen der Ausgaben des Bundes. Die erste, zweite, dritte und fünfte Ziffer sind also zu beachten, wenn geprüft wird, ob der Titel zu den nach § 5 Abs. 2 HG 2021 flexibilisierten Titeln zählt.

396 **Hinweis**

Titel 634 .3 in § 5 Abs. 2 Satz 1 Nr. 1 HG 2021 bezeichnet Zuweisungen an den Versorgungsfonds. Die Beamtenversorgung umfasst insbesondere die Pensionen. Um Vorsorge für künftige Pensionslasten des Bundes zu treffen, wird seit dem Jahr 2006 u. a. der Versorgungsfonds aufgebaut. Titel 634 .3 könnte deshalb auch als zukünftige Pensionsausgaben und daher im Ergebnis als Titel der Hauptgruppe 4 interpretiert werden.

397 Zu Beginn des § 5 Abs. 2 HG 2021 heißt es: „Innerhalb der einzelnen Kapitel sind jeweils gegenseitig deckungsfähig:“ Dort wird also ausschließlich *gegenseitige* Deckungsfähigkeit konstituiert. Darüber hinaus gilt die Deckungsfähigkeit nur *innerhalb* der jeweiligen Kapitel. In § 5 Abs. 5 HG 2021 ist dagegen die kapitelübergreifende Deckungsfähigkeit kodifiziert. Diese kann aber ausschließlich zugunsten der jeweiligen Zentralkapitel genutzt werden.

398 § 5 Abs. 2 HG 2021 erlaubt nicht jede Form von Deckungsfähigkeit innerhalb eines Kapitels. Schließlich heißt es ganz zu Anfang des § 5 Abs. 2 Satz 1 HG 2021: „[…] sind *jeweils* gegenseitig deckungsfähig:“ Die gegenseitige Deckungsfähigkeit gilt also jeweils nur für die innerhalb von Nr. 1 genannten Titel, die innerhalb von Nr. 2 genannten Titel usw., aber nicht für die Deckungsfähigkeit zwischen zwei Titeln aus verschiedenen Nummern.

Bei genauer Betrachtung der Nr. 1 bis 5 ist festzustellen, dass es sich bei den aufgeführten Ausgabebereichen um die flexibilisierten Titel der jeweiligen Ausgabehauptgruppen (ohne Hauptgruppe 9) handelt. In Nr. 1 sind also die flexibilisierten Titel der Hauptgruppe 4 festgelegt. In Nr. 2 werden die flexibilisierten Titel der Hauptgruppe 5 bestimmt und für gegenseitig deckungsfähig erklärt. Entsprechendes gilt für die weiteren Nummern in § 5 Abs. 2 Satz 1 HG 2021. § 5 Abs. 2 HG 2021 regelt folglich die Deckungsfähigkeit innerhalb einer Hauptgruppe bzw. die hauptgruppeninterne Deckungsfähigkeit, nicht jedoch die Deckungsfähigkeit zwischen Titeln verschiedener Hauptgruppen. Für diese hauptgruppeninterne Deckungsfähigkeit existieren keinerlei Beschränkungen hinsichtlich der Höhe der Ausgabeermächtigungen, die von einem Titel zu einem anderen transferiert werden dürfen. **399**

Sehen wir uns die Flexibilisierung in den jeweiligen Hauptgruppen genauer an. Am einfachsten ist die Rechtslage hinsichtlich Hauptgruppe 8 (§ 5 Abs. 2 Satz 1 Nr. 5 HG 2021): Hier sind sämtliche Titel flexibilisiert und damit gegenseitig deckungsfähig. Ähnlich verhält es sich mit Hauptgruppe 4 (§ 5 Abs. 2 Satz 1 Nr. 1 HG 2021). Hier sind sämtliche Titel flexibilisiert bis auf die Gruppe 411 (Aufwendungen für Abgeordnete) und die Titel 428 .2 (Entgelte für Wissenschaftlerinnen und Wissenschaftler). In den meisten Kapiteln kommen solche Titel nicht vor, sodass praktisch alle Ausgaben der Hauptgruppe 4 flexibilisiert sind. Ebenfalls leicht zu merken ist die Regelung für Hauptgruppe 7 in § 5 Abs. 2 Satz 1 Nr. 4 HG 2021: Hier sind alle Gruppen bis einschließlich 739 flexibilisiert. Relativ ausgabenstarke Gruppen wie die Gruppen 741 (u. a. Erhalt von Bundesautobahnen und Bundesfernstraßen) und 780 (u. a. Bundeswasserwege) sind allerdings nicht einbezogen. **400**

Komplizierter sind die Verhältnisse in den Hauptgruppen 5 und 6 (§ 5 Abs. 2 Satz 1 Nr. 2 und 3 HG 2021). Hier gibt es viele flexibilisierte, aber eben auch nicht flexibilisierte Titel. Die folgende „Eselsbrücke“ hilft bei der Identifikation: **401**

– Alle flexibilisierten Titel der Hauptgruppe 6 (§ 5 Abs. 2 Satz 1 Nr. 3 HG 2021) haben an der fünften Stelle der Titelnummer entweder die Ziffer „9“ oder in einem Fall die Ziffer „8“ (Titel 681 .8). Wenn also die Ziffer 1, 2, 3, 4, 5, 6 oder 7 an der fünften Stelle der Titelnummer zu finden ist, kann es sich nicht um einen in § 5 Abs. 2 Satz 1 Nr. 3 HG 2021 genannten flexibilisierten Titel handeln. So kann auch ohne einen Blick in das Gesetz die Flexibilisierung ausgeschlossen werden (umgekehrt allerdings nicht bestätigt werden).
– Noch etwas komplizierter sind die Dinge in Hauptgruppe 5 (§ 5 Abs. 2 Satz 1 Nr. 2 HG 2021). Hier finden sich an der fünften Stelle der Titelnummer die Ziffern 1, 2, 3 und 9, nicht jedoch die Ziffern 4, 5, 6, 7 oder 8.

402 Flexibilisierte Titel werden im Haushaltsplan wie folgt dokumentiert (vgl. Abb. 56):

1. Position im Haushaltsplan

   Zunächst werden die Einnahmen veranschlagt. Da es sich dabei um die Hauptgruppen 0 bis 3 handelt, entspricht dies einer logischen, numerisch aufsteigenden Veranschlagung („kleinere“ Titelnummern wie 111 01 vor „größeren“ Titelnummern wie 381 01).

   Die Ausgaben werden zwar ebenfalls numerisch aufsteigend ausgewiesen. An mehreren Stellen wird diese Form der Anordnung jedoch durchbrochen. Dies liegt u. a. daran, dass zunächst die nicht flexibilisierten Ausgaben (jeweils numerisch aufsteigend) und danach die flexibilisierten Ausgaben (jeweils ebenfalls numerisch aufsteigend) veranschlagt werden. Flexibilisierte Ausgaben stehen also „weiter hinten“ im Haushaltsplan eines flexibilisierten Kapitels.

0625 Bundespolizei

Titel Funktion	Zweckbestimmung	Soll 2021 1 000 €	Soll 2020 *Reste 2020* 1 000 €	Ist 2019 1 000 €
812 23 -042	Erwerb von Kontrollgerät für Luftsicherheit	60 200	60 200	65 334
	Verpflichtungsermächtigung ... 44 800 T€			
	davon fällig:			
	im Haushaltsjahr 2022 bis zu ... 19 200 T€			
	im Haushaltsjahr 2023 bis zu ... 19 200 T€			
	im Haushaltsjahr 2024 bis zu ... 3 200 T€			
	im Haushaltsjahr 2025 bis zu ... 3 200 T€			
	Haushaltsvermerk:			
	Mehrausgaben dürfen bis zur Höhe der Mehreinnahmen bei folgendem Titel geleistet werden: 132 01.			
	Flexibilisierte Ausgaben			
	Zusammenstellung der flexibilisierten Ausgaben nach § 5 HG			
	Aus Hauptgruppe 4 ...	2 445 341	2 261 577	2 184 016
	Aus Hauptgruppe 5 ...	388 608	326 751 *14 221*	304 583
	Aus Hauptgruppe 6 ...	92 127	62 127 *2 245*	46 264
	Aus Hauptgruppe 7 ...	82 972	13 188 *1 725*	4 506
	Aus Hauptgruppe 8 ...	624 190	296 563 *95 363*	269 847
	Zusammen ...	3 633 238	2 960 206 *113 554*	2 809 216
F 422 01 -042	*Bezüge und Nebenleistungen der planmäßigen Beamtinnen und Beamten*	*1 869 379*	*1 707 709*	*1 711 576*
	Haushaltsvermerk:			
	1. Mehrausgaben dürfen bis zur Höhe der Mehreinnahmen bei folgendem Titel geleistet werden: 111 03.			

Abb. 56: Ausweis von flexibilisierten und nicht flexibilisierten Titeln im Haushaltsplan.

Eine weitere Durchbrechung des numerisch aufsteigenden Ordnungsprinzips erfolgt durch Titelgruppen. Nichtflexibilisierte Titelgruppen (wie bei der Bundespolizei die Titelgruppe 02 „Fluggast- und Reisegepäckkontrollen") werden am Ende der nicht flexibilisierten Ausgaben, flexibilisierte Titelgruppen am Ende der flexibilisierten Ausgaben ganz am Ende des Kapitels veranschlagt.

2. Das der Titelnummer vorangestellte große „*F*" kennzeichnet die Flexibilisierung.
3. Flexibilisierte Titel sind komplett im *Kursivdruck* dargestellt.

Beispiel: Flexibilisierung

Bei der Bundespolizei (Kapitel 0625) besteht bei Titel 514 01 ein dringender Mehrbedarf in Höhe von 40 Mio. €, während bei Titel 511 01 mit Einsparungen in Höhe von 40 Mio. € zu rechnen ist (jeweils bezogen auf den im Haushaltsplan veranschlagten Sollansatz). Dürfen die Einsparungen bei Titel 511 01 für Mehrausgaben bei Titel 514 01 verwendet werden (Abb. 57)?

Wenn Einsparungen bei einem Titel für Mehrausgaben bei einem anderen Titel genutzt werden sollen, geht es um die Frage, ob vom Haushaltsgrundsatz der sachlichen Bindung (§ 45 Abs. 1 Satz 1 BHO) abgewichen werden darf. Schließlich verlangt die sachliche Bindung, dass die Ausgaben nur für den im Haushaltsplan vorgesehenen Zweck geleistet werden.

Es ist aber zu prüfen, ob die Ausnahme der Deckungsfähigkeit (Nr. 1 VV-BHO zu § 20) vorliegt. Eine Deckungsfähigkeit würde erlauben, Einsparungen bei einem oder mehreren Titeln für Mehrausgaben bei einem anderen Titel zu verwenden.

Hier könnte eine Deckungsfähigkeit kraft Haushaltsgesetzes vorliegen. Voraussetzung ist, dass das betrachtete Kapitel flexibilisiert ist (§ 5 Abs. 1 HG 2021). Kapitel 0625 ist bekanntlich in Teil I Buchstabe D des Gesamtplans aufgeführt, sodass gemäß § 5 Abs. 1 HG 2021 die Abs. 2 bis 5 anwendbar sind.

Für eine Deckungsfähigkeit nach § 5 Abs. 2 HG 2021 müssen beide Titel flexibilisiert sein und der gleichen Hauptgruppe angehören. Dies ist hier der Fall: Sowohl Titel 511 01 als auch Titel 514 01 sind in § 5 Abs. 2 Satz 1 Nr. 2 HG 2021 genannt. Folglich sind beide Titel flexibilisiert und damit gegenseitig deckungsfähig. Beide

0625 Bundespolizei

	Titel Funktion	Zweckbestimmung	Soll 2021 1 000 €	Soll 2020 *Reste 2020* 1 000 €	Ist 2019 1 000 €
F	*511 01 -042*	*Geschäftsbedarf und Kommunikation sowie Geräte, Ausstattungs- und Ausrüstungsgegenstände, sonstige Gebrauchsgegenstände, Software, Wartung*	*102 107*	*69 723*	*55 251*
F	*514 01 -042*	*Verbrauchsmittel, Haltung von Fahrzeugen und dgl.*	*82 141*	*78 872*	*66 356*

Abb. 57: Beispiel zur Flexibilisierung.

Titel weisen zudem die Kennzeichen flexibilisierter Titel auf: Kursivdruck und vorangestelltes „*F*".

Hinweis: Prüfen Sie bitte immer sowohl die abgebenden Titel als auch die aufnehmenden Titel auf Flexibilisierung! Wäre z. B. nur der abgebende Titel flexibilisiert, hier Titel 511 01, nicht jedoch der aufnehmende Titel, hier 514 01, bestünde zwischen beiden Titeln keine Deckungsfähigkeit gemäß § 5 HG 2021. In Beispiel müssen folglich *beide* Titel auf Flexibilisierung geprüft werden.

Für die Begründung von Deckungsfähigkeit gemäß § 5 Abs. 2 HG 2021 ist es allein noch nicht ausreichend, dass beide beteiligten Titel flexibilisiert sind. Sie müssen sich auch im selben Ausgabenbereich befinden. Im Beispiel handelt es sich um zwei Titel der Hauptgruppe 5 bzw. der Nr. 2 in § 5 Abs. 2 Satz 1 HG 2021. Folglich reicht die hauptgruppeninterne Deckungsfähigkeit gemäß § 5 Abs. 2 HG 2021 aus, und es können grundsätzlich Mittel in unbegrenzter Höhe zwischen den beteiligten Titeln der Hauptgruppe verlagert werden. Die Nutzung der Einsparungen bei Titel 511 01 in Höhe von 40 Mio. € für Mehrausgaben bei Titel 514 01 ist also grundsätzlich zulässig.

403 **Einführendes Beispiel (Fortsetzung)**

Hier sind zunächst alle Prüfschritte und deren Ergebnisse mit dem vorherigen Beispiel identisch, außer dass wir es mit Titel 422 03 statt mit Titel 511 01 zu tun haben. Titel 422 01 ist gemäß § 5 Abs. 2 Satz 1 Nr. 1 HG 2021 flexibilisiert und damit grundsätzlich gegenseitig deckungsfähig. Auch weist Titel 422 01 die Merkmale flexibilisierter Titel auf. Allerdings befinden sich beide Titel in unterschiedlichen Hauptgruppen, nämlich Hauptgruppe 4 und Hauptgruppe 5. Folglich handelt es sich nicht um einen Anwendungsfall der hauptgruppeninternen Deckungsfähigkeit gemäß § 5 Abs. 2 HG 2021. Es wird also eine andere Rechtsgrundlage benötigt, um die Einsparungen bei Titel 514 01 für Mehrausgaben bei Titel 422 03 nutzen zu können. Eine solche Rechtsgrundlage findet sich in § 5 Abs. 3 HG 2021.

2.3.1.3 Hauptgruppenübergreifende Deckungsfähigkeit (§ 5 Abs. 3 HG 2021)

404 Die hauptgruppenübergreifende Deckungsfähigkeit ist in § 5 Abs. 3 HG 2021 geregelt.

§ 5 Abs. 3 HG 2021

„Im Verhältnis der in Absatz 2 genannten Ausgabenbereiche zueinander dürfen zusätzliche Ausgaben bis zur Höhe von 20 Prozent der Summe der Sollansätze des jeweiligen Ausgabenbereichs aus Einsparungen bei den unter Nummern 2 bis 5 in Absatz 2 genannten Ausgabenbereichen geleistet werden."

405 Was möchte der Haushaltsgesetzgeber damit sagen? Wir stellen die Lösung zunächst anhand eines Beispiels vor und vollziehen sie dann anhand des Wortlauts von § 5 Abs. 3 HG 2021 nach. Hierfür erweitern wir das Beispiel aus dem vorherigen Abschnitt um einen Titel der Hauptgruppe 7.

Beispiel: hauptgruppenübergreifende Deckungsfähigkeit

Bei der Bundespolizei (Kapitel 0625) besteht bei Titel 514 01 ein dringender Mehrbedarf in Höhe von 40 Mio. €, während bei Titel 711 01 mit Einsparungen in Höhe von 40 Mio. € zu rechnen ist (jeweils bezogen auf den im Haushaltsplan veranschlagten Sollansatz). Dürfen die Einsparungen bei Titel 711 01 für Mehrausgaben bei Titel 514 01 verwendet werden (Abb. 58)?

Auch hier sind die Prüfschritte zunächst identisch mit denen aus dem vorherigen Beispiel. Auch hier muss die Flexibilisierung aller beteiligten Titel geprüft werden; sie ist nach § 5 Abs. 2 Satz 1 Nr. 2 HG 2021 (die beiden Titel der Hauptgruppe 5) und § 5 Abs. 2 Satz 1 Nr. 4 HG 2021 (der Titel der Hauptgruppe 7) zu bejahen. Grundsätzlich besteht also zwischen den Titeln 514 01 und 711 01 gegenseitige Deckungsfähigkeit. Allerdings befinden sich die Titel in verschiedenen Hauptgruppen, sodass die Deckungsfähigkeit der Höhe nach beschränkt ist.

Gehen wir in unserem Beispiel zunächst vereinfachend davon aus, dass die beiden hier aufgeführten Titel *alle* Titel dieser Hauptgruppe im gesamten Kapitel sind. Die Summe der flexibilisierten Sollansätze der aufnehmenden Hauptgruppe, hier der Hauptgruppe 5, beträgt dann 184,248 Mio. €. Die Hauptgruppe darf insgesamt mit 20 Prozent dieser Summe aus anderen Hauptgruppen verstärkt werden. 20 Prozent von 184,248 Mio. € sind rund 36,85 Mio. €. Um diesen Betrag darf im Beispiel die Hauptgruppe 5 maximal verstärkt werden. 3,15 Mio. € von den Einsparungen aus Hauptgruppe 7 dürfen demnach nicht für die Verstärkung des Titels 514 01 genutzt werden.

Wie kann das Ergebnis des vorherigen Beispiels aus § 5 Abs. 3 HG 2021 abgeleitet werden? Zunächst ist die Frage zu klären, was dort unter dem Begriff „Ausgabenbereich" zu verstehen ist. Hiermit sind die unter den jeweiligen Nummern in § 5 Abs. 2 Satz 1 HG 2021 aufgeführten Titel gemeint, also in Nr. 1 die flexibilisierten Titel der Hauptgruppe 4 (mit einem Titel aus der Hauptgruppe 6), in Nr. 2 die flexibilisierten Titel der Hauptgruppe 5, in Nr. 3 die flexibilisierten Titel der Hauptgruppe 6 usw. **406**

0625 Bundespolizei

	Titel Funktion	Zweckbestimmung	Soll 2021 1 000 €	Soll 2020 *Reste 2020* 1 000 €	Ist 2019 1 000 €
F	*511 01 -042*	*Geschäftsbedarf und Kommunikation sowie Geräte, Ausstattungs- und Ausrüstungsgegenstände, sonstige Gebrauchsgegenstände, Software, Wartung*	*102 107*	*69 723*	*55 251*
F	*514 01 -042*	*Verbrauchsmittel, Haltung von Fahrzeugen und dgl.*	*82 141*	*78 872*	*66 356*
F	*711 01 -042*	*Kleine Neu-, Um- und Erweiterungsbauten*	*82 972*	*13 188*	*5 599*

Abb. 58: Beispiel zur hauptgruppenübergreifenden Deckungsfähigkeit.

407 Mit dem Beginn des Satzes „Im Verhältnis der in Absatz 2 genannten Ausgabenbereiche zueinander“ ist gemeint, dass die Deckungsfähigkeit zwischen den Ausgabenbereichen geregelt wird, also zwischen verschiedenen Hauptgruppen oder zwischen den verschiedenen Nummern in § 5 Abs. 2 Satz 1 HG 2021.

408 Beispielsweise kann demnach ein *flexibilisierter* Titel der Hauptgruppe 5 (Nr. 2 in § 5 Abs. 2 Satz 1 HG 2021) durch einen *flexibilisierten* Titel der Hauptgruppe 7 verstärkt werden. Allerdings sind die Verstärkungsmöglichkeiten der Höhe nach beschränkt. Es dürfen nur „zusätzliche Ausgaben bis zur Höhe von 20 Prozent der Summe der Sollansätze des jeweiligen Ausgabenbereichs [...] geleistet werden“.

409 Was ist damit gemeint? Bleiben wir bei dem Beispiel mit Titeln aus den Hauptgruppen 5 und 7. Der Titel 514 01 aus der Hauptgruppe 5 befindet sich in § 5 Abs. 2 Satz 1 Nr. 2 HG 2021. Die Begrenzung der Höhe nach bezieht sich nur auf den *aufnehmenden* Ausgabenbereich, in unserem Beispiel also die Nr. 2 – das sind die flexibilisierten Titel der Hauptgruppe 5. Es müsste also die „Summe der Sollansätze“ aller flexibilisierten Titel der Hauptgruppe 5 (Nr. 2) gebildet und davon ein Anteil von 20 Prozent berechnet werden, um die zulässige Höhe der Verstärkung der Hauptgruppe 5 zu ermitteln. Beträgt die Summe der Sollansätze der flexibilisierten Titel in Hauptgruppe 5 wie im Beispiel 184,248 Mio. € – das ist die Summe der Sollansätze im Ausgabenbereich Nr. 2 – dann darf die Hauptgruppe 5 um insgesamt 36,85 Mio. € aus Einsparungen in anderen Hauptgruppen verstärkt werden.

410 Insbesondere bei den Hauptgruppen 5, 6 und 7 muss darauf geachtet werden, nur die Ausgabeansätze der *flexibilisierten* Titel der jeweiligen Hauptgruppe zusammenzurechnen. Denn mit dem Begriff des „Ausgabenbereichs“ sind ausschließlich die flexibilisierten Titel gemeint. In den Hauptgruppen 4 und 8 sind hingegen grundsätzlich alle für unsere Zwecke relevanten Titel flexibilisiert, sodass hier regelmäßig die Summe der Sollansätze der gesamten Hauptgruppe gebildet werden darf.

411 **Definition „20 Prozent-Regel“**

Eine Hauptgruppe darf maximal 20 Prozent der Summe ihrer eigenen flexibilisierten Sollansätze zur Verstärkung aus anderen Hauptgruppen aufnehmen.

412 Zur „20 Prozent-Regel“ sind noch einige Feststellungen erlaubt.

- Entscheidend ist die *aufnehmende* Hauptgruppe, folglich diejenige, in der ein oder mehrere Titel verstärkt werden sollen – also die Hauptgruppe des deckungsberechtigten Titels. Es ist irrelevant, welcher Prozentsatz in der abgebenden Hauptgruppe eingespart bzw. abgegeben wird – das können theoretisch auch 30 oder 40 Prozent des Ausgabenbereichs sein. Der Hintergrund dieser Regelung ist folgender: Einsparungen sind haushaltsrechtlich immer zulässig. Mehrausgaben über den Sollansatz hinaus dagegen sind als Abweichung vom Grundsatz der sachlichen Bindung strenger reglementiert. Hier ist der Grundgedanke der „20 Prozent-Regel“: Überschreitungen von bis zu 20 Prozent der flexibilisierten Sollansätze einer Hauptgruppe sind noch vom Willen des Haushaltsgesetzgebers gedeckt. Überschreitungen von mehr als 20 Prozent jedoch weichen zu deutlich von der ursprünglichen Veranschlagung durch das Parlament ab und sind daher unzulässig.

- Grundlage für die Berechnung der 20 Prozent sind die flexibilisierten Sollansätze der aufnehmenden Hauptgruppe. Bezugspunkt der „20 Prozent-Regel“ ist hingegen nicht der aufnehmende Titel.
- Der aufnehmende Ausgabenbereich darf insgesamt um 20 Prozent der Summe seiner Sollansätze aus anderen Hauptgruppen verstärkt werden. Im vorherigen Beispiel dürfen die flexibilisierten Sollansätze der Hauptgruppe 5 insgesamt um maximal 20 Prozent überschritten werden, unabhängig davon, ob die Einsparungen vollständig in Hauptgruppe 7 erzielt werden oder aus den beiden Hauptgruppen 6 und 7 stammen. Auch bezieht sich die maximale Überschreitung auf das gesamte Haushaltsjahr und nicht etwa einen einzelnen Deckungsvorgang.
- Selbstverständlich müssen auch bei der hauptgruppenübergreifenden Deckungsfähigkeit sämtliche beteiligten Titel flexibilisiert sein – sowohl der oder die aufnehmenden Titel (deckungsberechtigte Titel) als auch der oder die abgebenden Titel (deckungspflichtige Titel).

Noch ein weiterer Aspekt ist zu beachten. Bis zum Haushaltsjahr 2020 **413**
spielte es keine Rolle, in welchem Ausgabenbereich die Einsparungen anfielen. Inzwischen heißt es aber in § 5 Abs. 3 HG 2021, dass die zusätzlichen Ausgaben nur „aus Einsparungen bei den unter Nummern 2 bis 5 in Absatz 2 genannten Ausgabenbereichen“ geleistet werden dürfen. Ausgabenbereich Nr. 1, also die Ausgaben der Hauptgruppe 4, scheidet als Einsparstelle hingegen aus. Folglich darf die Hauptgruppe 4 zwar aus anderen Hauptgruppen verstärkt, selbst jedoch nicht zur Verstärkung anderer Hauptgruppen herangezogen werden. Begründet wurde diese Einschränkung damit, dass manche Behörden ihre Planstellen und Stellen nicht besetzt und die damit verbundenen Ausgabemittel für andere Zwecke verwendet haben. Dies ist nicht mehr möglich, wenn die Hauptgruppe 4 nicht mehr deckungspflichtige (wohl aber noch deckungsberechtigte) Hauptgruppe sein darf.

Einführendes Beispiel (Aufgabe mit Lösung)

Aufgabe: Nutzen Sie die im Kapitel 0625 (Bundespolizei) ausgewiesenen Summen der flexibilisierten Sollansätze der jeweiligen Hauptgruppen, um das einführende Beispiel zu lösen!

Lösung: Der betroffene Haushaltsgrundsatz ist die sachliche Bindung (§ 45 Abs. 1 Satz 1 BHO), die zu prüfende Ausnahme ist die Deckungsfähigkeit (Nr. 1 VV-BHO zu § 20). Hier kommt nur die Deckungsfähigkeit durch Haushaltsgesetz infrage. Kapitel 0625 ist in Teil I Buchstabe D des Gesamtplans aufgeführt und damit flexibilisiert, sodass § 5 Abs. 2 bis 5 HG 2021 anwendbar ist (vgl. § 5 Abs. 1 HG 2021). Der aufnehmende Titel 422 03 ist gemäß § 5 Abs. 2 Satz 1 Nr. 1 HG 2021 flexibilisiert und damit deckungsfähig. Titel 514 01 ist gemäß § 5 Abs. 2 Satz 1 Nr. 2 HG 2021 flexibilisiert und damit ebenfalls deckungsfähig.

Da beide Titel unterschiedlichen Hauptgruppen (4 und 5) angehören, kommt nur die hauptgruppenübergreifende Deckungsfähigkeit gemäß § 5 Abs. 3 HG 2021 in Betracht. Hierbei ist die „20 Prozent-Regel" zu beachten: Eine Hauptgruppe darf maximal 20 Prozent der Summe ihrer eigenen flexibilisierten Sollansätze aus anderen Hauptgruppen aufnehmen.

Die aufnehmende Hauptgruppe ist Hauptgruppe 4. Die Summe der flexibilisierten Sollansätze dieser Hauptgruppe beträgt laut Haushaltsplan 2.445.341 T €. 20 Prozent davon sind über 489 Mio. €, also deutlich mehr als die benötigten 40 Mio. €. Die „20 Prozent-Regel" steht einer Verstärkung folglich nicht entgegen. Titel 422 03 kann um die benötigten 40 Mio. € aus Einsparungen bei Titel 514 01 verstärkt werden.

2.3.1.4 Deckungsfähigkeit durch Flexibilisierungsvermerk (§ 5 Abs. 1 Halbs. 2 HG 2021)

414 Durch Haushaltsvermerk dürfen abweichende Regelungen zur Flexibilisierung getroffen werden. Die Rechtsgrundlage hierfür findet sich in § 5 Abs. 1 Halbs. 2 HG 2021 („soweit im Einzelfall keine andere Regelung durch Haushaltsvermerk getroffen ist").

Ausgaben

Haushaltsvermerk:

Es gelten die Flexibilisierungsregelungen gem. § 5 Abs. 2 bis 5 HG.
In die Flexibilisierung einbezogen sind auch Tit. 517 02, 527 04, 671 03 und 671 04.

Ausgenommen ist Tgr. 02.

Abb. 59: Flexibilisierungsvermerk.

Der besondere Haushaltsvermerk wird als Flexibilisierungsvermerk bezeichnet. Durch ihn können weitere in § 5 Abs. 2 HG 2021 nicht genannte Titel für das jeweilige Kapitel in die Flexibilisierung einbezogen werden. In Abb. 59 trifft dies auf die Titel 517 02, 527 04, 671 03 und 671 04 zu. Diese Titel sind wegen ihrer Einbeziehung in die Flexibilisierung genauso zu bewirtschaften wie die Titel, die explizit in § 5 Abs. 2 Satz 1 HG 2021 erwähnt werden. Das bedeutet, dass alle Titel gegenseitig deckungsfähig sind. **415**

Damit erschließt sich auch die Bedeutung des Satzes 2 in § 5 Abs. 2 HG 2021. **416**

„Ausgaben anderer als der in den Nummern 1 bis 5 aufgeführten Titel, die durch Haushaltsvermerk in die flexibilisierten Ausgaben einbezogen werden, sind innerhalb der einzelnen Kapitel dem jeweiligen Ausgabenbereich nach Maßgabe ihrer Hauptgruppenzugehörigkeit zuzuordnen."

In Kapitel 0625 (Bundespolizei) sind also die durch Haushaltsvermerk in die Flexibilisierung einbezogenen Titel 517 02 und 527 04 dem Ausgabenbereich nach § 5 Abs. 2 Satz 1 Nr. 2 HG 2021 zuzuordnen, da sie der Hauptgruppe 5 angehören. In der Konsequenz sind diese Titel mit allen anderen Titeln aus dem zweiten Ausgabenbereich gegenseitig deckungsfähig. Überdies sind sie bei der Berechnung der flexibilisierten Sollansätze der Hauptgruppe 5 hinzuzurechnen, wenn die „20 Prozent-Regel" nach § 5 Abs. 3 HG 2021 angewendet wird. Zudem weisen sie die für flexibilisierte Titel geltenden Kennzeichen („*F*", *Kursivdruck*, Position im Haushaltsplan) auf. **417**

Ebenso gilt für die Titel 671 03 und 671 04, dass sie dem Ausgabenbereich nach § 5 Abs. 2 Satz 1 Nr. 3 HG 2021 zuzuordnen sind – mit allen Konsequenzen. Es gelten damit alle Regelungen für die zusätzlich durch Haushaltsvermerk in die Flexibilisierung einbezogenen Titel, als ob sie von vornherein gemäß § 5 Abs. 2 Satz 1 Nr. 3 HG 2021 flexibilisiert worden wären. **418**

Der Sinn und Zweck einer speziellen Regelung durch Haushaltsvermerk besteht darin, eine spezifische Regelung (meistens) für ein einzelnes Kapitel zu treffen, die jedoch nicht für alle Kapitel gelten soll. Die für die Bundespolizei vorgenommene Flexibilisierung der Titel 517 02, 527 04, 671 03 und 671 04 soll nur bei der Bundespolizei gelten, nicht jedoch in allen anderen Kapiteln des Bundeshaushalts. **419**

Auch der umgekehrte Fall kann durch Haushaltsvermerk realisiert werden. Titel, die in § 5 Abs. 2 HG 2021 genannt werden und damit flexibilisiert sind, können für das jeweilige Kapitel von der Flexibilisierung ausgenommen werden. Dann würde der dritte Satz in dem Haushaltsvermerk lauten: „Ausgenommen sind Titel X, Y und Z". Im Kapitel 0625 liegt die Besonderheit vor, dass dort anstelle einzelner Titel die gesamte Titelgruppe 02 (Fluggast- und Reisegepäckkontrolle) von der Flexibilisierung ausgenom- **420** men wird. Folglich sind alle Titel mit der Ziffer „2" an der vierten Stelle der Titelnummer in diesem Kapitel von der Flexibilisierung ausgenommen (genauer sind das die Titel 511 22, 671 21 und 812 23).

421 Während bei durch Haushaltsvermerk in die Flexibilisierung einbezogenen Titeln alle Regeln wie für durch Haushaltsgesetz flexibilisierte Titel gelten, so treffen für durch Haushaltsvermerk ausgenommene Titel die Regelungen der Flexibilisierung nicht mehr zu. Sie sind also nicht mehr durch Haushaltsgesetz deckungsfähig und werden nicht mehr zur Summe der flexibilisierten Sollansätze ihrer Hauptgruppe gezählt. Sie weisen auch nicht mehr die Kennzeichen flexibilisierter Titel („*F*", *Kursivdruck*, Position im Haushaltsplan) auf. Die durch Haushaltsvermerk von der Flexibilisierung ausgenommenen Titel werden also behandelt, als ob sie nicht in § 5 Abs. 2 HG 2021 erwähnt worden seien.

422 Wenn geprüft werden muss, ob und warum ein Titel flexibilisiert oder nicht flexibilisiert ist, müssen stets zwei Rechtsgrundlagen beachtet werden: Die allgemeinen Regelungen in § 5 Abs. 2 HG 2021 und die speziellen Regelungen im Flexibilisierungsvermerk des jeweiligen Kapitels!

423 Der Flexibilisierungsvermerk hat eine besondere Position im Haushaltsplan. Meistens werden Haushaltsvermerke unmittelbar bei den betroffenen Titeln ausgebracht. Dieser spezielle Vermerk findet sich aber unmittelbar unter „Ausgaben". Da der Vermerk global über den Ausgabetiteln und nicht bei einzelnen Titeln ausgewiesen ist, stellt er einen sog. Globalvermerk dar.

424 Der Flexibilisierungsvermerk macht noch einmal deutlich, dass man sich in einem flexibilisierten Kapitel befindet. Im ersten Satz heißt es: „Es gelten die Flexibilisierungsregelungen gemäß § 5 Abs. 2 bis 5 HG." Folglich kann ein solcher Vermerk auch nur in flexibilisierten Kapiteln auftauchen. Es würde keinen Sinn machen, in nicht flexibilisierten Kapiteln weitere Titel in die Flexibilisierung mit einzubeziehen, und noch weniger Sinn, Titel von der nicht vorhandenen Flexibilisierung auszunehmen.

2.3.1.5 Umfang der flexibilisierten Ausgaben in der Haushaltspraxis

425 In Teil I Buchstabe D des Gesamtplans sind nicht nur die flexibilisierten Kapitel aufgeführt, sondern auch die flexibilisierten Ausgaben der jeweiligen Einzelpläne und die Summe der flexibilisierten Ausgaben im gesamten Bundeshaushalt. Im Jahr 2021 belief sich diese Summe auf knapp 27 Mrd. €. Bei einem Gesamthaushalt von über 498 Mrd. € sind nur rund 5,4 Prozent des Ausgabevolumens im Bundeshaushalt flexibilisiert. Bezogen auf das Haushaltsvolumen inklusive Nachtragshaushalt (knapp 548 Mrd. €) beträgt der Anteil der flexibilisierten Ausgaben 4,9 Prozent. Der Anteil an den Gesamtausgaben ist pandemiebedingt etwas gesunken, da das Haushaltsvolumen insgesamt sehr stark zugenommen hat und die flexibilisierten Ausga-

ben weniger stark angestiegen sind. Aber auch im letzten „Vor-Corona-Haushalt" im Jahr 2019 betrug der Anteil der flexibilisierten Ausgaben an allen Ausgaben nur rund 6,8 Prozent. Auf der anderen Seite ist aber fast die Hälfte aller Ausgabetitel im Bundeshaushalt flexibilisiert. Wie kann das sein?

Die Titel mit besonders hohem Ausgabevolumen sind häufig nicht flexibilisiert, während viele „kleine" Titel der Flexibilisierung unterliegen. 426 Besonders ausgabenstarke Titel finden sich insbesondere in der Hauptgruppe 6 wie die Zuschüsse des Bundes zur gesetzlichen Rentenversicherung, sozialpolitisch motivierte Ausgaben wie das Arbeitslosengeld II oder Fördertitel. Hier macht Flexibilisierung oft keinen Sinn. Die Höhe der Zuschüsse zur gesetzlichen Rentenversicherung ist beispielsweise gesetzlich festgelegt. Entsprechend hoch fällt die Veranschlagung im Haushaltsplan aus. Einsparungen können bei solchen Titeln nicht anfallen, weil dies der gesetzlichen Regelung widersprechen würde. Ebenso kann es rein logisch keinen Mehrbedarf bei diesen Titeln geben. Flexibilisierte Titel finden sich dagegen insbesondere im Verwaltungshaushalt, z. B. die Personalausgaben der Hauptgruppe 4 und die sächlichen Verwaltungsausgaben der Hauptgruppe 5.

Die höchsten flexibilisierten Ausgaben aller Einzelpläne hat mit über 427 7,4 Mrd. € der Einzelplan 06 (Bundesministerium des Innern, für Bau und Heimat). Hier beträgt der Anteil der flexibilisierten an den Gesamtausgaben 40,3 Prozent und liegt damit weit über dem Durchschnitt des Bundeshaushalts. Dies liegt u. a. daran, dass im Geschäftsbereich des Bundesministeriums des Innern, für Bau und Heimat sehr personalintensive Kapitel vorhanden sind. Noch spezieller ist das Verhältnis im Kapitel 0625 (Bundespolizei). Von den rund 4,7 Mrd. € Gesamtausgaben sind über 3,6 Mrd. € oder 76,8 Prozent flexibilisiert. Die Flexibilisierung ist also bei der Bundespolizei ein besonders wichtiges Thema.

Das Haushaltsgesetz enthält in seinem § 6 Abs. 3 bis 5 weitere Regelun- 428 gen zur Deckungsfähigkeit. Abs. 3 lässt Sonderregelungen für nicht flexibilisierte Kapitel zu. Abs. 4 erklärt Titel 518 .2 für einseitig deckungsfähig (deckungsberechtigt), und Abs. 5 trifft spezielle Regelungen für den Geschäftsbereich des Bundesministeriums der Verteidigung. Diese sehr speziellen Regelungen sollen hier nicht weiter vertieft werden.

2.3.2 Deckungsfähigkeit durch Haushaltsvermerk (§ 20 Abs. 2 BHO)

Genau wie die Zweckbindung von Einnahmen kann auch die Deckungsfä- 429 higkeit von Ausgaben durch einen Vermerk im Haushaltsplan erklärt werden. Ein solcher Deckungsvermerk sollte nicht mit dem im vorherigen Abschnitt besprochenen Flexibilisierungsvermerk verwechselt werden. Der

Flexibilisierungsvermerk kann Titel in die Flexibilisierung einbeziehen und macht sie im Ergebnis u. a. kraft Haushaltsgesetzes deckungsfähig.

430 Die eigentliche Erklärung von Ausgaben als deckungsfähig durch Haushaltsvermerk basiert auf § 20 Abs. 2 BHO. Dort heißt es:

§ 20 Abs. 2 BHO

„Im Haushaltsplan können Ausgaben [...] für gegenseitig oder einseitig deckungsfähig erklärt werden, wenn ein verwaltungsmäßiger oder sachlicher Zusammenhang besteht oder eine wirtschaftliche und sparsame Verwendung gefördert wird."

Es werden also Voraussetzungen genannt, unter denen Deckungsvermerke im Haushaltsplan ausgebracht werden dürfen. Diese Voraussetzungen sind weit gefasst. In den meisten Fällen dürfte man begründen können, dass entweder ein verwaltungsmäßiger oder sachlicher Zusammenhang besteht oder aber, dass eine wirtschaftliche und sparsame Verwendung gefördert wird – schließlich reicht es bereits, wenn eine der Bedingungen erfüllt wird.

431 § 20 Abs. 2 BHO ist eine häufige Quelle für Fehler bei Prüfungen. Oft wird ausführlich und überzeugend dargelegt, warum zwischen zwei Titeln ein sachlicher Zusammenhang besteht und damit die Deckungsfähigkeit zwischen beiden Titeln begründet. Dabei spielen die Voraussetzungen für Deckungsvermerke in der Phase der Haushaltsausführung keine Rolle. Wenn kein Deckungsvermerk ausgebracht wurde, besteht nie Deckungsfähigkeit kraft Haushaltsvermerks. Dies gilt unabhängig davon, ob die Voraussetzungen für einen solchen Vermerk erfüllt sind. Umgekehrt müssen diese Voraussetzungen nicht mehr geprüft werden, wenn ein Deckungsvermerk vorliegt. Die Prüfung des § 20 Abs. 2 BHO muss vorgenommen werden, wenn der Haushaltsplan aufgestellt wird.

432 Deckungsvermerke waren früher recht häufig. Nach Einführung der Flexibilisierung hat ihre Bedeutung abgenommen. Sie kommen aber noch in nicht flexibilisierten Kapiteln vor, wie etwa in den Fachkapiteln im Einzelplan 06. Anders als bei der Deckungsfähigkeit durch Haushaltsgesetz, die ganz überwiegend gegenseitig gestaltet ist, finden sich bei der Deckungsfähigkeit kraft Haushaltsvermerks beide Erscheinungsformen – einseitig und gegenseitig.

433 Die folgenden Beispiele (Abb. 60) stammen aus dem nicht flexibilisierten Kapitel 0601 (Heimat, Gesellschaft und Verfassung) und innerhalb dieses Kapitels aus der Titelgruppe 02 (Sport).

434 Die gegenseitige Deckungsfähigkeit durch Haushaltsvermerk ist leicht zu erkennen, da die Wörter „gegenseitig deckungsfähig" bereits im Haushaltsvermerk enthalten sind. Wie bei der Zweckbindung muss es immer mindestens einen spiegelbildlichen (korrespondierenden) Haushaltsvermerk geben. Logischerweise muss die gegenseitige Deckungsfähigkeit durch Haushaltsvermerk bei mindestens zwei Ausgabetiteln erklärt sein. Es können aber auch drei oder mehr Ausgabetitel sein, die durch Haushaltsvermerk für gegenseitig deckungsfähig erklärt werden.

Ebenfalls ist es möglich, die Deckungsfähigkeit der Höhe nach zu beschränken, indem die Begrenzung in die Haushaltsvermerke aufgenommen wird. Ist eine solche Beschränkung nicht ausdrücklich in den Haushaltsvermerken erwähnt, besteht keine Beschränkung der Höhe nach, und zwar unabhängig davon, ob die Titel denselben oder unterschiedlichen Hauptgruppen angehören. Die Regelungen zur Flexibilisierung wie die „20 Prozent-Regel" spielen keine Rolle. Schließlich müssten flexibilisierte Titel gar nicht mehr durch Haushaltsvermerk für deckungsfähig erklärt werden, da sie schon gegenseitig deckungsfähig kraft Haushaltsgesetzes sind. **435**

Der sachliche Zusammenhang zwischen den beiden Titeln und damit die Zulässigkeit der im Beispiel aufgeführten Deckungsvermerke sind offensichtlich. Beide Titel gehören der Titelgruppe 02 an (Ziffer „2" an der vierten Stelle der Titelnummer), was für sich genommen schon für einen sachlichen Zusammenhang spricht. Auch die Zweckbestimmungen lassen ohne Zweifel verwandte Ziele erkennen. Diese Überlegungen sind jedoch nur bei der Aufstellung des Haushaltsplans relevant. Bei der Frage nach der Deckungsfähigkeit zwischen den Titeln müssen sie nicht noch einmal geprüft werden. **436**

0625 Bundespolizei

Titel Funktion	Zweckbestimmung	Soll 2021 1 000 €	Soll 2020 *Reste 2020* 1 000 €	Ist 2019 1 000 €
684 21 -322	Zentrale Maßnahmen auf dem Gebiet des Sports	191 501	183 371	171 889
	Verpflichtungsermächtigung .... 129 453 T€ davon fällig: im Haushaltsjahr 2022 bis zu .... 42 551 T€ im Haushaltsjahr 2023 bis zu .... 43 451 T€ im Haushaltsjahr 2024 bis zu .... 43 451 T€			
	Haushaltsvermerk: 1. Die Ausgaben sind mit folgendem Titel gegenseitig deckungsfähig: 882 21.			
882 21 -322	Zuwendungen für die Errichtung, Ausstattung und Bauunterhaltung von Sportstätten für den Hochleistungssport	20 310	18 810	14 957
	Verpflichtungsermächtigung .... 35 619 T€ davon fällig: im Haushaltsjahr 2022 bis zu .... 15 021 T€ im Haushaltsjahr 2023 bis zu .... 13 074 T€ im Haushaltsjahr 2024 bis zu .... 7 524 T€			
	Haushaltsvermerk: 1. Einsparungen dienen zur Deckung von Mehrausgaben bei folgendem Titel: 686 23. 2. Mehrausgaben dürfen bis zur Höhe der Einsparungen bei folgendem Titel geleistet werden: 684 26. 3. Die Ausgaben sind mit folgendem Titel gegenseitig deckungsfähig: 684 21.			

Abb. 60: Gegenseitige Deckungsfähigkeit kraft Haushaltsvermerks.

437 Haushaltsvermerke, die einseitige Deckungsfähigkeit erklären, sind schwieriger zu erkennen. Bei den beiden in Abb. 61 aufgeführten Titeln ist der sachliche Zusammenhang allein schon durch die Zugehörigkeit zur selben Titelgruppe (und überdies zur selben Gruppe) deutlich und damit der Vermerk zulässig.

438 Die Formulierung des einseitigen Deckungsvermerks ähnelt der Formulierung des unechten Zweckbindungsvermerks. Beim „abgebenden" Titel lautet der unechte Zweckbindungsvermerk: „Mehreinnahmen dienen zur Leistung der Mehrausgaben bei folgendem Titel: [...]". Beim einseitigen Deckungsvermerk heißt es hingegen: „Einsparungen dienen zur Deckung von Mehrausgaben bei folgendem Titel: [...]".

439 Hieran wird der wesentliche Unterschied zwischen Zweckbindung und Deckungsfähigkeit deutlich. Mehr*einnahmen* können nur bei Einnahmetiteln anfallen, und Zweckbindung steht mit Einnahmen im Zusammenhang. *Einsparungen* hingegen können nur bei Ausgabetiteln anfallen. Bei Einnahmen kann nichts eingespart werden. Deckungsfähigkeit spielt sich nur zwischen Ausgabetiteln ab.

440 Ähnliches gilt für die korrespondierenden Haushaltsvermerke. Bei der Zweckbindung lautet er bei dem zu verstärkenden Titel (also dem Ausgabetitel): „Mehrausgaben dürfen bis zur Höhe der Mehreinnahmen bei folgendem Titel geleistet werden: [...]". Bei der einseitigen Deckungsfähigkeit ist

0625 Bundespolizei

Titel Funktion	Zweckbestimmung	Soll 2021 1 000 €	Soll 2020 *Reste 2020* 1 000 €	Ist 2019 1 000 €
686 23 -322	Zuschuss für Maßnahmen zur Dopingbekämpfung	8 916	6 685	6 707
	Verpflichtungsermächtigung ... 1 807 T€ davon fällig: im Haushaltsjahr 2022 bis zu ... 407 T€ im Haushaltsjahr 2023 bis zu ... 467 T€ im Haushaltsjahr 2024 bis zu ... 933 T€ Haushaltsvermerk: 1. Die Ausgaben zu Nr. 1 der Erläuterungen sind in Höhe von 400 T€ übertragbar. 2. Die Ausgaben zu Nr. 2 und 4 der Erläuterungen sind übertragbar. 3. Mehrausgaben dürfen bis zur Höhe der Einsparungen bei folgenden Titeln geleistet werden: 684 23, 686 26 und 882 21.			
686 26 -322	Förderung von internationalen Sportprojekten und Tagungen	760	760	572
	Haushaltsvermerk: 1. Die Ausgaben sind übertragbar. 2. Einsparungen dienen zur Deckung von Mehrausgaben bei folgendem Titel: 686 23.			

Abb. 61: Einseitige Deckungsfähigkeit kraft Haushaltsvermerks.

die Formulierung dagegen: „Mehrausgaben dürfen bis zur Höhe der Einsparungen bei folgendem Titel geleistet werden: […]“. Hier macht der Unterschied zwischen Einsparungen und Mehreinnahmen sogar das einzige Unterscheidungsmerkmal aus.

Warum wird manchmal die stärker einschränkende einseitige statt der gegenseitigen Deckungsfähigkeit gewählt? Im Beispiel in Abb. 61 kann es durchaus sinnvoll sein, die Maßnahmen zur Dopingbekämpfung auszuweiten, wenn an anderer Stelle (im Sportbereich) Einsparungen anfallen. Umgekehrt könnte es aber aus Sicht des Haushaltsgesetzgebers alles andere als wünschenswert sein, wenn mehr internationale Sporttagungen besucht, aber dafür bei den Maßnahmen zur Dopingbekämpfung gespart wird. Eine solche „Einbahnstraße“ kann also durchaus gewollt sein. Ein weiterer Grund für einseitige Deckungsfähigkeit kann darin bestehen, dass der deckungsberechtigte Titel keinen Sollansatz hat. Hier würde eine gegenseitige Deckungsfähigkeit schon technisch keinen Sinn machen. **441**

Im Haushaltsplan der Bundespolizei gibt es nur eine gegenseitige Deckungsfähigkeit durch Haushaltsvermerk. Diese betrifft die drei Titel der Titelgruppe 02 (Fluggast- und Reisegepäckkontrolle). Sie erinnern sich: Diese Titelgruppe ist durch Globalvermerk von der Flexibilisierung ausgenommen, sodass keine gegenseitige Deckungsfähigkeit zwischen den Titeln durch Haushaltsgesetz besteht. Gegenseitige Deckungsfähigkeit wird aber ersatzweise durch Haushaltsvermerk geschaffen. **442**

2.3.3 Deckungsfähigkeit durch Dauergesetz (§ 20 Abs. 1 BHO)

Vor der Einführung der Flexibilisierung war die Deckungsfähigkeit durch Dauergesetz durchaus bedeutsam. Sie ist geregelt in § 20 Abs. 1 BHO. **443**

§ 20 Abs. 1 BHO

„Deckungsfähig sind innerhalb desselben Kapitels
1. gegenseitig
   die Ausgaben für Vergütungen der Angestellten und Löhne der Arbeiter,
2. einseitig
   a) die Ausgaben für Bezüge der Beamten zugunsten der Ausgaben für Vergütungen der Angestellten und Löhne der Arbeiter,
   b) die Ausgaben für Unterstützungen zugunsten der Ausgaben für Beihilfen.“

§ 20 Abs. 1 Nr. 1 BHO und damit die gegenseitige dauergesetzliche Deckungsfähigkeit hat keine Bedeutung mehr, da die beiden dort aufgeführten Gruppen inzwischen zur Gruppe 428 (Entgelte der Arbeitnehmerinnen und Arbeitnehmer) verschmolzen wurden. **444**

Die einseitige dauergesetzliche Deckungsfähigkeit gemäß § 20 Abs. 1 Nr. 2 BHO besteht theoretisch fort. Gemäß Buchst. a besteht einseitige Deckungsfähigkeit von Titeln der Gruppe 422 zugunsten von Titeln der Grup- **445** pe 428. Gemäß Buchst. b besteht einseitige Deckungsfähigkeit von Titeln der Gruppe 443 zugunsten von Titeln der Gruppe 441.

446 Gerade § 20 Abs. 1 Nr. 2 Buchst. a BHO war vor Einführung der Flexibilisierung wichtig, denn bis heute können Tarifbeschäftigte im Stellenplan auf Beamtenstellen geführt werden. In solchen Fällen war und ist es sinnvoll, wenn die Ausgabemittel ebenfalls umgeschichtet werden können.

447 Inzwischen ist nahezu die gesamte Hauptgruppe 4 flexibilisiert. Damit besteht gegenseitige Deckungsfähigkeit zwischen den Titeln und die einseitige Deckungsfähigkeit aus § 20 Abs. 1 Nr. 2 BHO ist ebenfalls weitgehend obsolet geworden. Da das jährliche Haushaltsgesetz das speziellere Gesetz ist als die BHO, haben die dort getroffenen Regelungen Vorrang.

448 Titel 428 .2 (Entgelte für Wissenschaftlerinnen und Wissenschaftler) ist von der Flexibilisierung ausgenommen. Hier könnte man einen Anwendungsfall des § 20 Abs. 1 Nr. 2 Buchst. a BHO vermuten – schließlich dürfte dieser nicht flexibilisierte Titel demnach aus Einsparungen bei Titeln der Gruppe 422 verstärkt werden. Auch diese Anwendung wird aber durch § 6 Abs. 11 HG 2021 ausgeschlossen: „§ 20 Absatz 1 der Bundeshaushaltsordnung findet auf die Festtitel 428 .2 ‚Entgelte für Wissenschaftlerinnen und Wissenschaftler' keine Anwendung."

449 Insgesamt ist die dauergesetzliche Deckungsfähigkeit damit praktisch ohne Bedeutung. Sie könnte allenfalls in nicht flexibilisierten Kapiteln anwendbar sein oder wenn einer der in der BHO für deckungsfähig erklärten Titel durch Haushaltsvermerk von der Flexibilisierung ausgenommen wurde.

2.4 Deckungsfähigkeit im Haushaltsvollzug (§ 46 BHO)

450 § 46 BHO regelt die Inanspruchnahme der Deckungsfähigkeit bei der Ausführung des Haushaltsplans. Die dort getroffenen weiteren Regelungen für die konkrete Inanspruchnahme im Einzelfall greifen also nur dann, wenn grundsätzlich Deckungsfähigkeit gemäß § 20 BHO vorliegt. § 46 BHO lautet:

§ 46 BHO

„Deckungsfähige Ausgaben dürfen, solange sie verfügbar sind, nach Maßgabe des § 20 Absatz 1 oder des Deckungsvermerks zugunsten einer anderen Ausgabe verwendet werden."

451 Ausdrücklich genannt sind hier nur die dauergesetzliche Deckungsfähigkeit und die Deckungsfähigkeit durch Haushaltsvermerk. Implizit eingeschlossen ist aber auch die (bedeutendste) Deckungsfähigkeit durch Haushaltsgesetz, da die dort getroffenen Regelungen theoretisch auch durch Haushaltsvermerke in den einzelnen Kapiteln geregelt werden könnten.

Nach § 46 BHO dürfen deckungsfähige Ausgaben zugunsten einer anderen Ausgabe nur verwendet werden, „solange sie verfügbar sind". Verfügbar ist ein Ansatz, solange die Ausgaben nicht geleistet, gesperrt, rechtlich gebunden oder für konkrete Maßnahmen verplant sind.[93] Ein gesperrter Titel kann also nicht deckungspflichtig sein. Nr. 1 VV-BHO zu § 46 erläutert genauer, dass „die bei dem deckungspflichtigen Ansatz verbleibenden Ausgabemittel voraussichtlich ausreichen [müssen], um alle nach der Zweckbestimmung zu leistenden Ausgaben zu bestreiten." **452**

Natürlich kann man nie ganz sicher sein, dass die Mittel beim abgebenden Titel ausreichen. Aber es muss eine sorgfältige Prognose angestellt werden. Ergibt sich bei dem deckungspflichtigen Titel ein höherer Bedarf als zunächst erwartet, muss die Inanspruchnahme der Deckungsfähigkeit rückgängig gemacht werden, soweit dies noch möglich ist. Die Zwecke des deckungspflichtigen Titels haben also Vorrang. **453**

Auch beim deckungsberechtigten Ansatz sind Voraussetzungen zu erfüllen. Nr. 1 VV-BHO zu § 46 verlangt: „Ein deckungsberechtigter Ansatz darf aus einem deckungspflichtigen Ansatz nur verstärkt werden, soweit bei dem deckungsberechtigten Ansatz keine Verfügungsbeschränkungen bestehen und über die Mittel voll verfügt ist." **454**

Eine Verfügungsbeschränkung kann u. a. eine Sperre sein. Nehmen Sie an, dass ein Teil des Sollansatzes bei einem Bautitel gesperrt ist, weil bei Haushaltsaufstellung noch keine Baugenehmigung vorlag. In diesem Fall wäre es widersinnig, wenn durch eine Verstärkung des Titels die Baumaßnahme trotzdem haushaltstechnisch durchgeführt werden könnte, bevor die Sperre aufgehoben wurde. Muss der gleiche Bautitel aber verstärkt werden, weil eine andere Baumaßnahme, die nicht mit der Sperre im Zusammenhang steht, teurer als erwartet ausfällt, ist dies möglich, da die Sperre dadurch nicht „umgangen" würde. **455**

Überdies muss über die Mittel beim deckungsberechtigten Titel voll verfügt sein, also die Ausgaben müssen geleistet, rechtlich gebunden oder für konkrete Maßnahmen verplant sein. Ohne einen entsprechenden Bedarf darf ein Titel nicht verstärkt werden. **456**

In der Haushaltspraxis wird diese Bedingung in aller Regel vorliegen, bevor die Verstärkung eines Titels geprüft wird. In Prüfungen sind sowohl der Bedarf des aufnehmenden Titels als auch die Einsparungen beim abgebenden Titel normalerweise bereits durch die Aufgabenstellung vorgegeben, sodass in der Regel die Voraussetzungen des § 46 BHO als erfüllt angesehen werden können. **457**

93 *Dittrich*, BHO, § 46 Rn. 2.1 (Stand: 61. Erg.-Lfg. [Aug. 2021]).

2.5 Deckungsfähigkeit von Verpflichtungsermächtigungen

458 In § 20 Abs. 2 BHO heißt es zur Deckungsfähigkeit von Verpflichtungsermächtigungen:

§ 20 Abs. 2 BHO

„Verpflichtungsermächtigungen (können) jeweils für gegenseitig oder einseitig deckungsfähig erklärt werden, wenn ein verwaltungsmäßiger oder sachlicher Zusammenhang besteht oder eine wirtschaftliche und sparsame Verwendung gefördert wird."

Die Tatsache, dass Verpflichtungsermächtigungen für deckungsfähig erklärt werden *können*, bedeutet im Umkehrschluss, dass sie es grundsätzlich *nicht* sind.

459 Nach Nr. 1 VV-BHO zu § 20 umfasst die Legaldefinition der Deckungsfähigkeit nicht nur diejenige von Ausgabeermächtigungen, sondern auch von Verpflichtungsermächtigungen. Deckungsfähigkeit ist demnach auch „die durch Haushaltsvermerk nach § 20 Abs. 2 begründete Möglichkeit, die Verpflichtungsermächtigung bei einem Titel zulasten einer oder mehrerer anderer Verpflichtungsermächtigungen zu erweitern."

460 Bei Verpflichtungsermächtigungen gibt es also ausschließlich die Deckungsfähigkeit durch Haushaltsvermerk, nicht jedoch durch Haushaltsgesetz oder Dauergesetz. Sie kann einseitig oder gegenseitig sein. Die Voraussetzungen für das Ausbringen eines Deckungsvermerks sind bei Verpflichtungsermächtigungen die gleichen wie bei Ausgabeermächtigungen. Insbesondere gelten diese Voraussetzungen nur für die Phase der Haushaltsaufstellung und nicht für die Haushaltsausführung. In der Haushaltsausführung gelten die Voraussetzungen des § 46 BHO für Verpflichtungsermächtigungen analog.

2.6 Abgrenzung von Deckungsfähigkeit und Zweckbindung

461 Die Deckungsfähigkeit von Ausgaben (Nr. 1 VV-BHO zu § 20) darf nicht verwechselt werden mit der Zweckbindung von Einnahmen (§ 8 Satz 2 BHO). Der Unterschied ist daran zu erkennen, dass bei der Zweckbindung immer ein Einnahmetitel aus den Hauptgruppen 0 bis 3 beteiligt ist, bei der Deckungsfähigkeit hingegen ausschließlich Ausgabetitel aus den Hauptgruppen 4 bis 9. Überdies ist Zweckbindung immer einseitig vom Einnahmetitel zum Ausgabetitel – andersherum macht es keinen Sinn. Deckungsfähigkeit kann einseitig sein, ist in der Regel aber gegenseitig. Die Unterschiede sind in Abb. 62 dargestellt.

462 Es sei noch einmal darauf hingewiesen, dass die wichtigste Form der Deckungsfähigkeit diejenige durch Haushaltsgesetz, also die Flexibilisierung

ist. Wichtigste Form der Zweckbindung ist die kraft Haushaltsvermerks. In keinem Fall hat Zweckbindung etwas mit Flexibilisierung zu tun.

2.7 Zusammenfassung

- In der Phase der Haushaltsaufstellung ist die Einzelveranschlagung (§ 17 Abs. 1 BHO) zu beachten: Einnahmen sind nach Entstehungsgrund, Ausgaben nach Zwecken getrennt zu veranschlagen. **463**
- Ausnahmen zur Einzelveranschlagung sind die Globale Mehrausgabe und die Globale Minderausgabe.
- In der Phase der Ausführung des Haushaltsplans ist die sachliche Bindung (§ 45 Abs. 1 Satz 1 BHO) zu beachten: Ausgaben dürfen nur zu dem im Haushaltsplan bezeichneten Zweck geleistet werden.
- Eine Ausnahme von der sachlichen Bindung ist die Deckungsfähigkeit (Nr. 1 VV-BHO zu § 20).
- Besonders bedeutend ist die gegenseitige Deckungsfähigkeit gemäß § 5 HG 2021 (Flexibilisierung). § 5 Abs. 2 HG 2021 regelt die unbegrenzte hauptgruppeninterne Deckungsfähigkeit. Bei hauptgruppenübergreifender Deckungsfähigkeit muss die „20 Prozent-Regel" beachtet werden (§ 5 Abs. 3 HG 2021). Durch eine besondere Art von Haushaltsvermerk können weitere Titel entweder in die Flexibilisierung einbezogen oder von der Flexibilisierung ausgenommen werden.
- Gemäß § 20 Abs. 2 BHO kann einseitige oder gegenseitige Deckungsfähigkeit auch durch Haushaltsvermerk erklärt werden.

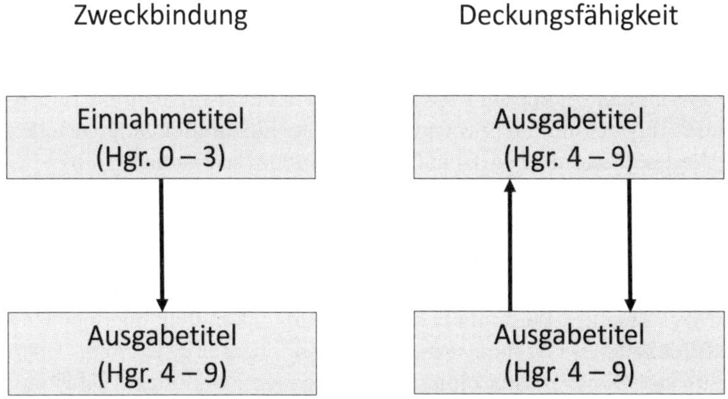

Abb. 62: Abgrenzung von Zweckbindung und Deckungsfähigkeit.

IV. Jährlichkeit und zeitliche Bindung

464 Die beiden Bestandteile des Haushaltsgrundsatzes der Jährlichkeit und der zeitlichen Bindung beziehen sich – wie beim Grundsatz der Einzelveranschlagung und der sachlichen Bindung – auf unterschiedliche Phasen des Haushaltskreislaufs. Während die Jährlichkeit bei der Haushaltsaufstellung einzuhalten ist, muss die zeitliche Bindung bei der Ausführung des Haushaltsplans beachtet werden.

1. Grundsatz

1.1 Jährlichkeit

465 Die Verfassung erlaubt eine Gültigkeit des Haushaltsgesetzes von mehreren Jahren. Art. 110 Abs. 2 Satz 1 GG legt fest: „Der Haushaltsplan wird für ein oder mehrere Rechnungsjahre, nach Jahren getrennt, vor Beginn des ersten Rechnungsjahres durch das Haushaltsgesetz festgestellt." Auch bei einem hypothetischen, fünf Jahre gültigen Haushaltsgesetz muss für jedes Jahr ein eigener Haushaltsplan aufgestellt werden – eben nach Jahren getrennt. § 1 BHO beschränkt die Gültigkeitsdauer des Haushaltsgesetzes auf ein oder zwei Jahre. Auch bei einem sog. Doppelhaushalt, also einem für zwei Jahre gültigen Haushaltsgesetz mit zwei Haushaltsplänen, muss für jedes Jahr ein eigener Haushaltsplan aufgestellt werden. In der Haushaltspraxis beschließt der Bund immer nur für ein Jahr gültige Haushaltsgesetze, sodass dem Grundsatz der Jährlichkeit Rechnung getragen wird. Nach § 4 BHO ist das Haushaltsjahr identisch mit dem Kalenderjahr.

466 Eine zeitliche Dimension des Haushaltsplans wie die Jährlichkeit ist unerlässlich. Stellen Sie sich vor, ein Haushaltsplan würde aufgestellt, ohne dass ein Zeitraum angegeben würde, für den er gültig sei. Dann wäre für die wirtschaftenden Behörden völlig unklar, wie lange sie über die Haushaltsmittel verfügen könnten und wann neue Haushaltsmittel bereitgestellt würden. Verlässliches und wirtschaftliches Handeln wäre unmöglich.

467 Für einen Zeitraum von nur einem Jahr sprechen verschiedene Gründe. Zum einen lassen sich Ausgabenbedarfe, zu erwartende Einnahmen usw. für überschaubare Zeiträume verlässlicher schätzen als für längere Zeitspannen. Zum anderen lässt sich so die Kontrolle der Haushaltswirtschaft effektiver ausüben. Bei fünfjährigen Zeiträumen könnten mögliche Unwirtschaftlichkeiten erst spät festgestellt und abgestellt werden. Überdies möchte der Haushaltsausschuss des Deutschen Bundestages jährlich sein Budgetrecht ausüben und Mittel zur Verfügung stellen und die Haushalts-

wirtschaft des abgelaufenen Jahres kontrollieren. Dies gilt umso mehr, seit das Parlament mit der Flexibilisierung den Behörden relativ weitgehende Entscheidungsspielräume gewährt hat.

Ausnahmen vom Grundsatz der Jährlichkeit existieren nicht. Der Haushaltsplan muss immer für ein Jahr aufgestellt werden. **468**

1.2 Zeitliche Bindung

Einführendes Beispiel **469**

Aufgrund ungewöhnlich schlechter Witterung kommt es im Jahr 2021 bei mehreren Baumaßnahmen der Bundespolizei (Kapitel 0625) zu Verzögerungen. Bis Dezember kommen 10 Mio. € der beim Titel 711 01 veranschlagten Ausgabeermächtigungen nicht zur Auszahlung. Die Bundespolizei und die beauftragten Baufirmen sind aber optimistisch, dass der nicht erreichte Baufortschritt im Jahr 2022 nachgeholt werden kann. Da der Haushaltsplan 2022 bereits festgestellt wurde, sind darin keine Vorkehrungen für den nachzuholenden Baufortschritt getroffen, also keine entsprechenden Mittel veranschlagt worden (Abb. 63).
Dürfen die Einsparungen bei Titel 711 01 im Jahr 2021 in das Jahr 2022 für Mehrausgaben beim gleichen Titel 711 01 übertragen werden?

Es war bereits festgestellt worden,[94] dass die Einzelveranschlagung ohne die sachliche Bindung bei der Haushaltsausführung weitgehend sinnlos wäre. Ähnlich verhält es sich mit der Jährlichkeit, die immer im Zusammenhang mit der zeitlichen Bindung in der Haushaltsausführung zu sehen ist. Ohne zeitliche Bindung würde zwar für jedes Jahr ein Haushaltsplan aufgestellt, die Ausgaben könnten aber jederzeit geleistet werden. Dies würde es erheblich erschweren, die Bedarfe für das neue Haushaltsjahr zu ermitteln und die Haushaltswirtschaft zu kontrollieren. **470**

Überdies könnte es zu Problemen mit dem Haushaltsausgleich kommen. Wenn in einem Haushaltsjahr die Ausgabeermächtigungen nicht voll ausgeschöpft werden, weil die Behörde sie erst später in Anspruch nehmen **471**

0625 Bundespolizei

Titel Funktion	Zweckbestimmung	Soll 2021 1 000 €	Soll 2020 *Reste 2020* 1 000 €	Ist 2019 1 000 €
F 711 01 -042	*Kleine Neu-, Um- und Erweiterungsbauten*	*82 972*	*13 188*	*5 599*

Abb. 63: Einführendes Beispiel zur Übertragbarkeit.

94 Vgl. Rz 369.

möchte, wurden zu viele Einnahmen eingeplant, die nicht nötig waren. Im Ergebnis würde dies zu einem (unnötig) höheren Schuldenstand des Staates führen. Die zu viel erhobenen Einnahmen könnte man nutzen, um eine Rücklage für spätere Jahre zu bilden, in denen die nicht ausgeschöpften Ausgabeermächtigungen genutzt werden. In „normalen" Zeiten sind die Habenzinsen für solche Anlagen aber geringer als die Sollzinsen für Kredite, sodass eine solche Rücklagenbildung mit höheren Ausgaben verbunden wäre. Daher werden Überschüsse normalerweise möglichst kurzfristig zum Schuldenabbau genutzt. In Zeiten mit teilweise negativen Zinsen auf Staatsanleihen gilt der Vorteil einer unmittelbaren Tilgung nicht mehr. Die Einhaltung europäischer Verträge, in denen sich die Bundesrepublik dazu verpflichtet hat, einen Schuldenstand von unter 60 Prozent des Bruttoinlandsprodukts anzustreben, würde einstweilen trotzdem einen weiteren Schuldenabbau erforderlich machen.

472 Wenn dann in späteren Jahren nicht genutzte Ausgabeermächtigungen in Anspruch genommen werden, ist kein „Geld" vorhanden, mit dem diese Ausgaben gedeckt werden könnten, ohne dass der in Einnahmen und Ausgaben ausgeglichen geplante Haushalt durcheinanderkommen würde. Auch aus haushaltstechnischer Sicht ist also eine zeitliche Bindung der Haushaltsmittel zumindest hilfreich.

473 Die zeitliche Bindung ist ebenfalls in § 45 Abs. 1 Satz 1 BHO geregelt.

Definition

Nach dem Haushaltsgrundsatz der zeitlichen Bindung dürfen Ausgaben und Verpflichtungsermächtigungen nur bis zum Ende des Haushaltsjahres geleistet oder in Anspruch genommen werden.

474 In der Konsequenz bedeutet dies, dass nicht genutzte Ausgabeermächtigungen mit dem Ende des Haushaltsjahres verfallen. In unserem einführenden Beispiel könnten die nicht ausgegebenen 10 Mio. € grundsätzlich nicht in das Haushaltsjahr 2022 übertragen werden.

475 Die zeitliche Bindung hat – so wichtig sie auch ist – gravierende Nachteile. Sie kann Ursache des sogenannten „Dezemberfiebers" sein. Danach versuchen die Behörden gegen Ende des Jahres „fieberhaft", noch nicht genutzte Ausgabeermächtigungen auszuschöpfen. Es soll schon vorgekommen sein, dass alle Mitarbeiter einer Behörde zusammengerufen wurden, um gemeinsam zu überlegen, welche Ausgaben noch getätigt werden könnten.

476 Für das „Dezemberfieber" sind aufseiten der Behörden zwei Motive verantwortlich. Zum einen lässt man ungern zur Verfügung stehende Ausgabeermächtigungen verfallen nach dem Motto: Lieber die Mittel für die eigene

Behörde nutzen, auch wenn der Bedarf nicht so groß ist, bevor sie für andere Zwecke verwendet werden. Hinzu kommt die Sorge, dass nicht ausgeschöpfte Ausgabeermächtigungen dem Haushaltsgesetzgeber den Eindruck vermittelten, bei der Behörde bestünde ein grundsätzlich geringerer Bedarf. Ob diese Sorge gerechtfertigt ist, kommt sicherlich auf den Einzelfall an. Nehmen wir als Beispiel den uns schon bekannten „Tanktitel" 514 01. Kommt es hier coronabedingt zu weniger Fahrten, ist eine dauerhafte Kürzung nicht gerechtfertigt. Ist der Flottenverbrauch aufgrund verbrauchsarmer Fahrzeuge hingegen auf absehbare Zeit gesunken, so erscheint eine dauerhafte Absenkung des Sollansatzes sinnvoll. Nebenbei: Im unmittelbar folgenden Haushaltsjahr kann es meist ohnehin nicht zu Kürzungen kommen, da die Minderausgaben erst dann feststehen, wenn normalerweise auch schon der neue Haushaltsplan festgestellt wurde.

Dass bei Ausgaben, die im Zuge des „Dezemberfiebers" getätigt werden, **477**
Wirtschaftlichkeitsüberlegungen nicht an erster Stelle stehen, erscheint offensichtlich. Natürlich können die Behörden es hierbei nicht übertreiben. Denn unwirtschaftliche Ausgaben wird u. a. der Bundesrechnungshof feststellen und monieren. Viele Untersuchungen haben die Relevanz des „Dezemberfiebers" bestätigt. Um diese jedoch eindeutig nachweisen zu können, müssen andere Ursachen für einen Anstieg der Ausgaben im vierten Quartal gegenüber den anderen Quartalen „herausgerechnet" werden.

Andere Ursachen können z. B. im Personalbereich liegen. Tarifbeschäf- **478**
tigte erhalten Weihnachtsgeld und Leistungsprämien meist gegen Ende des Jahres. Im Baubereich wird nach Baufortschritt gezahlt, der erst im vierten Quartal ermittelt wird. Auch bei wiederkehrenden Beschaffungen und Dienstleistungen wird oft gegen Ende des Jahres abgerechnet. Schließlich können sich steigende Ausgaben im vierten Quartal aus einem vernünftigen Verhalten ergeben: Zunächst werden die Mittel zurückgehalten, um für eventuelle besondere Bedarfe gewappnet zu sein. Zeigt sich im Laufe des Jahres, dass keine besonderen Bedarfe eingetreten sind, so können gegen Ende des Jahres zwar wichtige, aber nicht „lebenswichtige" Ausgaben geleistet werden. Hinweis: Das Wetter begründet normalerweise keinen übermäßigen Ausgabenanstieg im vierten Quartal. Im ersten Quartal ist es im Durchschnitt mindestens genauso kalt.

Wegen der Nachteile der zeitlichen Bindung gibt es zahlreiche Ausnah- **479**
men von diesem Grundsatz. Inzwischen gilt rein zahlenmäßig bei der Mehrzahl der Titel eine Ausnahme, auch wenn diese Titel deutlich weniger als die Hälfte aller Ausgaben im Bundeshaushalt ausmachen. Im europäischen Haushaltsrecht ist es sogar so, dass die zeitliche Bindung die Ausnahme und die Übertragbarkeit den Regelfall darstellt.

2. Ausnahme: Übertragbarkeit

2.1 Begriffsbestimmung

480 Eine Ausnahme vom Grundsatz der zeitlichen Bindung ist die Übertragbarkeit. Sie ist definiert in Nr. 1 VV-BHO zu § 19.

Definition

Übertragbarkeit ist die Möglichkeit, Ausgaben, die am Ende eines Haushaltsjahres noch nicht geleistet worden sind, für den jeweiligen Zweck über das Haushaltsjahr hinaus als Ausgabereste verfügbar zu halten.

481 Diese Definition soll zunächst anhand eines Beispiels verdeutlicht werden, bevor einzelne Aspekte genauer betrachtet werden.

Beispiel: Übertragbarkeit

Beim Titel 812 04 (Erwerb von Waffen und Gerät) im Kapitel 0625 mit einem Sollansatz von knapp 93 Mio. € im Jahr 2020 sei es zu Minderausgaben in Höhe von 10 Mio. € gekommen. 4 Mio. € davon haben sich dadurch ergeben, dass eine Waffenlieferung günstiger beschafft werden konnte als erwartet. 6 Mio. € Minderausgaben sind entstanden, weil ein Unternehmen die zum 01.12.2020 zugesagte Lieferung nicht einhalten konnte. Die Lieferung soll stattdessen am 01.03.2021 erfolgen. Die Ausgabeermächtigungen beim Titel 812 04 sind übertragbar. Übertragbarkeit ist Grundvoraussetzung dafür, dass der Beauftragte für den Haushalt über die Bildung von Ausgaberesten nachdenkt. Die gebildeten Ausgabereste können maximal so hoch sein wie die Minderausgaben. Hierfür muss der Beauftragte für den Haushalt zunächst eine Bedarfsprüfung vornehmen. Im vorliegenden Fall nehmen wir an, dass er zu dem Ergebnis kommt, dass die 6 Mio. € für die verzögerte Lieferung im kommenden Jahr dringend benötigt werden. Ein darüber hinausgehender Bedarf besteht aber nicht.
Der Beauftragte für den Haushalt bildet folglich Ausgabereste in Höhe von 6 Mio. €. Diese erhöhen die Ausgabeermächtigungen beim Titel 812 04 im Jahr 2021 von 122.811 T € auf 128.811 T €.

2020		**2021**	
Titel F 812 04	*Erwerb von Waffen und Gerät*	*Titel F 812 04*	*Erwerb von Waffen und Gerät*
	in 1.000 €		in 1.000 €
Sollansatz	92.968	Sollansatz	122.811
– Istausgaben	82.968	+ Ausgaberest	**6.000**
= Minderausgaben	10.000	= Ausgabeermächtigung	**128.811**
davon Ausgaberest	**6.000** →		

Zunächst einmal handelt es sich bei der Übertragbarkeit um eine bloße Möglichkeit. Wird der Sollansatz nicht voll ausgeschöpft, so müssen keinesfalls Ausgabeermächtigungen in das nächste Haushaltsjahr übertragen werden, wenn die Ausnahme der Übertragbarkeit vorliegt. Dies bedeutet ferner, dass die Minderausgaben nicht zwingend in voller Höhe in das folgende Haushaltsjahr übertragen werden müssen. Vielmehr entscheidet der Beauftragte für den Haushalt, ob und in welcher Höhe Mittel übertragen werden. Denkbar sind z. B. auch 50 Prozent der Minderausgaben, wenn im folgenden Haushaltsjahr kein höherer Bedarf besteht. **482**

Ferner besagt die Definition, dass Ausgaben „für den jeweiligen Zweck“ (bzw. wörtlich in Nr. 1 VV-BHO zu § 19 BHO: „für die jeweilige Zweckbestimmung“) verfügbar gehalten werden können. Mit Zweck bzw. Zweckbestimmung ist der jeweilige Titel gemeint. Die nicht genutzte Ausgabeermächtigung wird also für ein und denselben Titel (also den gleichen, bei dem die Minderausgaben entstanden sind) in einem späteren Haushaltsjahr verfügbar gehalten und erhöht dort die Ausgabeermächtigung. Die Minderausgaben können nicht für einen anderen Titel als den, bei dem sie angefallen sind, im folgenden Haushaltsjahr verwendet werden. Kam es im Jahr 2021 bei Titel 711 01 zu Einsparungen, erlaubt die Übertragbarkeit eine Erhöhung der Ausgabeermächtigungen nur bei Titel 711 01 in späteren Haushaltsjahren. **483**

Selbstverständlich meint Übertragbarkeit noch weniger die Verstärkung von Titel 712 01 aus Einsparungen bei Titel 711 01 im selben Haushaltsjahr – das ist bekanntlich die Deckungsfähigkeit! Natürlich könnte man im alltäglichen Sprachgebrauch auch sagen, dass die Mittel von Titel 711 01 zu Titel 712 01 „übertragen“ werden. Aber haushaltsrechtlich heißt der korrekte Begriff „Deckungsfähigkeit“ und hat andere Rechtsgrundlagen, Voraussetzungen und Konsequenzen. Deckungsfähigkeit erlaubt das „Verschieben“ von Mitteln zwischen *verschiedenen* Ausgabetiteln im *selben* Haushaltsjahr, Übertragbarkeit erlaubt das „Verschieben“ von Mitteln zum *selben* Ausgabetitel in *unterschiedlichen* Haushaltsjahren. **484**

Schließlich besagt die Definition, dass die Ausgaben „als Ausgabereste“ verfügbar gehalten werden können. Übertragbarkeit ist Grundvoraussetzung dafür, dass solche Ausgabereste gebildet werden dürfen. Liegt hingegen Übertragbarkeit vor, müssen noch weitere Schritte eingeleitet werden, damit Ausgabereste gebildet und in Anspruch genommen werden können. Darauf wird später noch genauer einzugehen sein. **485**

Bisweilen werden Ausgabereste mit Minderausgaben gleichgesetzt. Dies ist allein deshalb schon unzutreffend, weil nicht immer sämtliche Minderausgaben übertragen werden, sondern der Beauftragte für den Haushalt **486** nach einer Prüfung des Bedarfs auch entscheiden kann, nur von einem Teil der Minderausgaben oder sogar überhaupt keine Ausgabereste zu bilden. Auch gäbe es nach der Logik der Gleichsetzung von Minderausgaben und Ausgaberesten auch Ausgabereste bei Titeln, bei denen gar keine Übertragbarkeit vorliegt. Das wäre absurd. Die nicht in Anspruch genommenen Ausgabeermächtigungen werden also als Minderausgaben bezeichnet, Einsparungen oder als nicht in Anspruch genommene Ausgabeermächtigungen. Ausgabereste werden hingegen bewusst nach Bedarfsprüfung dem Beauftragten für den Haushalt gebildet. Die beiden Konzepte weichen immer inhaltlich und teilweise auch betragsmäßig voneinander ab.

487 Mit der Übertragbarkeit werden verschiedene Zwecke verfolgt. Zum einen soll dem „Dezemberfieber" entgegengewirkt und damit die Wirtschaftlichkeit gefördert werden. Darüber hinaus wären längerfristige Projekte wie mehrjährige Beschaffungen oder Baumaßnahmen sonst nur deutlich schwerer umzusetzen: Kommt es zu Verzögerungen, werden sie oft erst bekannt, wenn der neue Haushaltsplan schon feststeht. Wird dann im folgenden Jahr die Verzögerung aufgeholt, so stünden ohne Übertragbarkeit keine entsprechenden Ausgabeermächtigungen zur Verfügung (und müssten erst auf Umwegen beschafft werden, sofern möglich durch Deckungsfähigkeit, falls nicht, durch Antrag auf überplanmäßige Ausgaben). Schließlich kann Übertragbarkeit erforderlich sein, um Mittel ihrer gesetzlichen Bestimmung zuzuführen, z. B. bei von der EU geförderten Programmen.

488 Übertragbarkeit ist eine Grundvoraussetzung für die Bildung von Ausgaberesten (§ 45 Abs. 2 BHO). Wir wollen im Folgenden daher genau erörtern, wann Übertragbarkeit vorliegt. Wie bei den anderen bisher behandelten Ausnahmen von Haushaltsgrundsätzen gibt es auch Übertragbarkeit durch Dauergesetz, Haushaltsgesetz oder Haushaltsvermerk. Sie werden feststellen, dass sich die Regelungen zur Übertragbarkeit mit Kenntnis der bis hierhin behandelten Haushaltsgrundsätze nahezu von selbst erschließen.

2.2 Voraussetzungen

2.2.1 Übertragbarkeit durch Dauergesetz (§ 19 Abs. 1 Satz 1 BHO)

489 § 19 Abs. 1 Satz 1 BHO ist die dauergesetzliche Rechtsgrundlage für Übertragbarkeit: „Ausgaben für Investitionen und Ausgaben aus zweckgebundenen Einnahmen sind übertragbar." Die dauergesetzlich geregelte Übertragbarkeit umfasst also zwei Elemente, die jeweils gesondert zu prüfen sind.

490 Zum einen sind Ausgaben für Investitionen übertragbar. Diese werden in § 13 Abs. 3 Nr. 2 Satz 2 BHO abgegrenzt. Grob gesagt geht es um größere und längerfristige Ausgaben. Dazu zählen die Baumaßnahmen, also die Ausgaben der Hauptgruppe 7, sowie die sonstigen Ausgaben für Investitionen und Investitionsförderungsmaßnahmen, also die Ausgaben der Hauptgruppe 8. Folglich sind sämtliche Titel mit einer „7" oder einer „8" als erster Ziffer der Titelnummer durch Dauergesetz übertragbar. Übertragbarkeit macht bei solchen langfristigen Maßnahmen Sinn, da auf Abweichungen vom ursprünglichen Zeitplan sonst nur unter größeren Schwierigkeiten reagiert werden könnte.

Einführendes Beispiel (Fortsetzung) 491

Der Titel im einführenden Beispiel – Titel 711 01 – fällt unter diese Regelung. Als Baumaßnahme bzw. Titel der Hauptgruppe 7 besteht eine Übertragbarkeit. Es dürfen grundsätzlich Ausgabereste gebildet werden. Wir werden allerdings sofort sehen, dass in diesem Fall noch eine weitere Rechtsgrundlage für eine Übertragbarkeit einschlägig ist.

Ebenfalls durch Dauergesetz übertragbar sind Ausgaben aus zweckgebundenen Einnahmen. Hierbei handelt es sich nämlich um die Ausnahme vom Grundsatz der Gesamtdeckung (§ 8 Satz 1 BHO) – die Zweckbindung von Einnahmen (§ 8 Satz 2 BHO). 492

Beispiel 493

Nehmen wir an, die Lage an den Außengrenzen der Europäischen Union macht dort Einsätze der Bundespolizei erforderlich. Die EU erhöht dafür ihre Zuschüsse an die Nationalstaaten, sodass bei Titel 272 01 in Kapitel 0625 im Jahr 2021 ein Betrag von 500 T € eingeht. Die (Mehr-)Einnahmen in Höhe von 500 T € (Einnahmen und Mehreinnahmen sind hier identisch, da der Titel keinen Sollansatz hat) werden der echten Zweckbindung entsprechend auf Titel 532 04 umgebucht.

Nun komme es aber zu logistischen Problemen beim Beginn des Auslandseinsatzes und in der Folge fließen 200 T € der Mehreinnahmen bis zum Ende des Jahres 2021 nicht ab. Im nächsten Haushaltsjahr werden diese Mittel aber dringend benötigt, da der Einsatz dann mit erhöhter Intensität fortgesetzt werden soll. Nach dem Grundsatz der zeitlichen Bindung verfielen die nicht genutzten 200 T € am Ende des Haushaltsjahres und kämen dem Gesamthaushalt zugute. Dies würde jedoch der echten Zweckbindung widersprechen, die eine obligatorische Verwendungsauflage vorsieht. Die EU stellt hier keine Mittel für den allgemeinen Bundeshaushalt bereit, sondern für ein ganz konkretes Projekt. Es entspricht also dem Sinn der echten Zweckbindung, dass die Mittel auch noch im nächsten Jahr dem Zweck entsprechend verwendet werden können. Deshalb besteht hier gemäß § 19 Abs. 1 Satz 1 BHO eine Übertragbarkeit.

Bei der unechten Zweckbindung – der Verstärkungsmöglichkeit – besteht die automatische Übertragbarkeit nicht. Schließlich handelt es sich nicht um eine obligatorische Verwendungsauflage, sondern lediglich um eine 494

Option. Geregelt ist dies in Nr. 5.5 HRB. Bei der echten Zweckbindung (Nr. 5.5.2 HRB) findet sich die Formulierung „Die haushaltsrechtlichen Folgen einer Zweckbindung von Einnahmen per Haushaltsvermerk gemäß § 19 Abs. 1 Satz 1 BHO (Übertragbarkeit) sind zu beachten.“ Vergleichbares findet sich bei der unechten Zweckbindung (Nr. 5.5.1 HRB) nicht.

495 Auch bei der unechten Zweckbindung kann für die (Mehr-)Einnahmen Übertragbarkeit bestehen, wenn die Mittel bei dem zugeordneten Ausgabetitel ohnehin übertragbar sind. Dies kann der Fall sein, wenn es sich um einen Investitionstitel der Hauptgruppen 7 oder 8 handelt – dem anderen Fall der geborenen Übertragbarkeit in § 19 Abs. 1 Satz 1 BHO. Anders als bei der echten Zweckbindung sind die Mehreinnahmen im Falle der unechten Zweckbindung jedoch nicht übertragbar, wenn beim zugehörigen Ausgabetitel keine eigene Übertragbarkeit vorliegt.

2.2.2 Übertragbarkeit durch Haushaltsgesetz (§ 5 Abs. 4 HG 2021)

496 Auch das Haushaltsgesetz ermöglicht Übertragbarkeit. In § 5 Abs. 4 HG 2021 heißt es: „Die Ausgaben der in Absatz 2 genannten Ausgabenbereiche sind übertragbar.“ Das bedeutet: Bei allen flexibilisierten Ausgabetiteln besteht Übertragbarkeit. Folglich ist grundsätzlich Übertragbarkeit kraft Haushaltsgesetzes bei

- den Titeln der Hauptgruppe 4 (mit zwei seltenen Ausnahmen),
- den in § 5 Abs. 2 HG 2021 aufgeführten Titeln der Hauptgruppen 5 und 6,
- den Titeln der Hauptgruppe 7 bis einschließlich Gruppe 739 und
- den Titeln der Hauptgruppe 8

gegeben.

497 Flexibilisierung bedeutet nicht nur gegenseitige Deckungsfähigkeit der flexibilisierten Titel, sondern auch Übertragbarkeit der Ausgabeermächtigungen bei diesen Titeln. Dem Wortlaut „Flexibilisierung“ folgend bedeutet dieses Konzept folglich nicht nur größere Flexibilität bei der Verwendung der Mittel innerhalb eines Haushaltsjahres, sondern auch über die Haushaltsjahre hinweg.

498 Die Investitionstitel der Hauptgruppen 7 und 8 sind nicht nur durch Dauergesetz übertragbar (§ 19 Abs. 1 Satz 1 BHO), sondern im Fall der Hauptgruppe 8 vollständig und in der Hauptgruppe 7 teilweise zusätzlich noch flexibilisiert und damit auch durch Haushaltsgesetz übertragbar. Hier liegt praktisch eine „doppelte Übertragbarkeit“ vor. Der Grund hierfür besteht darin, dass die (historisch jüngere) Flexibilisierung auch größere Flexibilität bei der Bildung von Ausgaberesten erlaubt. Die Übertragung von Mitteln in künftige Haushaltsjahre wird dadurch also erleichtert. Folglich müssen bei den Titeln der Hauptgruppen 7 und 8 auch immer beide Möglichkeiten geprüft werden – dauergesetzliche Übertragbarkeit nach § 19 Abs. 1 Satz 1

BHO und Übertragbarkeit gemäß § 5 Abs. 4 in Verb. mit Abs. 2 Satz 1 Nr. 4 oder 5 HG 2021.

Für das einführende Beispiel wurde bereits festgestellt, dass nicht in Anspruch genommene Ausgabeermächtigungen bei Titel 711 01 in das nächste Haushaltsjahr übertragen werden können, da es sich bei einem Titel der Hauptgruppe 7 um eine Investitionsausgabe gemäß § 19 Abs. 1 Satz 1 BHO handelt. Eine weitere Grundlage für Übertragbarkeit besteht darin, dass es sich um einen flexibilisierten Titel gemäß § 5 Abs. 2 Satz 1 Nr. 4 HG 2021 handelt, bei dem gemäß § 5 Abs. 4 HG 2021 Übertragbarkeit besteht. Hier sind also zwei Rechtsgrundlagen für Übertragbarkeit einschlägig. **499**

Werden weitere Titel nach § 5 Abs. 1 Halbs. 2 HG 2021 durch Haushaltsvermerk in die Flexibilisierung einbezogen, gelten sämtliche Regelungen für diese Titel, die auch auf die in § 5 Abs. 2 HG 2021 genannten Titel anwendbar sind. Dies trifft ebenfalls auf die Übertragbarkeit zu. Titel, die durch Haushaltsvermerk in die Flexibilisierung einbezogen werden, sind damit nicht nur mit anderen flexibilisierten Titeln gegenseitig deckungsfähig, sondern die Ausgabeermächtigungen sind auch übertragbar. **500**

Im umgekehrten Fall, wenn ein Titel, der in § 5 Abs. 2 HG 2021 genannt ist, durch Haushaltsvermerk von der Flexibilisierung ausgenommen ist, besteht bei diesem Titel folglich keine Übertragbarkeit kraft Haushaltsgesetzes. Dies schließt allerdings nicht aus, dass andere Möglichkeiten der Übertragbarkeit gegeben sind, z. B. bei Ausgaben für Investitionen. **501**

Beispiel

Wenn der Titel 811 01, der in flexibilisierten Kapiteln zu den flexibilisierten Titeln im Sinne von § 5 Abs. 2 Satz 1 Nr. 5 HG 2021 zählt, durch Haushaltsvermerk von der Flexibilisierung ausgenommen wurde, besteht trotzdem Übertragbarkeit. Schließlich handelt es sich immer noch um eine Ausgabe für Investitionen, die nach § 19 Abs. 1 Satz 1 BHO übertragbar ist.

2.2.3 Übertragbarkeit durch Haushaltsvermerk (§ 19 Abs. 1 Satz 2 BHO)

Übertragbarkeit kann durch einen Vermerk im Haushaltsplan erklärt werden. Rechtsgrundlage hierfür ist § 19 Abs. 1 Satz 2 BHO: „Andere Ausgaben können im Haushaltsplan für übertragbar erklärt werden, wenn dies ihre wirtschaftliche und sparsame Verwendung fördert.“ Diese spezielle Art des Haushaltsvermerks wird als Übertragungsvermerk (teilweise auch als Übertragbarkeitsvermerk) bezeichnet. **502**

Die Voraussetzung für das Ausbringen eines solchen Haushaltsvermerks – Förderung der wirtschaftlichen und sparsamen Verwendung – kennen Sie schon von den Deckungsvermerken. Auch beim Übertragungsvermerk beziehen sich diese Anforderungen auf die Phase der Haushaltsaufstellung. **503**

0625 Bundespolizei

Titel Funktion	Zweckbestimmung	Soll 2021 1 000 €	Soll 2020 *Reste 2020* 1 000 €	Ist 2019 1 000 €
532 04 -042	Verwendung, Einsätze und Maßnahmen der Bundespolizei außerhalb des Bundesgebiets Verpflichtungsermächtigung ..... 7 900 T€ davon fällig: im Haushaltsjahr 2022 bis zu ..... 2 700 T€ im Haushaltsjahr 2023 bis zu ..... 4 200 T€ im Haushaltsjahr 2024 bis zu ..... 1 000 T€ Haushaltsvermerk: **1. Die Ausgaben sind übertragbar.**	42 707	23 960	16 722

Abb. 64: Übertragungsvermerk.

Bei der Ausführung des Haushaltsplans muss, wenn ein Übertragungsvermerk vorliegt, nicht erneut geprüft werden, ob er eine wirtschaftliche und sparsame Verwendung fördert. Umgekehrt nützt es nichts, wenn zwar nachvollziehbar begründet würde, dass eine wirtschaftliche und sparsame Verwendung gefördert wird, wenn kein Übertragungsvermerk vorliegt. In diesem Fall besteht keine Übertragbarkeit kraft Haushaltsvermerks.

504 Übertragungsvermerke sind leicht zu erkennen (vgl. Abb. 64). Der Text von Übertragungsvermerken lautet: „Die Ausgaben sind übertragbar."

2.3 Abgrenzungsfragen

2.3.1 Deckungsfähigkeit und Flexibilisierung

505 Die Konzepte der Flexibilisierung und der Deckungsfähigkeit weisen große Schnittmengen auf, sind aber keinesfalls identisch. In diesem Abschnitt wurde erörtert, dass Flexibilisierung auch Übertragbarkeit bedeutet. Flexibilisierung ist damit weit mehr als nur Deckungsfähigkeit. Im vorherigen Abschnitt haben wir gesehen, dass es auch noch andere Grundlagen für Deckungsfähigkeit geben kann als Flexibilisierung, insbesondere Deckungsvermerke. Gemeinsamkeiten und Unterschiede von Flexibilisierung und Deckungsfähigkeit sind in Abb. 65 dargestellt.

2.3.2 Deckungsfähigkeit und Übertragbarkeit

506 Deckungsfähigkeit und Übertragbarkeit dürfen nicht miteinander verwechselt werden. Bei der Deckungsfähigkeit (Nr. 1 VV-BHO zu § 20) handelt es sich um die Ausnahme vom Grundsatz der sachlichen Bindung. Die Übertragbarkeit hingegen (Nr. 1 VV-BHO zu § 19 BHO) ist die Ausnahme vom Grundsatz der zeitlichen Bindung.

507 Während bei der Deckungsfähigkeit Einsparungen bei einem (oder mehreren) Ausgabetitel für Mehrausgaben bei einem *anderen* Ausgabetitel *im*

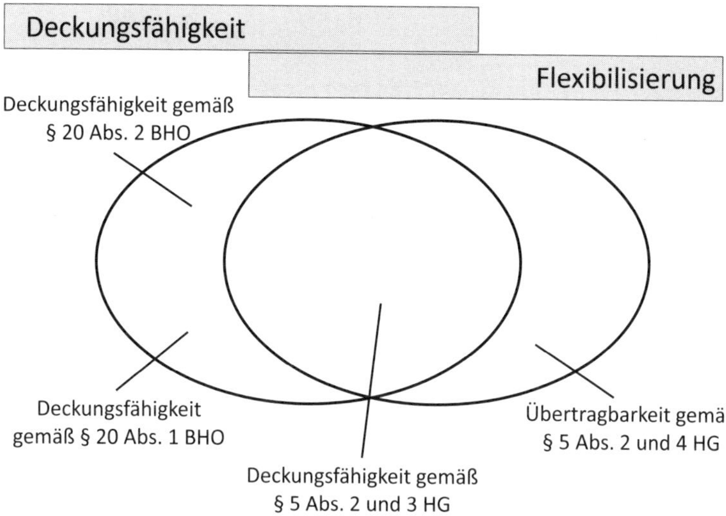

Abb. 65: Gemeinsamkeiten und Unterschiede zwischen Flexibilisierung und Deckungsfähigkeit.

selben Haushaltsjahr genutzt werden dürfen, können bei der Übertragbarkeit Einsparungen bei einem Ausgabetitel zum *selben Ausgabetitel im folgenden Haushaltsjahr* übertragen werden. Dieser Unterschied ist in Abb. 66 dargestellt.

Eine Verwechselung von Deckungsfähigkeit und Übertragbarkeit mit der **508**
Zweckbindung sollte ausgeschlossen sein, da bei der Zweckbindung bekanntlich immer mindestens ein *Einnahme*titel (Hauptgruppen 0 bis 3) beteiligt ist. Sowohl die Deckungsfähigkeit als auch die Übertragbarkeit beziehen sich jedoch auf *Ausgaben.*[95] Die Mittel bei Einnahmetiteln können weder deckungsfähig noch übertragbar sein. Liegt Zweckbindung vor, kann nach Umbuchung der Einnahmen auf den zugehörigen Ausgabetitel Übertragbarkeit bestehen.

2.4 Bildung und Inanspruchnahme von Ausgaberesten

Übertragbarkeit ist nur die Möglichkeit, noch nicht genutzte Ausgabeer- **509**
mächtigungen über das Haushaltsjahr hinaus verfügbar zu halten (Nr. 1 VV-BHO zu § 19). Damit die nicht genutzte Ausgabeermächtigung im nächsten Haushaltsjahr auch tatsächlich zur Verfügung steht, müssen nach genau vorgeschriebenem Verfahren Ausgabereste gebildet werden. Die gebildeten

95 Die Deckungsfähigkeit erfasst ebenfalls Verpflichtungsermächtigungen.

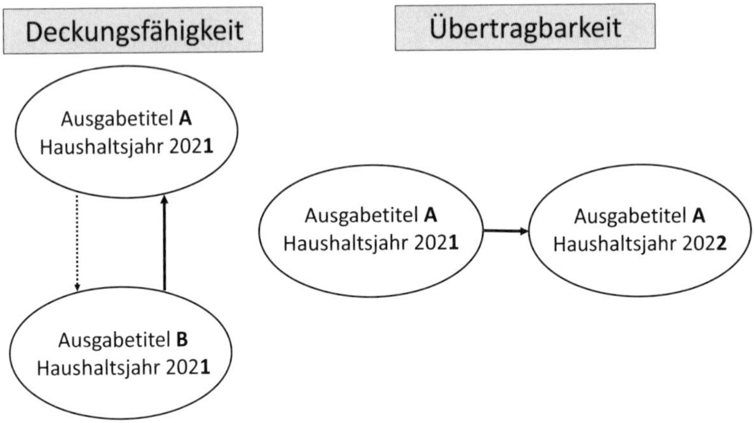

Abb. 66: Abgrenzung von Deckungsfähigkeit und Übertragbarkeit.

Ausgabereste können, müssen aber keinesfalls identisch sein mit den bei einem Titel entstandenen Minderausgaben. Werden nicht ausdrücklich Ausgabereste gebildet, verfallen die nicht genutzten Ausgabeermächtigungen mit Ablauf des Haushaltsjahres, auch wenn bei dem Titel eine Übertragbarkeit gegeben ist.

510 Nur bei übertragbaren Ausgaben können überhaupt Ausgabereste gebildet werden (§ 45 Abs. 2 Satz 1 BHO). Dieser Zusammenhang wird noch einmal durch Abb. 67 verdeutlicht.

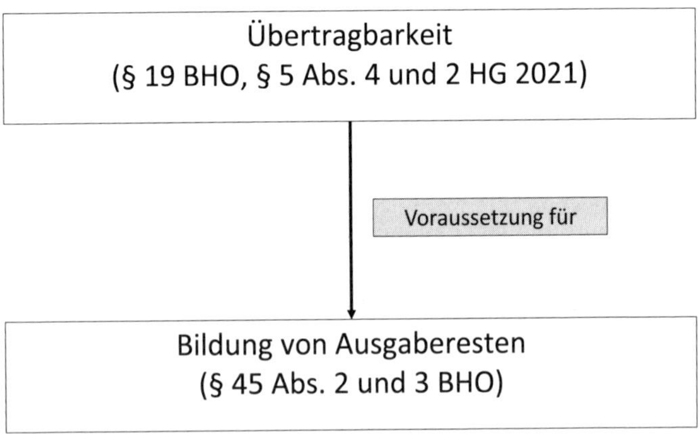

Abb. 67: Bildung von Ausgaberesten.

2.4.1 Bildung von Ausgaberesten

Die Bildung von Ausgaberesten liegt im Ermessen des Beauftragten für den Haushalt. In Nr. 3.3.5 VV-BHO zu § 9 heißt es hierzu: 511

Nr. 3.3.5 VV-BHO zu § 9

„Die oder der Beauftragte für den Haushalt hat beim Jahresabschluss festzustellen, in welcher Höhe übertragbare Ausgaben des Haushaltsplans nicht geleistet worden sind, und zu entscheiden, ob und in welcher Höhe Ausgabereste gebildet werden sollen."

Die sonstigen Aufgaben des Beauftragten für den Haushalt werden im folgenden Kapitel noch genauer erläutert.

Der Beauftragte für den Haushalt muss bei seiner Entscheidung (neben 512
der Grundvoraussetzung der Übertragbarkeit) Nr. 3 VV-BHO zu § 45 beachten: „Die Bildung von Ausgaberesten ist zulässig, soweit der Zweck der Ausgaben fortdauert, ein wirtschaftliches oder sonstiges sachliches Bedürfnis besteht und bei Ausgaben aus zweckgebundenen Einnahmen entsprechende Einnahmen eingegangen sind."

Der Zweck der Ausgabe dauert fort, wenn der Titel, bei dem Ausgabereste 513
gebildet werden sollen, auch im Haushaltsplan des Folgejahres wieder veranschlagt ist. Daneben muss eine strenge Bedarfsprüfung durchgeführt werden. Dies betont auch das Bundesministerium der Finanzen in seinen jährlichen Rundschreiben zur Haushaltsführung.

Trotzdem ist es in den letzten Jahren zu einem immer weiteren Anstieg der 514
Ausgabereste gekommen. Dies ist teilweise, aber nicht nur durch die besondere Haushaltssituation in der Corona-Krise bedingt. Im Jahr 2019 kam es zu Minderausgaben bei übertragbaren Titeln in Höhe von knapp 22 Mrd. €, von denen tatsächlich rund 17,9 Mrd. € als Ausgabereste in das Haushaltsjahr 2020 übertragen wurden (Haushaltsrechnung des Bundes 2020). Vom Haushaltsjahr 2018 in das Haushaltsjahr 2019 wurden 14,9 Mrd. €, also 3 Mrd. € weniger übertragen. Im Haushaltsjahr 2020 kam es zu einem massiven Anstieg der Minderausgaben bei übertragbaren Titeln auf über 67 Mrd. €. Dies liegt zu großen Teilen daran, dass im Haushaltsplan veranschlagte Corona-Hilfen nicht abgeflossen sind, z. B. weil sich die Auszahlung verzögert hat.

Vor diesem Hintergrund hat der Haushaltsausschuss des Deutschen Bun- 515
destages gefordert, in den kommenden Haushaltsjahren die Höhe der Ausgabereste deutlich abzubauen. Hierzu hat der Haushaltsausschuss folgende Maßgaben beschlossen, die das Bundesministerium der Finanzen in seinem Haushaltsführungsschreiben umgesetzt hat:

– Im flexibilisierten Bereich ist die Bildung von Ausgaberesten auf jährlich höchstens 85 Prozent der aus dem Vorjahr übertragbaren Mittel zu begrenzen.

- Außerhalb des flexibilisierten Bereichs sind aus dem Vorjahr gebildete Ausgabereste, sofern sie nicht rechtlich gebunden sind, in Höhe von mindestens 10 Prozent zum Ende des laufenden Haushaltsjahres in Abgang zu stellen.

516 Im flexibilisierten Bereich bezieht sich die Begrenzung auf die Summe der Minderausgaben in diesem Bereich. Während in der Vergangenheit hier teilweise für 100 Prozent der Minderausgaben Ausgabereste gebildet wurden, ist dies nun auf 85 Prozent beschränkt. Im flexibilisierten Bereich ist die Bildung von Ausgaberesten besonders attraktiv. Außerhalb des flexibilisierten Bereichs ist Bezugspunkt für die Begrenzung die Summe der aus dem Vorjahr gebildeten Ausgabereste. Diese Vorgaben muss der Beauftragte für den Haushalt bei der Bildung von Ausgaberesten beachten. Die Prozentsätze beziehen sich auf das Volumen der Ausgabereste im Einzelplan insgesamt und nicht auf die einzelnen Kapitel oder Titel.

2.4.2 Inanspruchnahme von Ausgaberesten

517 Auch für die Inanspruchnahme von Ausgaberesten gibt es verschiedene Vorschriften. In § 45 Abs. 3 BHO ist geregelt:

§ 45 Abs. 3 BHO

„Die Inanspruchnahme von Ausgaberesten bedarf der Einwilligung des Bundesministeriums der Finanzen; die Einwilligung darf nur erteilt werden, wenn in demselben oder einem anderen Einzelplan Ausgaben in gleicher Höhe bis zum Ende des laufenden Haushaltsjahres nicht geleistet werden oder wenn Ausgabemittel zur Deckung der Ausgabereste veranschlagt worden sind (§ 19 Abs. 2).“

518 Der nächste Schritt laut BHO ist somit die Einwilligung des Bundesministeriums der Finanzen. Dieser Schritt ist aber kaum von praktischer Relevanz. Im flexibilisierten Bereich hat das Bundesministerium der Finanzen in einem Rundschreiben[96] hierzu seine Einwilligung allgemein erteilt. In seinen jährlichen Rundschreiben zur Haushaltsführung erteilt das Bundesministerium der Finanzen zudem ebenfalls seine allgemeine Einwilligung für den nicht flexibilisierten Bereich für die Fälle, in denen eine konkrete zulässige Einsparstelle feststeht. Ist die Frage der Einsparungen geklärt, erfolgt die Einwilligung also automatisch.

519 Von größerer praktischer Relevanz sind die notwendigen Einsparungen, die in § 45 Abs. 3 Halbs. 2 BHO gefordert werden („die Einwilligung darf nur erteilt werden, wenn in demselben oder einem anderen Einzelplan Ausgaben in gleicher Höhe bis zum Ende des laufenden Haushaltsjahres

96 BMF-Rundschreiben „Bildung und Inanspruchnahme von Ausgaberesten im flexibilisierten Bereich“ vom 23.11.2015 – Az. II A 2 – H 1200/14/10063 (abgedruckt bei *Sauerland/Menzel*, Vorschriftensammlung Öffentliche Finanzwirtschaft, 2021, S. 483 f.).

nicht geleistet werden“). Nicht ohne Weiteres verständlich ist die Antwort auf die Frage, warum Einsparungen überhaupt notwendig sind.

2.4.3 Notwendigkeit von Einsparungen

Man könnte meinen, dass bei nicht geleisteten Ausgaben noch „Geld“ vorhanden sein muss, das für die Deckung von Ausgaberesten in das nächste Haushaltsjahr übertragen werden kann. Dem ist jedoch nicht so. Die Ausgabeermächtigungen stehen „virtuell“ im Haushaltsplan. Die einzelne Behörde verfügt weder über entsprechende Barmittel noch Bankguthaben. Werden Ausgabeermächtigungen nicht in Anspruch genommen, so führt dies über das Liquiditätsmanagement des Bundes dazu, dass die Kreditaufnahme entsprechend geringer ausfällt oder fällig werdende Kredite nicht erneuert werden. **520**

Im folgenden Haushaltsjahr ist also trotz nicht genutzter Ausgabeermächtigungen kein „Geld“ aus dem Vorjahr mehr vorhanden. Durch die übertragenen Ausgabereste erhöhen sich im nächsten Haushaltsjahr aber die Ausgabeermächtigungen. Ohne die Ausgabereste war der Haushalt in Einnahmen und Ausgaben ausgeglichen geplant (Grundsatz des Haushaltsausgleichs). Bei der Aufstellung des Haushaltsplans war noch nicht bekannt, in welcher Höhe Minderausgaben anfallen, von welchem Teil davon Ausgabereste gebildet werden und schließlich welcher Teil der gebildeten Ausgabereste tatsächlich in Anspruch genommen wird. Schließlich wird der Haushaltsplan normalerweise lange vor Beginn des folgenden Haushaltsjahres aufgestellt (Grundsatz der Vorherigkeit). Ausgabereste können hingegen erst nach Ende eines Haushaltsjahres gebildet werden, da erst dann die Höhe der Minderausgaben feststeht. **521**

Wenn nun zu dem in Einnahmen und Ausgaben ausgeglichen geplanten Haushalt weitere Ausgabeermächtigungen durch die Ausgabereste hinzukommen, kann der Haushaltsplan nicht mehr ausgeglichen sein. Der Haushaltsausgleich muss auf andere Weise hergestellt werden. Hierzu dient die Einsparauflage. Wird in Höhe der Ausgabereste an anderer Stelle gespart, bleibt der Haushaltsplan in Einnahmen und Ausgaben ausgeglichen. **522**

Eine andere Möglichkeit könnte sein, die Höhe der Ausgabereste zu schätzen und einen entsprechenden Betrag vorsorglich in den Haushaltsplan einzustellen. Fallen Ausgabereste etwa in dieser Höhe an, so wären sie durch diese Vorsorge abgedeckt. Diese Möglichkeit ist mit dem letzten Teil von § 45 Abs. 3 BHO aufgezeigt („oder wenn Ausgabemittel zur Deckung der Ausgabereste veranschlagt worden sind [§ 19 Abs. 2].“). Diese Variante hat kaum praktische Relevanz. Sie würde dazu führen, dass das Haushaltsvolumen insgesamt zunähme und dafür in der Regel eine höhere Verschuldung erforderlich würde. Deshalb wird in der Haushaltspraxis der Weg der Einsparungen verlangt. **523**

2.4.3.1 Arten von Einsparauflagen

524 Die Einsparauflagen unterscheiden sich je nach Rechtsgrundlage der Übertragbarkeit erheblich.

1. Im flexibilisierten Bereich sorgt das Bundesministerium der Finanzen für die Deckung der Ausgabereste durch Einsparungen im Gesamthaushalt.[97] Dies gelingt dem Bundesministerium der Finanzen durch den sogenannten „Bodensatz“: In jedem Haushaltsjahr fallen Minderausgaben an. Werden die Sollansätze aber nicht voll ausgeschöpft, bleibt noch Raum für zusätzliche Ausgaben auf Grundlage von Ausgaberesten aus vergangenen Jahren, ohne dass der Haushaltsausgleich gefährdet würde. Auch weil die einzelnen Kapitel oder Einzelpläne keine Einsparungen in ihren Bereichen vornehmen müssen, ist die Bildung von Ausgaberesten im flexibilisierten Bereich so beliebt.

525 2. Im nicht flexibilisierten Bereich muss im jeweiligen Einzelplan eingespart werden.[98] Faktisch bedeutet dies meistens, dass in dem Kapitel gespart werden muss, das von den Ausgaberesten profitiert. In den BMF-Rundschreiben zur Haushaltsführung ist überdies eine Negativliste von Ausgaben aufgeführt, die nicht als Einsparstelle genutzt werden dürfen. Hierzu zählen gesperrte Ausgaben, auf gesetzlichen Verpflichtungen beruhende Ausgaben, Investitionen und flexibilisierte Ausgaben.

526 Die Notwendigkeit von Einsparungen im eigenen Einzelplan oder Kapitel macht die Bildung und Inanspruchnahme von Ausgaberesten im nicht flexibilisierten Bereich deutlich unattraktiver. In der Haushaltspraxis werden Ausgabereste im nicht flexibilisierten Bereich soweit wie möglich vermieden und stattdessen andere aus dem gleichen Titel zu zahlende Maßnahmen vorgezogen.

527 Völlig ohne Nutzen sind die Ausgabereste im nicht flexibilisierten Bereich dennoch nicht. Sie erlauben, bei dem Titel, bei dem Ausgabereste gebildet wurden, in Zukunft höhere Ausgaben zu leisten, wenn bei einem anderen Titel Einsparungen anfallen. Dies entspricht exakt der Definition einer Ausnahme von der sachlichen Bindung, nämlich der Deckungsfähigkeit. Durch die Bildung von Ausgaberesten kann ein Titel also in künftigen Haushaltsjahren quasi deckungsfähig gemacht werden. Die Mehrzahl der nicht flexibilisierten Titel ist nicht deckungsfähig – Deckungsvermerke sind eine Ausnahme und nicht die Regel. Somit ist immerhin ein gewisser Vor-

97 Geregelt im BMF-Rundschreiben „Bildung und Inanspruchnahme von Ausgaberesten im flexibilisierten Bereich“ vom 23.11.2015 (oben Fn. 96).

98 Geregelt in den jährlichen Rundschreiben des BMF zur Haushaltsführung; siehe exemplarisch Haushaltsführungsrundschreiben 2021 vom 18.12.2020 (abgedruckt bei *Sauerland/Menzel*, Vorschriftensammlung Öffentliche Finanzwirtschaft, 2021, S. 453 ff.).

teil mit der Bildung und Inanspruchnahme von Ausgaberesten auch im nicht flexibilisierten Bereich verbunden.

Für den Spezialfall von Ausgaberesten bei Ausgaben aus zweckgebundenen Einnahmen hat das Bundesministerium der Finanzen in seinen jährlichen Rundschreiben zur Haushaltsführung festgelegt, dass Einsparungen zulasten des Gesamthaushaltes (also wie im flexibilisierten Bereich) *möglich* sind, grundsätzlich aber in dem von den Ausgaberesten profitierenden Einzelplan gespart werden *soll* (wie im nicht flexibilisierten Bereich). **528**

In der Haushaltspraxis beschränkt sich die Bildung und Inanspruchnahme trotz komplexer Regelungen in der BHO meist auf wenige Schritte: **529**

1. Bildung der Ausgabereste durch den Beauftragten für den Haushalt (mit Bedarfsprüfung und unter Beachtung der vom Haushaltsausschuss veranlassten Beschränkungen);
2. Vornahme von Einsparungen
   a) im nicht flexibilisierten Bereich: Einsparstelle im gleichen Einzelplan;
   b) im flexibilisierten Bereich: Einsparungen durch das Bundesministerium der Finanzen im Gesamthaushalt;
   c) bei Ausgaben aus zweckgebundenen Einnahmen: Möglichkeit von Einsparungen durch das Bundesministerium der Finanzen im Gesamthaushalt.

In allen drei Fällen ist die Einwilligung des Bundesministeriums der Finanzen automatisch erteilt.

2.4.3.2 Verfügbarkeit von Ausgaberesten

Gemäß § 45 Abs. 2 Satz 1 BHO bleiben Ausgabereste „bis zum Ende des auf die Bewilligung folgenden zweitnächsten Haushaltsjahres“ verfügbar, also bis zu zwei Jahre nach Ablauf des Haushaltsjahres, in dem die Ausgabereste gebildet wurden. **530**

Beispiel

So bleibt z. B. ein Ausgaberest aus dem Haushaltsjahr 2021 bis Ende 2023 verfügbar.

Für Ausgabereste im flexibilisierten Bereich hat das Bundesministerium der Finanzen in einem Rundschreiben eine Ausnahme von der zeitlichen Verfügungsbeschränkung aus § 45 Abs. 2 BHO zugelassen. Hier stehen die Ausgabereste ohne zeitliche Begrenzung zur Verfügung. Diese Praxis entspricht der Zielsetzung der Haushaltsflexibilisierung, die eine überjährige Verfügbarkeit ohne zeitliche Begrenzung der nicht in Anspruch genommenen flexibilisierten Ausgabeermächtigungen zum Ziel hat. Die unbegrenzte **531**

0625 Bundespolizei

Titel Funktion	Zweckbestimmung	Soll 2021 1 000 €	Soll 2020 *Reste 2020* 1 000 €	Ist 2019 1 000 €
532 05 -042	Kosten im Zusammenhang mit Projekten der Europäischen Union und der Vereinten Nationen	-	- *758*	1 779

Abb. 68: Veranschlagung von Ausgaberesten im nicht flexibilisierten Bereich.

Verfügbarkeit ist ein weiterer Grund für die Beliebtheit von Ausgaberesten im flexibilisierten Bereich.

532 Durch die Höhe und lange Verfügbarkeit von Ausgaberesten entsteht eine Art „Bugwelle" von potenziellen Ausgabeermächtigungen, die immer wieder auf Kritik stößt. U. a. wird moniert, dass dadurch hohe Schattenhaushalte entstünden, die sich der parlamentarischen Kontrolle entzögen und die Haushaltsplanung erheblich erschwerten. Aus diesen Gründen hat auch der Haushaltsausschuss des Bundestages die zuvor beschriebenen Beschränkungen von Ausgaberesten verlangt.

2.4.3.3 Veranschlagung von Ausgaberesten

533 Wie viele Regelungen bei den Ausgaberesten hängt auch die Veranschlagung im Haushaltsplan davon ab, ob die Reste im flexibilisierten oder im nicht flexibilisierten Bereich gebildet wurden. Im nicht flexibilisierten Bereich werden die Ausgabereste titelbezogen ausgewiesen (vgl. Abb. 68).

534 Unter dem Sollansatz 2020 – im Beispiel ist kein Soll vorhanden – werden in dem hier dargestellten Auszug aus dem Haushaltsplan die „*Reste 2020*" kursiv dargestellt. Hier wurden also Ausgabereste in Höhe von 758.000 € gebildet. Der Titel 532 05 ist uns schon einmal im Zusammenhang mit der echten Zweckbindung begegnet. Die echte Zweckbindung war hier auch Rechtsgrundlage für die Übertragbarkeit und damit die Bildung von Ausgaberesten (keine Investition, keine Flexibilisierung, kein Übertragungsvermerk).

535 Es muss betont werden, dass im Haushaltsplan 2021 die von 2019 nach 2020 übertragenen Ausgabereste ausgewiesen sind. Die vom letzten in das aktuelle Haushaltsjahr übertragenen Ausgabereste können dem Haushaltsplan nicht entnommen werden, da die Ausgabereste ja erst im Laufe des aktuellen Haushaltsjahres gebildet werden. Im Haushaltsplan ebenfalls nicht ersichtlich sind in der Vergangenheit gebildete, aber noch nicht in Anspruch genommene Ausgabereste, die weiterhin zur Verfügung stehen.

536 Die Veranschlagung von Ausgaberesten im flexibilisierten Bereich wird in Abb. 69 erneut auszugsweise aufgegriffen.

537 Abb. 69 war bereits im Zusammenhang mit der Summe der flexibilisierten Sollansätze der einzelnen Hauptgruppen betrachtet worden. Wie bei den einzelnen Titeln sind auch hier die Sollwerte für das aktuelle Haushaltsjahr und

0625 Bundespolizei

Titel Funktion	Zweckbestimmung	Soll 2021 1 000 €	Soll 2020 *Reste 2020* 1 000 €	Ist 2019 1 000 €
	Flexibilisierte Ausgaben			
	Zusammenstellung der flexibilisierten Ausgaben nach § 5 HG			
	Aus Hauptgruppe 4	2 445 341	2 261 577	2 184 016
	Aus Hauptgruppe 5	388 608	326 751 *14 221*	304 583
	Aus Hauptgruppe 6	92 127	62 127 *2 245*	46 264
	Aus Hauptgruppe 7	82 972	13 188 *1 725*	4 506
	Aus Hauptgruppe 8	624 190	296 563 *95 363*	269 847
	Zusammen	3 633 238	2 960 206 *113 554*	2 809 216

Abb. 69: Veranschlagung von Ausgaberesten im flexibilisierten Bereich.

das Vorjahr sowie das Ist-Ergebnis des Vor-Vorjahres in den jeweiligen Spalten ausgewiesen. Unter den Werten für die Summe der flexibilisierten Sollansätze je Hauptgruppe für das Vorjahr ist in kursiv jeweils auch die Summe der Ausgabereste je Hauptgruppe veranschlagt. Beispielsweise wurden im Jahr 2019 in der Hauptgruppe 5 Ausgabereste in Höhe von 14,221 Mio. € gebildet, in Hauptgruppe 6 in Höhe von 2,245 Mio. € usw. Im gesamten Kapitel wurden Ausgabereste in Höhe von 113,554 Mio. € im flexibilisierten Bereich gebildet. Die bei einzelnen Titeln gebildeten Ausgabereste werden im Haushaltsplan im flexibilisierten Bereich nicht ausgewiesen.

Einführendes Beispiel (Lösung)

Der betroffene Haushaltsgrundsatz ist die zeitliche Bindung (§ 45 Abs. 1 Satz 1 BHO), die zu prüfende Ausnahme die Übertragbarkeit (Nr. 1 VV-BHO zu § 19). Nur bei übertragbaren Ausgaben können Ausgabereste gebildet werden.

Beim Titel 711 01 handelt es sich um eine Investitionsausgabe (Hauptgruppe 7). Daher besteht Übertragbarkeit gemäß § 19 Abs. 1 Satz 1 BHO. Daneben besteht Übertragbarkeit nach § 5 Abs. 4 HG 2021, da es sich gemäß § 5 Abs. 2 Nr. 4 HG 2021 um einen flexibilisierten Titel in einem flexibilisierten Kapitel (0625) handelt.

Es liegen folglich zwei Rechtsgrundlagen für eine Übertragbarkeit vor. Damit können grundsätzlich Ausgabereste in Höhe von 10 Mio. € gebildet werden. Die Entscheidung hierüber muss der Beauftragte für den Haushalt treffen (Nr. 3.3.5 VV-BHO zu § 9). Da es sich um einen flexibilisierten Titel handelt, stellt das Bundesministerium der Finanzen die notwendigen Einsparungen (§ 45 Abs. 3 BHO) sicher.[99]

99 Vgl. BMF-Rundschreiben „Bildung und Inanspruchnahme von Ausgaberesten im flexibilisierten Bereich“ vom 23.11.2015 (oben Fn. 96).

2.5 Das „Lagebild Haushalt" der Bundespolizei

538 Die Beschäftigten der Bundespolizei erhalten jeden Monat eine Excel-Tabelle, aus der der Bewirtschaftungsstand der verschiedenen Titel im Kapitel 0625 hervorgeht. Referat 81, das im Bundespolizeipräsidium für den Haushalt zuständig ist, erstellt und versendet die Übersicht. Ein „Lagebild" dürfte bei den Polizeivollzugsbeamten auf ein größeres Interesse stoßen als eine „Bewirtschaftungsübersicht" o. ä. Die Darstellungen im „Lagebild Haushalt" sollen exemplarisch anhand von Titel 812 01 zum Stichtag 30.10.2020 verdeutlicht werden (vgl. Abb. 70).

539 Zunächst ist unter „Haushaltsplan" der Sollansatz des Titels 812 01 ausgewiesen, hier 57,481 Mio. € (auch im Lagebild Haushalt erfolgt die Darstellung wie im Haushaltsplan in 1.000 €). Die „Restmittel aus 2019" bezeichnen bei diesem Titel gebildete Ausgabereste. Um Ausgabereste bilden zu können, muss eine Ausnahme vom Haushaltsgrundsatz der zeitlichen Bindung (§ 45 Abs. 1 Satz 1 BHO) vorliegen. Titel 812 01 gehört zu den Investitionsausgaben. Folglich ist nach § 19 Abs. 1 Satz 1 BHO eine Übertragbarkeit gegeben. Ferner ist der Titel nach § 5 Abs. 2 Satz 1 Nr. 5 HG 2021 flexibilisiert. Daher besteht eine Übertragbarkeit zusätzlich gemäß § 5 Abs. 4 HG 2021. Die Bildung von Ausgaberesten ist daher grundsätzlich zulässig. Bei dem betrachteten Titel wurden insgesamt Ausgabereste in Höhe von 14,362 Mio. € gebildet. Im „Original-Lagebild" kann man zudem durch Anklicken der Felder herausfinden (hier nicht dargestellt), welcher Teil der Ausgabereste schon gebunden ist, z. B. durch Verträge, die im vergangenen

➢ Stand: 30.10.2020 =
83,33 % Jahresfortschritt

Titel	Zweckbestimmung	Haushalts-plan	Restmittel aus 2019	Änderung innerhalb Kap. 0625
0812 01	Erwerb von AVA und Bekleidung	57.481,00 T €	**+ 14.362,10 T €**	**+ 6.783,50 T €**

tatsächlich verfügbar	festgelegt	ausgegeben	verstärkt durch Einnahmen	gesamt verfügt
78.626,60 T €	18.610,10 T €	53.907,00 T €	113,30 T €	72.403,80 T €

ausgegeben zum tatsächlich verfügbar	gesamt verfügt zum tatsächlich verfügbar	noch verfügbar
69 %	92 %	6.222,80 T €

Abb. 70: Auszug aus dem „Lagebild Haushalt" der Bundespolizei.

Haushaltsjahr geschlossen wurden, aber erst im aktuellen Haushaltsjahr zu Zahlungen führen.

Bei „Änderungen innerhalb Kapitel 0625“ geht es um Deckungsfähigkeit (Nr. 1 VV-BHO zu § 19) als Ausnahme vom Grundsatz der sachlichen Bindung (§ 45 Abs. 1 Satz 1 BHO). Titel 812 01 ist flexibilisiert gemäß § 5 Abs. 2 Satz 1 Nr. 5 HG 2021 und folglich mit anderen flexibilisierten Titeln gegenseitig deckungsfähig. In der originären Excel-Tabelle ist erkennbar, dass hier hauptgruppeninterne Deckungsfähigkeit mit dem ebenfalls flexibilisierten Titel 812 04 genutzt wurde. Insgesamt wurde der Titel im Rahmen der Deckungsfähigkeit um 6,783 Mio. € verstärkt. Aus der Summe der drei bisher besprochenen Werte ergibt sich der insgesamt verfügbare Betrag („tatsächlich verfügbar“): 57,481 Mio. € + 14,362 Mio. € + 6,784 Mio. € = 78,627 Mio. €. Bei einem deckungspflichtigen Titel (statt wie im Beispiel einem deckungsberechtigten Titel) müssten die „Änderungen innerhalb Kapitel 0625“ natürlich abgezogen werden. **540**

Über den tatsächlich verfügbaren Betrag kann verfügt werden, indem Festlegungen getroffen werden (folgende Spalte), z. B. durch den Abschluss von Verträgen im Rahmen der Zweckbestimmung des Titels. **541**

Beispiel

Die Bundespolizei schließt im März 2020 einen Vertrag mit einem Bekleidungshersteller, der im November 2020 liefern soll. Erst nach der Lieferung soll – wie beim Bund üblich – die Bezahlung erfolgen. Der für die spätere Bezahlung vorgesehene Betrag wird schon bei Vertragsschluss als Festlegung gebucht und bleibt stehen, bis die Zahlung erfolgt. Ohne Buchung von Festlegungen wären die noch verfügbaren Mittel nicht bekannt. Schließlich muss noch ein Betrag für die Zahlung aus diesem Titel im November „reserviert“ werden.

Wenn Mittel „ausgegeben“ wurden (nächste Spalte), so wurde ebenfalls über sie verfügt. Erfolgt wie im Beispiel eine Verstärkung des Titels durch Einnahmen, so kann diese Verstärkung auch als „negative Verfügung“ verrechnet werden. Die Spalte „gesamt verfügt“ ergibt sich dann aus der Summe von Festlegungen und Ausgaben abzüglich der Verstärkung durch Einnahmen und beläuft sich hier auf 72,404 Mio. €. Aus der Differenz von tatsächlich verfügbaren und bereits verfügten Mitteln ergibt sich der noch verfügbare Betrag in der äußersten rechten Spalte, hier rund 6,2 Mio. €. Die Spalten dazwischen stellen dar, welcher Anteil der tatsächlich verfügbaren Ausgabemittel bereits ausgegeben und über welchen Anteil bereits verfügt wurde (ausgegeben oder festgelegt). **542**

Die Verstärkung durch Einnahmen ist insbesondere im Rahmen der Zweckbindung (§ 8 Satz 2 BHO) als Ausnahme vom Grundsatz der Gesamtdeckung **543**

(§ 8 Satz 1 BHO) möglich. Bei Titel 132 01 besteht ein Zweckbindungsvermerk zugunsten von Titel 812 01. Insgesamt wurden bei diesem Titel also alle drei Ihnen bekannte Möglichkeiten – Ausgabereste, Deckungsfähigkeit und zweckgebundene Einnahmen – zur Verstärkung genutzt.

2.6 Zusammenfassung

544 – Für jedes Haushaltsjahr muss ein Haushaltsplan aufgestellt werden (Haushaltsgrundsatz der Jährlichkeit gemäß Art. 110 Abs. 2 Satz 1 GG und § 1 BHO). Ausnahmen sehen weder das GG noch die BHO vor.
- In der Phase der Ausführung des Haushaltsplans ist die zeitliche Bindung zu beachten: Ausgaben dürfen grundsätzlich nur bis zum Ende des Haushaltsjahres geleistet werden (§ 45 Abs. 1 Satz 1 BHO).
- Eine Ausnahme von der zeitlichen Bindung ist die Übertragbarkeit (Nr. 1 VV-BHO zu § 19). Übertragbarkeit kann gemäß § 19 Abs. 1 Satz 1 BHO (Investitionen, Ausgaben aus zweckgebundenen Einnahmen), gemäß § 19 Abs. 1 Satz 2 BHO (Übertragungsvermerk) und gemäß § 5 Abs. 4 in Verb. mit Abs. 2 HG 2021 (flexibilisierte Ausgaben) hergestellt werden. Es handelt sich um die umfangreichsten und quantitativ bedeutendsten Ausnahmeregelungen von einem Haushaltsgrundsatz. Sie sind in Abb. 71 dargestellt.
- Übertragbar sind Ausgaben für Investitionen (Haushaltsgruppen 7 und 8) und Ausgaben aus zweckgebundenen Einnahmen (Ausnahme vom Grundsatz der Gesamtdeckung) gemäß § 19 Abs. 1 Satz 1 BHO.

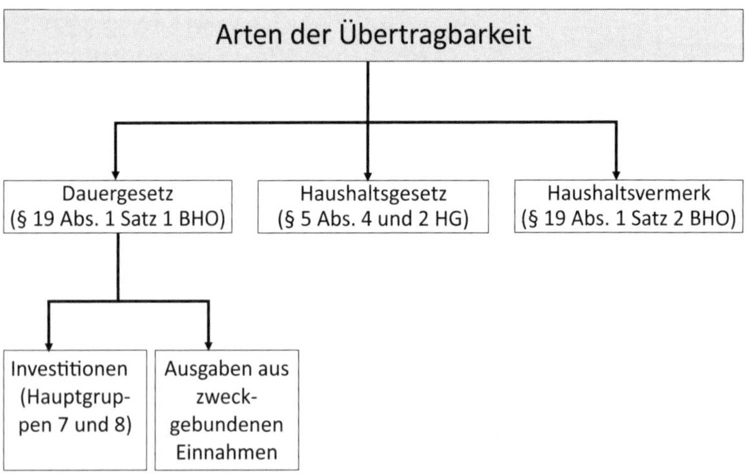

Abb. 71: Arten der Übertragbarkeit.

- Gemäß § 19 Abs. 1 Satz 2 BHO kann eine Übertragbarkeit auch kraft Haushaltsvermerks angeordnet werden.
- Ebenfalls übertragbar sind alle nach § 5 Abs. 2 HG 2021 flexibilisierten Ausgaben (§ 5 Abs. 4 HG 2021).
- Verpflichtungsermächtigungen sind nie übertragbar. Dies geht aus Nr. 3 VV-BHO zu § 19 hervor. Liegt bei einem Titel eine (nie übertragbare) Verpflichtungsermächtigung vor, können die Ausgabemittel bei diesem Titel dennoch übertragbar sein, wenn eine oder mehrere der zuvor erläuterten Rechtsgrundlagen einschlägig sind. Verpflichtungsermächtigungen und Ausgaben sind verschiedene Haushaltsmittel, sodass die fehlende Übertragbarkeit der Verpflichtungsermächtigung keine Auswirkungen auf eine mögliche Übertragbarkeit der Ausgaben hat.
- Damit nicht genutzte Ausgabeermächtigungen bei übertragbaren Titeln im nächsten Haushaltsjahr zur Verfügung stehen, muss der Beauftragte für den Haushalt Ausgabereste bilden.
- Für die Inanspruchnahme von Ausgaberesten sind Einsparungen erforderlich (§ 45 Abs. 3 BHO): Im nicht flexibilisierten Bereich muss eine zulässige Einsparstelle im betroffenen Einzelplan (faktisch im betroffenen Kapitel) gefunden werden. Im flexibilisierten Bereich stellt das Bundesministerium der Finanzen die notwendigen Einsparungen im Gesamthaushalt sicher.

V. Bruttoprinzip

1. Grundsatz

Wie bei den übrigen Haushaltsgrundsätzen besteht auch das Bruttoprinzip aus zwei Bestandteilen: zum einen aus der Bruttoveranschlagung, die für die Phase der Haushaltsaufstellung gilt, und zum anderen aus dem Bruttonachweis, der sich auf die Phase der Haushaltsausführung bezieht. 545

Definition 546

Der Grundsatz der Bruttoveranschlagung nach § 15 Abs. 1 Satz 1 BHO fordert, die Einnahmen und Ausgaben „in voller Höhe und getrennt voneinander" – also „brutto" – im Haushaltsplan zu veranschlagen. Das Bruttoprinzip verbietet somit Saldierungen. Ein anderer Ausdruck für das Bruttoprinzip ist „Saldierungsverbot". Das bedeutet, dass Ausgaben grundsätzlich nicht von den Einnahmen abgezogen (Einnahmeminderung) und Einnahmen nicht auf Ausgaben angerechnet (Ausgabeminderung) werden dürfen.

547 Die Bruttoveranschlagung weist Ähnlichkeiten mit der Einzelveranschlagung nach § 17 Abs. 1 BHO auf. Wenn die Einnahmen „nach dem Entstehungsgrund, die Ausgaben und die Verpflichtungsermächtigungen nach Zwecken getrennt" veranschlagt sind, sollte damit eine Verrechnung von Einnahmen und Ausgaben ebenfalls unzulässig sein. Bei sehr großzügiger Auslegung der Einzelveranschlagung könnte man auf die Idee kommen, zwar den Entstehungsgrund einer Einnahme und den Zweck einer Ausgabe zu veranschlagen, aber beides beim selben Titel. In jedem Fall ist die Bruttoveranschlagung eine Ergänzung und Klarstellung der Einzelveranschlagung.

548 Das Bruttoprinzip gilt nach § 35 Abs. 1 BHO auch bei der Ausführung des Haushaltsplans. Einnahmen und Ausgaben müssen in der Buchführung des Bundes getrennt voneinander gebucht bzw. nachgewiesen werden, eine Verrechnung ist nicht zulässig (Bruttonachweis).

549 Sinn und Zweck des Bruttoprinzips erschließen sich leicht anhand eines Beispiels.

Beispiel

Angenommen, eine Behörde verkauft plangemäß eine große Zahl ausrangierter Dienst-Kfz für insgesamt 10 Mio. € und verrechnet den Erlös mit dem Sollansatz bei Titel 811 01 (Erwerb von Fahrzeugen). Außerdem beschafft die Behörde neue Dienstfahrzeuge für insgesamt 50 Mio. €. Der Saldo aus Einnahmen und Ausgaben beträgt 40 Mio. €. Diese 40 Mio. € liegen unterhalb des Sollansatzes bei Titel 811 01, der im Haushaltsjahr 2021 48,629 Mio. € beträgt. Tatsächlich hat die Behörde aber 50 Mio. € für Fahrzeuge ausgegeben, also mehr als vom Parlament genehmigt. Durch die Verrechnung kann dieser Verstoß gegen § 3 Abs. 1 BHO aber kaum nachgewiesen werden.

550 Der Haushaltsplan verlöre durch solche Saldierungen mithin seine Steuerungsfunktion. Auch die Kontrolle der Haushaltswirtschaft würde erheblich erschwert. Die Transparenz nähme ab. Wenn der Bundeshaushalt vollständig „netto" veranschlagt würde, also mit Saldierung der Einnahmen und Ausgaben, bliebe nur eine „0" stehen.

551 Der Zweck des Bruttoprinzips besteht also darin, durch den differenzierten Ausweis der verschiedenen Einnahmen und Ausgaben eine ungekürzte und vollständige Übersicht über die staatliche Haushaltswirtschaft zu gewährleisten. Es bestehen enge Zusammenhänge zu den Haushaltsgrundsätzen der Vollständigkeit und der Haushaltsklarheit.

2. Ausnahmen: Nettoveranschlagung und Nettonachweis

So wichtig das Bruttoprinzip auch für die Transparenz der Haushaltswirtschaft ist – es gibt Fälle, in denen eine Abweichung von diesem Prinzip sogar der Transparenz dienlich ist. Daher hat der Gesetzgeber Ausnahmen vom Bruttoprinzip zugelassen: in der Phase der Haushaltsaufstellung die Nettoveranschlagung und in der Phase der Ausführung des Haushaltsplans den Nettonachweis. **552**

Hinweis

Bitte sprechen Sie hier nicht vom Nettoprinzip, da es sich gerade nicht um ein Prinzip handelt. Wie bei den bisher behandelten Haushaltsgrundsätzen existieren auch beim Bruttoprinzip Ausnahmen, die durch Dauergesetz, Haushaltsgesetz oder Haushaltsvermerk im Haushaltsplan geregelt werden.

2.1 Nettoveranschlagung durch Dauergesetz (§ 15 Abs. 1 Satz 1 BHO)

Nach § 15 Abs. 1 Satz 2 BHO gilt das Bruttoprinzip „nicht für die Veranschlagung der Einnahmen aus Krediten vom Kreditmarkt und der hiermit zusammenhängenden Tilgungsausgaben.“ Der Bund verschuldet sich überwiegend über die Ausgabe von Wertpapieren wie Bundesanleihen. Eine solche Anleihe kann dem Erwerber z. B. jährliche Zinszahlungen in Höhe von 1 Prozent auf den Nennwert der Anleihe zusichern. Dieser Nennwert der Anleihe wird nach dem Ende der Laufzeit zurückgezahlt. Zunächst erzielt der Bund durch die Kreditaufnahme Einnahmen. Ausgaben für Zinsen und Tilgung fallen erst später an. **553**

Im Laufe eines Haushaltsjahres werden verschiedene der in der Vergangenheit ausgegebenen Anleihen fällig. Natürlich muss der Bund den Nennwert aller Anleihen zurückzahlen. Müsste dies aus dem laufenden Steueraufkommen geschehen, so würde dies die Ausgabespielräume erheblich einschränken. Stattdessen werden zur Tilgung der fällig werdenden Wertpapiere neue Wertpapiere ausgegeben. Die Schulden werden also „rolliert“. **554**

Das Volumen dieser Rollierung ist erheblich. Im Haushaltsjahr 2019 betrug die geplante Bruttoneuverschuldung über 185 Mrd. €. Die Bruttoneuverschuldung wird im Kreditfinanzierungsplan (Teil IV des Gesamtplans) dokumentiert. Im Jahr 2019 war aber in etwa gleicher Höhe auch eine Tilgung von Krediten vorgesehen (ebenfalls im Kreditfinanzierungsplan ausgewiesen). Aus dem Saldo von Bruttokreditaufnahme und Tilgungszahlungen resultiert die Nettokreditaufnahme, also der Betrag, um den der Schuldenstand des Bundes zunimmt. Im Jahr 2019 war keine Nettoneu- **555** verschuldung geplant, sondern die berühmte „Schwarze Null“, obwohl die geplante Bruttoneuverschuldung im dreistelligen Milliardenbereich lag.

556 Die Nettoneuverschuldung ist der aus volkswirtschaftlicher Perspektive deutlich interessantere Wert. Um diesen Betrag nimmt der Schuldenstand zu. Die deutsche Schuldenbremse und die europäischen Schuldenregeln beschränken daher nur die Netto- und nicht die Bruttoneuverschuldung. Auch aus konjunkturpolitischer Perspektive lässt sich an der Nettoneuverschuldung der konjunkturelle Impuls ablesen, den die Fiskalpolitik der Volkswirtschaft gibt.

557 § 15 Abs. 1 Satz 2 BHO erlaubt also, dass nur die (geplante) Nettokreditaufnahme als Einnahme im Einzelplan 32 (Bundesschuld) des Haushaltsplans veranschlagt wird. Das Bruttoprinzip würde diese Verrechnung von Einnahmen und Ausgaben eigentlich verbieten. In manchen Haushaltsjahren werden aber mehr Kredite fällig als in anderen Haushaltsjahren und müssen rolliert werden. Dadurch entstünde der Eindruck, dass das Haushaltsvolumen stark zugenommen hat, obwohl nur die Tilgung gestiegen ist. Auch ganz generell würde ein Budget mit Bruttokreditaufnahme und Tilgung einen trügerischen Eindruck vom Volumen der Staatseinnahmen und -ausgaben vermitteln. Die Nettoveranschlagung als Ausnahme vom Bruttoprinzip fördert folglich auch die Transparenz.

2.2 Nettonachweis durch Haushaltsgesetz

558 Die Haushaltsgesetze des Bundes lassen seit 1998 generelle Ausnahmen vom Bruttoprinzip zu. Derzeit finden sich entsprechende Ausnahmen in § 6 Abs. 1, 2 und 6 sowie § 13 Abs. 1 und 2 HG 2021.

559 Der Sinn und Zweck der im Haushaltsgesetz zugelassenen Ausnahmen vom Bruttoprinzip sollen am Beispiel des § 6 Abs. 2 HG 2021 erläutert werden. In § 6 Abs. 2 HG 2021 heißt es: „Innerhalb eines Kapitels fließen die Einnahmen den Ausgaben bei den Titeln zu, die den flexibilisierten Ausgabenbereichen gemäß § 5 Absatz 2 Satz 1 Nummer 1 oder 2 zugeordnet sind, soweit es sich bei den Einnahmen um Erstattungen und Beiträge Dritter handelt.“ Wenn die Einnahmen den Ausgaben „zufließen“, bedeutet dies, dass die Einnahmen bei den Ausgabetiteln verbucht werden. Dies ist bei flexibilisierten Titeln der Hauptgruppen 4 und 5 zulässig („Nummern 1 oder 2“), wenn es sich um „Erstattungen und Beiträge Dritter handelt“.

Beispiel: Erstattungen Dritter

Im Geschäftsbereich der Bundespolizei sind Einnahmen in Höhe von 8.000 € für private Kopien entstanden, die von den Mitarbeitern erstattet wurden. Die Kopierausgaben wurden zunächst aus Titel 511 01 geleistet. Die gesammelten Bareinnahmen für private Kopien wurden mittels einer Annahmeanordnung bei der Bundeskasse verbucht.

Ohne die entsprechende Ausnahmeregelung im Haushaltsgesetz müsste hier aufgrund des Bruttoprinzips der Ausgabetitel mit den gesamten Kopierkosten belastet bleiben und die Erstattung der Mitarbeiter für die privaten Kopien auf einem Einnahmetitel verbucht werden. Dies hätte zum einen den Nachteil, dass der Zusammenhang zwischen diesen beiden Vorgängen nicht deutlich würde. Überdies kämen die Einnahmen aus der Erstattung nach dem Grundsatz der Gesamtdeckung dem Gesamthaushalt, nicht aber der einzelnen Behörde zugute. Im Ergebnis würde also der Verfügungsrahmen der Behörde bei Titel 511 01 um 8.000 € gekürzt.

Da es sich aber um einen flexibilisierten Titel der Hauptgruppe 5 handelt und eine Erstattung durch Dritte (hier die als Privatpersonen handelnden Mitarbeiter) erfolgt, fließen die Einnahmen den Ausgaben zu, d. h. die Erstattung darf ebenfalls auf Titel 511 01 gebucht werden. Von diesem Titel fließen zunächst die entsprechenden Ausgaben für Papier, Toner usw. ab, anschließend die Erstattung zu. Im Ergebnis wird der Titel nicht belastet. Diese Abweichung vom Bruttoprinzip ist sinnvoll, da der Bundespolizei im Ergebnis keine Ausgaben entstanden sind.

Der Nettonachweis der Erstattung stellt nicht nur eine Ausnahme vom Brut- **560**
toprinzip, sondern auch vom Grundsatz der Gesamtdeckung dar. Schließlich dienen die Einnahmen aus der Erstattung nicht im Gesamthaushalt zur Deckung aller Ausgaben des Bundes, sondern sind im Beispiel auf die Verwendung für den Titel 511 01 beschränkt. Da die Abweichung vom Bruttoprinzip hier die weitergehende Ausnahme ist, reicht es aus, diese Ausnahme zu prüfen. Der Unterschied zwischen Nettonachweis und Zweckbindung besteht darin, dass beim Nettonachweis die Einnahme nicht als solche verbucht wird, sondern unmittelbar den Sollansatz des Ausgabetitels vergrößert. Bei der Zweckbindung wird die Einnahme zunächst auf einem Einnahmetitel verbucht und anschließend auf den zugehörigen Ausgabetitel umgebucht.

Auch die Regelungen in § 13 Abs. 1 und 2 HG 2021 sind von erheblicher **561**
praktischer Relevanz. Diese soll anhand von § 13 Abs. 2 Satz 1 HG 2021 verdeutlicht werden. Dort heißt es: „Bei einer unrichtigen Zahlung, bei Doppelzahlungen oder Überzahlungen darf die Rückzahlung, soweit § 5 gilt, stets von der Ausgabe abgesetzt werden, im Übrigen nur, wenn die Bücher noch nicht abgeschlossen sind.“

Beispiel: Doppelzahlungen

Bei einer Überprüfung zu Beginn des Jahres 2022 wird festgestellt, dass jeweils eine Rechnung sowohl eines Dokumentenberaters (Titel 532 04) als auch einer Dolmetscherin (Titel 539 99) im Laufe des Jahres 2021 doppelt gezahlt worden sind. Beide zahlen die zu viel erhaltenen Honorare nach mehrmaliger Aufforderung im Juni 2022 zurück.

Das Bruttoprinzip verlangt, dass die Rückzahlungen bei einem Einnahmetitel verbucht werden. Es könnte aber eine Ausnahme gemäß § 13 Abs. 2 Satz 1 HG 2021 vorliegen. Die Bücher des Jahres 2021 sind abgeschlossen. Wenn aber § 5 HG 2021 gilt, der Titel also flexibilisiert ist, darf die Rückzahlung *stets* auf den Ausgabetitel gebucht werden, d. h. auch dann, wenn die Bücher bereits abgeschlossen sind.
Es ist also zu prüfen, ob die beiden Titel flexibilisiert sind. Titel 539 99 ist flexibilisiert nach § 5 Abs. 2 Satz 1 Nr. 2 HG 2021. Daher kann die Rückzahlung der Dolmetscherin auf diesem Titel verbucht werden. Der Titel 532 04 ist hingegen nicht flexibilisiert. Die Rückzahlung des Dokumentenberaters muss auf einem Einnahmetitel gebucht werden.

2.3 Nettonachweis durch Haushaltsvermerk

562 Nach § 15 Abs. 1 Satz 3 BHO können weitere Ausnahmen vom Bruttoprinzip im Einzelfall durch Haushaltsvermerk zugelassen werden: „Darüber hinaus können Ausnahmen von Satz 1 im Haushaltsplan zugelassen werden, insbesondere für Nebenkosten und Nebenerlöse bei Erwerbs- oder Veräußerungsgeschäften." Beispielsweise kann zugelassen werden, dass bei einer Versteigerung die Kosten für die Auktion von den Einnahmen abgesetzt werden.

563 Aus den Beispielen in § 15 Abs. 1 Satz 3 BHO lässt sich der weiter gehende Schluss ziehen, dass die abzuziehenden Einnahmen und Ausgaben eine enge sachliche Nähe zu dem jeweiligen Titel aufweisen sollen. Deshalb werden beispielsweise von den Steuereinnahmen (Kapitel 6001) regelmäßig die mit dem Steueraufkommen systematisch im Zusammenhang stehenden Ausgaben abgesetzt, z. B. Kindergeldzahlungen oder Steuererstattungen.

0625 Bundespolizei

Titel Funktion	Zweckbestimmung	Soll 2021 1 000 €	Soll 2020 *Reste 2020* 1 000 €	Ist 2019 1 000 €
F 811 01 -042	*Erwerb von Fahrzeugen*	*55 816*	*48 629*	*40 048*

Verpflichtungsermächtigung ..... 49 700 T€
davon fällig:
im Haushaltsjahr 2022 bis zu ..... 20 000 T€
im Haushaltsjahr 2023 bis zu ..... 13 700 T€
im Haushaltsjahr 2024 bis zu ..... 16 000 T€

Haushaltsvermerk:

1. Mehrausgaben für die Ersatzbeschaffung von Kraftfahrzeugen dürfen bis zur Höhe der Mehreinnahmen bei folgendem Titel geleistet werden: 132 01.

2. Einnahmen aus Schadenersatzleistungen Dritter, soweit sie aufgrund eines Totalschadens erfolgen, fließen den Ausgaben zu.

Abb. 72: Rückeinnahmevermerk.

Auf der Ausgabeseite sind sog. Rückeinnahmevermerke vergleichsweise häufig (vgl. Abb. 72). 564

Definition 565

Rückeinnahmevermerke schreiben vor, dass die Einnahmen von Dritten nicht bei einem Einnahmetitel gesondert gebucht werden dürfen, sondern unmittelbar den Ansatz des jeweiligen Ausgabetitels erhöhen. Sie halten die Ausgabebewilligung für ihre eigentliche Zweckbestimmung verfügbar.

Rückeinnahmevermerke weisen damit Parallelen zur Regelung in § 6 Abs. 2 HG 2021 auf. Allerdings gilt § 6 Abs. 2 HG 2021 nur für flexibilisierte Titel der Hauptgruppen 4 und 5. Nichtflexibilisierte Titel und flexibilisierte Titel der Hauptgruppen 6, 7 und 8 sind davon nicht erfasst. Ferner geht es in § 6 Abs. 2 HG 2021 um Beiträge und Erstattungen, jedoch nicht um Schadensersatzleistungen wie in der Abbildung. 566

VI. Wirtschaftlichkeit und Sparsamkeit

Der Grundsatz der Wirtschaftlichkeit und Sparsamkeit gehört zu den Eckpfeilern der Haushaltswirtschaft. Andere Grundsätze, wie etwa der Grundsatz der Gesamtdeckung, dienen auch der Förderung der Wirtschaftlichkeit. Folglich ist dieser Grundsatz in Art. 114 Abs. 2 Satz 1 GG sogar verfassungsrechtlich fundiert. In § 7 BHO ist er zudem einfachgesetzlich konkretisiert. Die Ausrichtung jeglichen staatlichen Handelns auf den Grundsatz der Wirtschaftlichkeit soll die bestmögliche Nutzung von Ressourcen bewirken (Nr. 1 VV-BHO zu § 7). 567

Das Wirtschaftlichkeitsprinzip umfasst zwei Ausprägungen. Beide haben zum Ziel, das günstigste Verhältnis zwischen dem verfolgten Zweck und den einzusetzenden Mitteln (Ressourcen) anzustreben. Zu unterscheiden sind das Sparsamkeits- und das Ergiebigkeitsprinzip: 568

- Das Sparsamkeitsprinzip (Minimalprinzip) fordert, ein bestimmtes Ergebnis mit möglichst geringem Mitteleinsatz zu erzielen.
- Das Ergiebigkeitsprinzip (Maximalprinzip) verlangt, mit einem bestimmten Mitteleinsatz das bestmögliche Ergebnis zu erzielen.

Bei der Ausführung des Haushaltsplans, der in aller Regel die Aufgaben (Ergebnis, Ziele) bereits grob vorformuliert, steht der Grundsatz der Wirtschaftlichkeit in seiner Ausprägung als Sparsamkeitsprinzip im Vordergrund (Nr. 1 VV-BHO zu § 7). 569

Zur Beachtung des Grundsatzes der Wirtschaftlichkeit gehört laut Nr. 1 VV-BHO zu § 7 „auch die Prüfung, ob eine Aufgabe durchgeführt werden 570 muss und ob sie durch die staatliche Stelle durchgeführt werden muss." Gemäß § 7 Abs. 1 Satz 2 BHO ist zu prüfen, ob eine Privatisierung der Aufgabe möglich ist. Überdies sind gemäß § 7 Abs. 2 BHO für alle finanzwirksamen Maßnahmen angemessene Wirtschaftlichkeitsuntersuchungen durchzuführen, z. B. mit den finanzmathematischen Methoden der Investitionsrechnung oder der Kosten-Nutzen-Analyse.

571 Ausnahmen vom Grundsatz der Wirtschaftlichkeit und Sparsamkeit bestehen nicht.

VII. Vorherigkeit

1. Grundsatz

572 Gemäß Art. 110 Abs. 2 GG wird der Haushaltsplan „für ein oder mehrere Rechnungsjahre, nach Jahren getrennt, *vor* Beginn des ersten Rechnungsjahres durch Haushaltsgesetz festgestellt". Vorherigkeit bedeutet, dass der Haushaltsplan vor Beginn des Haushaltsjahres in Kraft treten soll. Die Vorherigkeit hat durch die Kodifizierung im Grundgesetz Verfassungsrang. In § 1 Satz 1 BHO wird der Grundsatz auf einfachgesetzlicher Ebene wiederholt.

573 Sinn und Zweck des Grundsatzes ergeben sich aus dem Begriff des Haushaltsplans. Ein „Plan" muss per Definition vor Beginn der Planungsperiode feststehen. Ohne Haushaltsplan ist die Verwaltung grundsätzlich nicht ermächtigt, Ausgaben zu tätigen und Verpflichtungen einzugehen (§ 3 Abs. 1 BHO). Beginnt das Haushaltsjahr ohne Haushaltsplan, ist die Verwaltung demnach zunächst handlungsunfähig. Würden dennoch Ausgaben geleistet, wäre nicht sicher, ob sie in Übereinstimmung mit dem Willen des Parlaments geleistet werden, da der parlamentarische Wille im Haushaltsplan zum Ausdruck kommt. Der Grundsatz der Vorherigkeit sichert also das Budgetrecht des Parlaments. Überdies ist es auch für viele Unternehmen, die von staatlichen Aufträgen abhängig sind, wichtig, frühzeitig zu wissen, in welcher Höhe der Staat Ausgaben für welche Zwecke plant.

574 Um die Einhaltung des Gebots der Vorherigkeit zu erleichtern, sieht das Haushalts(verfassungs)recht auf Bundesebene zwei Instrumente vor:

- Nach § 30 BHO ist der Entwurf des Haushaltsgesetzes mit dem Entwurf des Haushaltsplans in der Regel spätestens in der ersten Sitzungswoche des Bundestages nach dem 1. September (also nach der Sommerpause) dem Bundesrat zuzuleiten und beim Bundestag einzubringen.
- Art. 110 Abs. 3 GG schreibt die *gleichzeitige* Zuleitung der Haushaltsvorlage der Regierung an Bundesrat und Bundestag vor. Bundesrat und Bun-

destag befassen sich folglich zeitgleich mit dem Entwurf von Haushaltsgesetz und Haushaltsplan, wodurch eine Beschleunigung erreicht werden soll. Im Rahmen des herkömmlichen Gesetzgebungsverfahrens sind Vorlagen der Bundesregierung nach Art. 76 Abs. 2 Satz 1 GG zunächst dem Bundesrat zuzuleiten und erst nach dessen Stellungnahme beim Bundestag einzubringen. Für die Stellungnahme hat der Bundesrat im herkömmlichen Gesetzgebungsverfahren bis zu sechs Wochen Zeit.

2. Ausnahme: vorläufige Haushaltsführung

Insbesondere in Haushaltsjahren nach Bundestagswahlen kommt es häufig 575 vor, dass es nicht gelingt, einen Haushaltsplan rechtzeitig vor Beginn des neuen Haushaltsjahres festzustellen. Hierfür gibt es mehrere Gründe. Normalerweise finden Bundestagswahlen im September oder Oktober statt, die erste Sitzung des Bundestages erfolgt erst danach. Auch kann der Entwurf des Haushaltsgesetzes nur von der Bundesregierung eingebracht werden. Die neue Bundesregierung muss aber erst noch gebildet werden, möglicherweise nach schwierigen Koalitionsverhandlungen. Wenn die Zusammensetzung der Bundesregierung schließlich feststeht, muss das Haushaltsaufstellungsverfahren auch dann durchlaufen werden, wenn die gleichen Fraktionen wie in der abgelaufenen Legislaturperiode die Bundesregierung stützen und weitgehend auf ihre Haushaltsentwürfe aus der Vergangenheit zurückgreifen können.

Ohne gültigen Haushaltsplan ist es der Verwaltung ab dem 1. Januar nicht 576 mehr möglich, Ausgaben zu tätigen. In den USA kommt es in einer vergleichbaren Lage zum „government shutdown". Eine Reihe staatlicher Einrichtungen wird geschlossen, öffentliche Angestellte werden (zunächst) nicht weiter bezahlt usw. Um eine Handlungsunfähigkeit des Staates zu verhindern, lässt das Grundgesetz eine Ausnahme vom Grundsatz der Vorherigkeit zu: die vorläufige Haushaltsführung nach Art. 111 GG. Demnach können bis zur Verabschiedung des neuen Haushaltsgesetzes alle unbedingt notwendigen Ausgaben geleistet werden (sog. Nothaushaltsrecht).

Art. 111 Abs. 1 GG ermächtigt die Bundesregierung, im Fall der nicht 577 rechtzeitigen Feststellung des Haushaltsplans „alle Ausgaben zu leisten, die nötig sind,

a) um gesetzlich bestehende Einrichtungen zu erhalten und gesetzlich beschlossene Maßnahmen durchzuführen,
b) um die rechtlich begründeten Verpflichtungen des Bundes zu erfüllen und
c) um Bauten, Beschaffungen und sonstige Leistungen fortzusetzen oder Beihilfen für diese Zwecke weiter zu gewähren, sofern durch den Haushaltsplan eines Vorjahres bereits Beträge bewilligt worden sind."

578 Art. 111 Abs. 1 Buchst. a GG ermöglicht in der etatlosen Zeit, Personal in Behörden weiter zu bezahlen. Auch darf der Stellenplan des vergangenen Haushaltsjahres weiter bewirtschaftet werden. War etwa eine Planstelle der BesGr. A 11 BBesO nicht besetzt, so kann diese Planstelle auch in der Zeit der vorläufigen Haushaltsführung besetzt werden. Nicht bewirtschaftet werden dürfen jedoch Planstellen und Stellen, die erst im Entwurf für das aktuelle Haushaltsjahr vorgesehen sind. Anwärter dürfen dennoch eingestellt werden. Hierfür sind keine Stellen erforderlich; zudem kann ohne Zweifel argumentiert werden, dass solche Einstellungen für den Erhalt gesetzlich bestehender Einrichtungen erforderlich sind.

579 Art. 111 Abs. 1 Buchst. b GG umfasst sämtliche rechtlichen Verpflichtungen, unabhängig davon, ob sie auf einem Gesetz, einem Vertrag oder einem Verwaltungsakt beruhen. Arbeitslosengeld II darf folglich weiter ausgezahlt werden, öffentliche Auftragnehmer dürfen weiter bezahlt werden usw.

580 Art. 111 Abs. 1 Buchst. c GG kann als Auffangregelung angesehen werden. Baumaßnahmen und Beschaffungen, die keine gesetzlich beschlossenen Maßnahmen darstellen und nicht mit rechtlichen Verpflichtungen des Bundes einhergehen, können ebenfalls weitergeführt werden.

581 Deutlich wird, dass in einer etatlosen Zeit lediglich die Fortführung bereits beschlossener oder begonnener Maßnahmen zulässig ist, Neues hingegen nicht begonnen werden darf. Die Verwaltung darf also nur im Sinne des Parlaments handeln. Wenn eine Baumaßnahme in der Vergangenheit auf Grundlage eines Haushaltsplans und damit eines Beschlusses des Parlaments bereits begonnen wurde, ist diese Voraussetzung erfüllt. Eine völlig neue Baumaßnahme hingegen ist nicht zulässig.

582 Zuletzt kam es im Jahr 2018 zur vorläufigen Haushaltsführung, nachdem die Koalitionsverhandlungen zu einer „Jamaika-Koalition“ gescheitert waren und die SPD vor Eintritt in eine „Große Koalition“ zunächst eine Mitgliederbefragung durchgeführt hatte. Das Haushaltsgesetz wurde daher erst am 12.07.2018 festgestellt. Bis dahin galten die Regelungen zur vorläufigen Haushaltsführung in Art. 111 GG. Zusätzlich hatte das Bundesministerium der Finanzen in einem Rundschreiben festgelegt, dass in den Hauptgruppen 5 und 6 nur 45 Prozent des Regierungsentwurfs für das Haushaltsjahr 2018 bewirtschaftet werden durften.

583 Um Finanzierungsengpässe zu vermeiden, ermächtigt Art. 111 Abs. 2 GG zur Kreditaufnahme in Höhe eines Viertels des Volumens des Vorjahreshaushalts. Im Jahr 2021 beträgt das Haushaltsvolumen voraussichtlich knapp 548 Mrd. €, falls keine weiteren Nachtragshaushalte verabschiedet werden. Ein Viertel davon sind 137 Mrd. €.

VIII. Fälligkeit

Nach dem Grundsatz der Jährlichkeit ist für jedes Haushaltsjahr ein eigener Haushaltsplan aufzustellen. Wie ist aber zu verfahren, wenn eine mehrjährige Maßnahme wie der Bau eines Flughafens durchgeführt werden soll? Eine Möglichkeit könnte darin bestehen, die gesamten voraussichtlichen Baukosten im Jahr der Vertragsunterzeichnung im Haushaltsplan zu veranschlagen. In jedem Jahr der Bauzeit könnten dann Ausgabemittel in der benötigten Höhe abfließen und die nicht verbrauchten Mittel als Ausgabereste in das jeweilige Folgejahr übertragen werden. **584**

Diese Vorgehensweise hätte aber mehrere Nachteile: **585**

- Zum einen würde es im Jahr der Veranschlagung eines umfangreichen Bauprojektes wirken, als ob die Ausgaben des Bundes oder des Bundeslandes erheblich zugenommen hätten, obwohl sich die Ausgaben tatsächlich über viele Jahre erstrecken. Der Haushaltsplan würde einen falschen Eindruck erwecken, und die Vergleichbarkeit verschiedener Haushaltspläne wäre eingeschränkt.
- Hinzu kommt, dass die Planung des gesamten Haushalts deutlich erschwert würde. Schließlich müssen die in einem Haushaltsjahr tatsächlich zu leistenden Ausgaben durch entsprechende Einnahmen gedeckt sein – sonst könnten die Ausgaben nicht geleistet werden. Wenn aber nur der Gesamtbetrag für mehrjährige Projekte im Haushaltsplan dokumentiert würde, nicht jedoch die in den einzelnen Haushaltsjahren voraussichtlich benötigten Teilbeträge, wäre keine sinnvolle Planung der Einnahmen möglich. Es müsste also zumindest ausgewiesen werden, in welchem Haushaltsjahr voraussichtlich welcher Teilbetrag fällig wird. **586**
- Aber auch dann bestünde noch ein gravierendes Problem: Wenn Ausgabeermächtigungen für einen längeren Zeitraum unwiderruflich in den Haushaltsplan eingestellt würden, könnte das Parlament seine Entscheidung nicht mehr revidieren. Aus demokratietheoretischer Sicht sollen Parlamente so frei wie möglich entscheiden können. Natürlich lassen sich Nachwirkungen vergangener Entscheidungen nie ganz verhindern, sie sollen aber minimiert werden. **587**

Aus diesen Gründen ist es untersagt, Ausgabeermächtigungen, die voraussichtlich erst in künftigen Jahren zu Zahlungen führen werden, im Haushaltsplan als Ausgaben zu veranschlagen. Dies verbietet das Fälligkeitsprinzip. Dieser Haushaltsgrundsatz ist in § 11 BHO und Nr. 1.1 VV-BHO zu § 11 normiert. Danach dürfen im Haushaltsplan nur diejenigen Einnahmen und Ausgaben veranschlagt werden, die im betreffenden Haushaltsjahr voraussichtlich *kassenwirksam* werden. Das Fälligkeitsprinzip wird daher **588** auch als Kassenwirksamkeitsprinzip bezeichnet. Kassenwirksam werden Einnahmen und Ausgaben, wenn sie durch die Bundeskasse eingenommen oder ausgezahlt und gebucht werden. Entscheidend ist nicht der Zeitpunkt, in dem die Zahlungsverpflichtung begründet wurde, sondern der Zeitpunkt der tatsächlichen Ein- oder Auszahlung.

589 Auch wenn keine Ausgabeermächtigungen im Haushaltsplan veranschlagt werden dürfen, die erst zu Zahlungen in künftigen Jahren führen, muss es doch ein Instrument geben, mit dem das Parlament die Verwaltung dazu ermächtigen kann, längerfristige Verträge abzuschließen und mehrjährige Projekte zu beginnen. Es handelt sich um Verpflichtungsermächtigungen, die die Verwaltung zur Leistung von Ausgaben in *künftigen* Haushaltsjahren ermächtigen (§ 6 BHO).

590 Die Verpflichtungsermächtigung ist (noch) keine Ausgabeermächtigung, sodass sie nicht in den geplanten Ausgaben eines Haushaltsjahres erscheint und keine Einnahmen zu ihrer Deckung erforderlich sind. Außerdem muss in künftigen Jahren die Ausgabeermächtigung gesondert vom Parlament erteilt werden. Folglich lösen Verpflichtungsermächtigungen alle Probleme, die mit einer Veranschlagung von Ausgabemitteln für mehrere Jahre verbunden sind. Verpflichtungsermächtigungen sind keine Ausnahme vom Grundsatz der Fälligkeit – sie erübrigen es, (noch) nicht fällige Ausgaben in den Haushaltsplan einzustellen. Die Notwendigkeit von Verpflichtungsermächtigungen ist vielmehr eine Konsequenz aus dem Grundsatz der Fälligkeit.

IX. Vollständigkeit und Einheit

1. Grundsatz

591 Nach Art. 110 Abs. 1 Satz 1 Halbs. 1 GG sind *alle* Einnahmen und Ausgaben des Bundes in den Haushaltsplan einzustellen. „Alle Einnahmen und Ausgaben“ impliziert eine lückenlose Erfassung ohne Ausnahme. Dies ist der Inhalt des Grundsatzes der Vollständigkeit. § 11 Abs. 2 BHO ergänzt auf einfachgesetzlicher Ebene, dass der Haushaltsplan *alle* im Haushaltsjahr zu erwartenden Einnahmen, voraussichtlich zu leistenden Ausgaben und voraussichtlich benötigten Verpflichtungsermächtigungen enthalten muss. Erst eine vollständige Erfassung aller Einnahmen und Ausgaben (sowie Verpflichtungsermächtigungen) ermöglicht einen umfassenden Überblick über das staatliche Finanzvolumen als unabdingbare Voraussetzung für Finanzplanung und Finanzkontrolle.

Gegen den Grundsatz der Vollständigkeit wird verstoßen, wenn der Gesetzgeber Einnahme- und Ausgabekreisläufe außerhalb des Budgets organisiert. „Schwarze Kassen“, Schattenhaushalte oder Geheimfonds der Exekutive, die Geldflüsse am Parlament vorbei ermöglichen, sind nicht zulässig. **592**

Der Grundsatz der Vollständigkeit verbietet, dass vorgesehene Einnahmen oder Ausgaben nicht im Haushaltsplan erscheinen. Er lässt sich aber auch weiter gehend interpretieren: Es ist nicht nur verboten, geplante Einnahmen oder Ausgaben komplett zu „unterschlagen“, sondern auch, ihre Höhe bewusst zu unterschätzen. Nur möglichst exakt geschätzte Sollansätze können ein wirklich vollständiges Budget ergeben. Insoweit ist die Vollständigkeit eng mit der Haushaltswahrheit verbunden. Vom Grundsatz der Vollständigkeit gibt es keine Ausnahmen. **593**

Ebenfalls eng mit der Vollständigkeit verbunden ist die Einheit des Haushaltsplans. Art. 110 Abs. 1 Satz 1 Halbs. 1 GG fordert, alle Einnahmen in *den* Haushaltsplan einzustellen – also in einen einzigen Haushaltsplan. § 11 Abs. 1 BHO knüpft daran an und wiederholt auf einfachgesetzlicher Ebene, dass für jedes Haushaltsjahr *ein* Haushaltsplan aufzustellen ist. Das Einheitsprinzip verbietet mithin die Aufstellung mehrerer Haushaltspläne für eine Haushaltsperiode und die Absonderung von Teilen des Haushaltsplans. **594**

Das Einheitsprinzip bezweckt, eine Gesamtübersicht über die Finanzwirtschaft zu schaffen und so die Übersichtlichkeit des Haushalts zu gewährleisten. Dadurch soll die Budgethoheit des Parlaments gesichert sowie der Öffentlichkeit und den mit Finanzplanung und -kontrolle befassten Institutionen ein lückenloser Überblick über das Budget ermöglicht werden. **595**

Vollständigkeits- und Einheitsgrundsatz sind trotz enger Verbindung nicht identisch. Der Vollständigkeitsgrundsatz wäre auch erfüllt, wenn alle Einnahmen und Ausgaben in mehreren Haushaltsplänen erfasst wären. Die Forderung nach Vollständigkeit des Haushalts setzt also die Verwirklichung der Einheit des Haushalts nicht zwingend voraus. Umgekehrt garantiert das Gebot der Einheit des Haushaltsplans für sich genommen noch nicht, dass darin ausnahmslos jede Einnahme und Ausgabe aufgenommen wird. **596**

2. Ausnahme: Bundesbetriebe und Sondervermögen

Eine Ausnahme vom Einheitsgrundsatz (nicht jedoch vom Grundsatz der Vollständigkeit) gestattet Art. 110 Abs. 1 Satz 1 Halbs. 2 GG für Bundesbetriebe und Sondervermögen. Bei ihnen brauchen nur die Zuführungen oder die Ablieferungen in den Haushaltsplan eingestellt zu werden. Mit „Ablieferungen“ ist z. B. gemeint, wenn ein Bundesbetrieb einen Gewinn erzielt **597** und diesen dann an den Bundeshaushalt „abliefert". Im umgekehrten Fall, wenn der Bundesbetrieb einen Verlust erwirtschaftet, der aus dem Bundeshaushalt ausgeglichen wird, erfolgt eine Zuführung an den Bundesbetrieb.

598 Bundesbetriebe sind nach Nr. 1.1 VV-BHO zu § 26 rechtlich unselbstständige abgesonderte Teile der Bundesverwaltung, deren Tätigkeit erwerbswirtschaftlich ausgerichtet ist. Ein Beispiel für einen solchen Bundesbetrieb ist die Bundesdruckerei. Bundesbetriebe haben gemäß § 26 Abs. 1 Satz 1 BHO einen Wirtschaftsplan aufzustellen, wenn ein Wirtschaften nach Einnahmen und Ausgaben des Haushaltsplans nicht zweckmäßig ist. Kauft die Bundesdruckerei z. B. Papier, muss sie (anders als eine Behörde) hierfür keinen Titel aus dem allgemeinen Bundeshaushalt, sondern in ihrem Wirtschaftsplan veranschlagte Mittel in Anspruch nehmen.

599 Sondervermögen sind rechtlich unselbstständige, abgesonderte Teile des Bundesvermögens, die durch Gesetz oder aufgrund eines Gesetzes entstanden und zur Erfüllung einzelner Aufgaben des Bundes bestimmt sind (Nr. 2.1 VV-BHO zu § 26). Das Sondervermögen „Digitale Infrastruktur" soll nachfolgend der Verdeutlichung dienen.

Beispiel

Gesetz zur Errichtung des Sondervermögens „Digitale Infrastruktur" (Digitalinfrastrukturfondsgesetz):

§ 1 Errichtung des Sondervermögens
Es wird ein Sondervermögen des Bundes mit der Bezeichnung „Digitale Infrastruktur" errichtet.

§ 2 Zweck des Sondervermögens
Aus dem Sondervermögen werden geleistet:

1. Förderungen von Investitionen zur unmittelbaren Unterstützung des Ausbaus von Gigabitnetzen insbesondere in ländlichen Regionen,
2. Förderungen von Investitionen in den weiteren Mobilfunkausbau (in den Grenzen der wettbewerblichen und regulatorischen Rahmenbedingungen),
3. Finanzhilfen an die Länder für gesamtstaatlich bedeutsame Investitionen sowie besondere, mit diesen unmittelbar verbundene, befristete Ausgaben der Länder und Gemeinden (Gemeindeverbände) zur Steigerung der Leistungsfähigkeit der kommunalen digitalen Bildungsinfrastruktur in Schulen.

§ 3 Stellung im Rechtsverkehr
(1) [1]Das Sondervermögen ist nicht rechtsfähig. [...]

600 **Beispiel**

Kein Sondervermögen im Sinne von Nr. 2.1 VV-BHO zu § 26 ist z. B. der Fonds zur Finanzierung der kerntechnischen Entsorgung. In § 1 Abs. 1 des Gesetzes zu seiner Errichtung (EntsorgFondsG) heißt es: „Es wird eine rechtsfähige Stiftung des öffentlichen Rechts mit der Bezeichnung ‚Fonds zur Finanzierung der kerntechnischen Entsorgung' (Fonds) errichtet." Eine *rechtsfähige* Stiftung ist kein unselbstständiger Teil des Bundesvermögens.

Die Anforderung, dass ein Sondervermögen nur „durch Gesetz oder aufgrund eines Gesetzes" errichtet werden kann, stellt sicher, dass Sondervermögen nicht ohne Beteiligung des Parlaments eingerichtet werden und die parlamentarische Budgethoheit gewahrt bleibt. **601**

X. Haushaltsausgleich

Definition **602**

Nach Art. 110 Abs. 1 Satz 2 GG ist der Haushaltsplan (des Bundes) in Einnahme und Ausgabe auszugleichen. Die Gesamtsumme der veranschlagten Ausgaben darf die Gesamtsumme der veranschlagten Einnahmen nicht überschreiten (Grundsatz des Haushaltsausgleichs).

Es ist zwingend erforderlich, dass sich Einnahmen und Ausgaben entsprechen. Dies ist Voraussetzung für die Erfüllung der ältesten Budgetfunktion – der Bedarfsdeckung. Nehmen wir an, die Bundesregierung hätte in einem Haushaltsjahr 400 Mrd. € an Ausgaben geplant, würde aber nur Einnahmen in Höhe von 300 Mrd. € erwarten. Ein solcher Haushaltsplan wäre nicht umsetzbar. Es ist auch nicht klar, welche der geplanten Ausgaben nicht geleistet werden können. Ein nicht ausgeglichener Haushalt würde also Informationen verschleiern und der Steuerungsfunktion eines Budgets nicht gerecht werden. **603**

Das Grundgesetz schreibt in seinem Art. 110 Abs. 1 Satz 2 nur den rein formellen Haushaltsausgleich vor. Es verlangt lediglich, dass die Gesamtsumme der veranschlagten Ausgaben der Gesamtsumme der veranschlagten Einnahmen bei einer rechnerischen Gegenüberstellung zahlenmäßig entspricht. Nicht verlangt ist dagegen der materielle Haushaltsausgleich (ohne neue Schulden). Ein Teil der Einnahmen darf auch kreditfinanziert sein, solange sich Einnahmen und Ausgaben entsprechen. **604**

Grenzen zulässiger Nettokreditaufnahme ergeben sich deshalb nicht aus dem Ausgleichsgebot des Art. 110 Abs. 1 Satz 2 GG, sondern aus Art. 109 Abs. 2 und Art. 115 GG. Dort ist die sog. Schuldenbremse kodifiziert, nach der der Bund bei konjunktureller Normallage bis zu 0,35 Prozent des Bruttoinlandsprodukts als Nettoneuverschuldung aufnehmen darf. Die Bundesländer müssen hingegen ihre Haushalte bei konjunktureller Normallage ausgleichen. Läuft die Konjunktur hingegen schlechter, so erlaubt die **605**

Schuldenbremse dem Bund und den Ländern eine etwas höhere Neuverschuldung. Daneben sind auch unionsrechtliche Vorschriften zur Staatsverschuldung in den Mitgliedstaaten der Europäischen Union einzuhalten.

606 Zur Herbeiführung des Haushaltsausgleichs stehen mehrere Instrumente zur Verfügung. Um den Ausgleich in der Aufstellungsphase des Haushaltsplans zu erreichen, werden teilweise sog. „Haushaltssicherungsgesetze" oder „Haushaltsbegleitgesetze" zusammen mit dem Haushaltsgesetz verabschiedet. Sie sehen Kürzungen bei staatlichen Leistungen oder Erhöhungen bei den Steuern und Abgaben oder beides vor.

607 Kommt es im Rahmen des Haushaltsvollzugs zu Schwierigkeiten beim Haushaltsausgleich, kann das Bundesfinanzministerium gemäß § 41 BHO von seiner Einwilligung abhängig machen, ob Verpflichtungen eingegangen oder Ausgaben geleistet werden (haushaltswirtschaftliche Sperre). Reicht die Sperre nicht aus, kann ein Nachtragshaushalt eingebracht werden.

608 Ausnahmen vom Grundsatz des Haushaltsausgleichs sind nicht vorgesehen.

XI. Haushaltswahrheit und Haushaltsklarheit

609 Der Grundsatz der Haushaltswahrheit ist weder verfassungsrechtlich noch einfachgesetzlich ausdrücklich normiert. Er wird im Haushaltsrecht vorausgesetzt und in Nr. 2.3 VV-BHO zu § 9 und in Nr. 1.2 VV-BHO zu § 11 erwähnt. Das Gebot der Wahrheit des Haushaltsplans verlangt, dass Einnahmen und Ausgaben so genau wie möglich zu schätzen sind. Vorsätzlich erhöhte Ausgabenansätze sind daher ebenso verboten wie bewusst zu niedrig angesetzte Einnahmenschätzungen. Darüber hinaus müssen Einnahmeansätze z. B. auf Grundlage der Einnahmen der Vergangenheit extrapoliert werden. Bei Ausgabeansätzen kann es für eine genaue Schätzung erforderlich sein, auf Angebote oder Kostenvoranschläge zurückzugreifen, Preisinformationen einzuholen, zu erwartende Verbräuche zu berechnen usw.

610 Das Gebot, die Haushaltsansätze aufgrund realitätsnaher Prognosen zu veranschlagen, wird in formeller Sicht mit dem Grundsatz der Haushaltsklarheit verknüpft. Die Klarheit des Haushaltsplans erfordert, dass die sachgerecht und vertretbar ermittelten Ansätze im Haushaltsplan übersichtlich und transparent dargestellt werden. Das Haushaltsrecht stellt in §§ 13–17 BHO Anforderungen für die übersichtliche Gliederung des Haushaltsplans auf. Darüber hinaus sollen die Haushaltstechnischen Richtlinien des Bundes eine einheitliche und nachvollziehbare Darstellung des Haushaltsplans gewährleisten.

Es bestehen enge Zusammenhänge zwischen den Haushaltsgrundsätzen der Wahrheit und Klarheit und dem Bruttoprinzip sowie der Einheit und Vollständigkeit. Ausnahmen von der Haushaltswahrheit und -klarheit sind naturgemäß nicht vorgesehen. **611**

XII. Öffentlichkeit

1. Grundsatz

Nach dem Grundsatz der Öffentlichkeit ist das Haushaltsgeschehen in allen Phasen des Haushaltskreislaufs in seinen wesentlichen Punkten der Öffentlichkeit zugänglich zu machen. Der Grundsatz der Öffentlichkeit – auch Budgetpublizität genannt – findet sich in verschiedenen haushaltsrechtlichen Vorschriften: **612**

Wenn der Haushaltsplan gemäß Art. 110 Abs. 2 Satz 1 GG durch ein formelles Gesetz festgestellt werden muss, resultiert daraus zugleich, dass er im Parlament öffentlich zu verhandeln ist (Art. 42 Abs. 1 GG) und Fernsehen, Presse und Rundfunk darüber berichten dürfen (Art. 5 Abs. 1 GG). Zudem ist jedes Haushaltsgesetz zusammen mit dem Gesamtplan im Bundesgesetzblatt zu verkünden (Art. 82 Abs. 1 GG; § 1 Satz 2 BHO). Auch die Prüfungsergebnisse des Bundesrechnungshofs werden öffentlich vorgestellt und zugänglich gemacht. **613**

Der Grundsatz der Öffentlichkeit dient dazu, parlamentarische Vorgänge und Entscheidungen transparent zu machen. Er ist daher kein spezifisch haushaltsrechtlicher Grundsatz, sondern dem Demokratieprinzip des Grundgesetzes immanent: „Öffentliches Verhandeln von Argument und Gegenargument, öffentliche Debatte und öffentliche Diskussion sind wesentliche Elemente des demokratischen Parlamentarismus“[100]. **614**

2. Ausnahme: geheime Fonds

Staatliche Geheimhaltungsinteressen können dem Öffentlichkeitsgrundsatz ausnahmsweise entgegenstehen. Dies trifft auf das Bundesamt für Verfassungsschutz, den Bundesnachrichtendienst sowie den Militärischen Abschirmdienst zu. Bei diesen Geheimfonds wird im Haushaltsplan zwar die Summe der Ausgabeermächtigungen, jedoch werden keine Titel und auch kein Stellenplan ausgewiesen. **615**

100 BVerfGE 130, 318 (344).

616 Geheimzuhaltende Ausgaben werden zwar im regulären Verfahren aufgestellt, festgestellt und bewirtschaftet. § 10a Abs. 1 BHO sieht aber Sonderregelungen für die Rechnungsprüfung durch den Bundesrechnungshof vor. So erfolgt die Prüfung entweder durch ein besonderes Dreierkollegium oder durch den Präsidenten oder Vizepräsidenten des Bundesrechnungshofs. Über das Prüfungsergebnis werden nur die Präsidenten von Bundestag und Bundesrat, der Bundeskanzler und der Bundesminister der Finanzen unterrichtet (§ 97 Abs. 4 BHO).

E. Haushaltskreislauf

Jeder Haushaltsplan durchläuft verschiedene Phasen, die als Haushaltskreislauf bezeichnet werden. Der Haushaltskreislauf gliedert sich in die vier Phasen 617
- Aufstellung,
- Feststellung,
- Ausführung und
- Kontrolle

des Haushaltsplans (vgl. Abb. 73).

Dabei laufen diese Phasen zeitlich nicht unbedingt nacheinander ab. Beispielsweise erstreckt sich die Kontrolle durch den Bundesrechnungshof auch auf die Aufstellungsphase des Haushaltsplans. Ferner überschneiden sich zu jedem Zeitpunkt die Haushaltskreisläufe verschiedener Haushaltsjahre. Während ein Haushaltsplan ausgeführt wird, befindet sich bereits ein neuer Haushaltsplan in der Aufstellungsphase, und der Haushaltsplan eines abgelaufenen Haushaltsjahres wird noch kontrolliert. Insgesamt dauert dieser „Lebenszyklus" eines Haushaltes etwa drei bis vier Jahre. 618

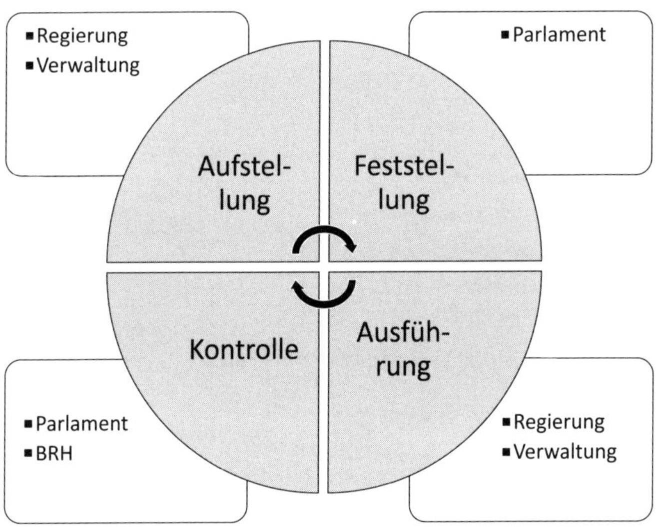

Abb. 73: Phasen des Haushaltskreislaufs.

I. Aufstellung des Haushaltsplans

619 In der Aufstellungsphase wird das umfangreiche Zahlenwerk des Haushaltsplans erarbeitet und zusammengestellt sowie der Finanzplan angepasst. Dies nimmt viel Zeit in Anspruch. Schließlich muss u. a. für jeden einzelnen Titel in jedem Kapitel ein Sollansatz festgelegt werden, wobei hier zumindest als Grundlage auf die Ansätze früherer Finanzpläne zurückgegriffen werden kann. Die Arbeiten für die Aufstellung von Haushalts- und Finanzplan beginnen bereits mehr als ein Jahr vor dem geplanten Inkrafttreten. Insbesondere die mittelfristige wirtschaftliche Entwicklung und das mittelfristig zu erwartende Steueraufkommen werden hierfür geschätzt. Anschließend versendet das Bundesministerium der Finanzen etwa im Dezember des Vorvorjahres das Aufstellungsrundschreiben an die Ressorts.

620 Seit dem Jahr 2012 erfolgt die Aufstellung des Haushaltsplans weit überwiegend im sog. Top-down-Verfahren. Dabei werden in einem Eckwertebeschluss des Kabinetts Ausgabenobergrenzen für die Einzelpläne festgelegt sowie weitere bedeutende Einzelpositionen (Eckwerte) beschlossen. Die Haushaltsanmeldungen der Ressorts müssen sich an diese Obergrenzen halten. Mit diesem Verfahren soll die Einhaltung der im Grundgesetz geregelten Schuldenbremse sichergestellt werden. Der Zeitplan für die Aufstellung des Haushaltsplans ist exemplarisch für den Haushaltsplan 2022 und den Finanzplan bis 2025 in Tab. 8 dargestellt.

Tab. 8: Zeitplan für die Aufstellung des Haushaltsentwurfs 2022 und des Finanzplans bis 2025.

	2021
Entwicklung des Eckwertebeschlusses und Erarbeitung der Kabinettsvorlage durch das Bundesministerium der Finanzen	bis Anfang März
Zuleitung der Kabinettsvorlage an Kabinett	bis 12. März
Kabinettsitzung für Eckwertebeschluss	17. März
Vorlage der Voranschläge zum Personalhaushalt	bis 16. April
Steuerschätzung	10. bis 12. Mai
Abschluss der Haushaltsgespräche zwischen BMF und Ressorts	bis 4. Juni
Zuleitung an Kabinett	bis 18. Juni
Kabinettsitzung für Regierungsentwurf des Bundeshaushalts 2022 und des Finanzplans bis 2025	23. Juni

Vor 2012 hatten die Ressorts ihre Voranschläge an das BMF übermittelt, ohne dass Obergrenzen zu beachten waren (Bottom-up-Verfahren). Dabei war die

Höhe der Gesamtausgaben schwerer zu kontrollieren. Weiterhin im Bottom-up-Verfahren wird lediglich der Personalhaushalt aufgestellt.

Nach dem Eckwertebeschluss erstellen die obersten Bundesbehörden ihre Haushaltsvoranschläge. Dabei beteiligen sie auch den nachgeordneten Bereich. Solange der Eckwertebeschluss eingehalten wird und die Haushaltsanmeldungen der Ressorts plausibel erscheinen, wird das Bundesministerium der Finanzen kaum Veranlassung für Änderungen haben. Bei Uneinigkeit zwischen Bundesministerium der Finanzen und Fachressort in den Haushaltsgesprächen hätte das BMF eine stärkere Stellung. **622**

Die Phase der Haushaltsaufstellung endet mit dem Beschluss des ersten Regierungsentwurfs im Kabinett, der anschließend im parlamentarischen Verfahren beraten wird. **623**

II. Feststellung des Haushaltsplans

Das Haushaltsgesetz ist ein Einspruchsgesetz, d. h. der Bundesrat kann gegen den Beschluss des Bundestages Einspruch einlegen. Jedoch kann der Einspruch vom Bundestag mit der entsprechenden Mehrheit zurückgewiesen werden (Art. 77 Abs. 4 GG). Normalerweise kann der Bundeshaushalt also auch ohne die Zustimmung des Bundesrates festgestellt werden. Dies entspricht der Unabhängigkeit der Haushaltswirtschaft des Bundes nach Art. 109 Abs. 1 GG. Schwierig könnte die Zurückweisung eines Einspruchs des Bundesrates allenfalls werden, wenn der Einspruch mindestens mit Zweidrittelmehrheit erfolgt. In diesem Fall ist für die Zurückweisung ebenfalls eine Zweidrittelmehrheit im Bundestag erforderlich. **624**

Das Gesetzgebungsverfahren beginnt damit, dass die Bundesregierung unmittelbar nach der Sommerpause des Bundestages den Entwurf des Haushaltsgesetzes mit seinem Anhang, dem Haushaltsplan, in das parlamentarische Verfahren einbringt. In den Jahren nach Bundestagswahlen verzögert sich die Einbringung. Dabei hat die Bundesregierung das alleinige Gesetzesinitiativrecht (erste Verfahrensbesonderheit). Dies wird abgeleitet aus Art. 110 Abs. 3 GG. Bei anderen Bundesgesetzen kann die Gesetzesinitiative auch vom Bundesrat oder aus der Mitte des Bundestages kommen (Art. 76 Abs. 1 GG). Beim Haushaltsgesetz hat aber nur die Bundesregierung Zugriff auf den Verwaltungsapparat und damit auf die große Menge der notwendigen Informationen. Das Einbringungsmonopol der Bundesregierung ist Ausprägung der Grundsätze der Haushaltswahrheit und Vollständigkeit. **625**

Der Entwurf von Haushaltsgesetz und Haushaltsplan wird gemäß Art. 110 Abs. 3 GG gleichzeitig Bundestag und Bundesrat zugeleitet (zweite Verfah- **626** rensbesonderheit). Normalerweise hat der Bundesrat bei Gesetzesinitiativen der Bundesregierung eine sechswöchige Frist zur Stellungnahme. Erst nach der Stellungnahme des Bundesrates wird der Gesetzentwurf beim Bundestag eingebracht (Art. 76 Abs. 2 GG). Durch die gleichzeitige Zuleitung soll das Verfahren beschleunigt werden, damit dem Grundsatz der Vorherigkeit (d. h. Feststellung des neuen Haushaltsplans vor Beginn des neuen Haushaltsjahres) Genüge getan werden kann.

627 Die erste Lesung im Bundestag beginnt mit der Etatrede des Bundesfinanzministers, an die sich eine Debatte mit den finanzpolitischen Sprechern der Fraktionen anschließt. Danach befasst sich der Haushaltsausschuss des Bundestages mit dem Haushaltsentwurf. Die Berichterstatter im Ausschuss, die aus den verschiedenen Fraktionen kommen, sind für jeweils einen Einzelplan schwerpunktmäßig zuständig. In die Beratungen des Haushaltsauschusses fließt auch die Stellungnahme des Bundesrates ein. Im Verlauf der Sitzungen erfährt eine Vielzahl von Titelansätzen aus dem ursprünglichen Entwurf Änderungen. Die letzte „Bereinigungssitzung“ des Haushaltsausschusses findet regelmäßig im November statt.

628 Hieran schließt sich die zweite Lesung im Bundestag an. Die zuständigen Berichterstatter erläutern die Änderungen an den Etats der jeweiligen Einzelpläne. Über jeden Einzelplan wird gesondert debattiert und abgestimmt. In diesem Zusammenhang findet auch die Debatte über den Etat des Bundeskanzlers und des Bundeskanzleramts statt, die traditionell als Generalaussprache über die gesamte Politik der Bundesregierung genutzt wird. Daran schließt sich unmittelbar die dritte Lesung im Bundestag an, die nach kurzer Aussprache mit der Schlussabstimmung über den Haushaltsentwurf endet.

629 Der Beschluss des Bundestages wird dem Bundesrat zugeleitet. Stimmt der Bundesrat zu, kann das Haushaltsgesetz nach Gegenzeichnung durch Finanzminister und Bundeskanzler sowie Ausfertigung durch den Bundespräsidenten im Bundesgesetzblatt verkündet werden. Allerdings werden nur das Haushaltsgesetz und der Gesamtplan im Bundesgesetzblatt verkündet, nicht jedoch die Einzelpläne (dritte Verfahrensbesonderheit). Durch deren Umfang würde das Bundesgesetzblatt überfrachtet. Im Übrigen werden Gesetze mit allen Anhängen im Bundesgesetzblatt publiziert. Stimmt der Bundesrat dem Beschluss des Bundestages nicht zu, läuft das auch bei anderen Einspruchsgesetzen übliche Verfahren ab, auf das hier nicht weiter eingegangen wird.

Hinweis

Bitte verwechseln Sie nicht die drei Besonderheiten des Gesetzgebungsverfahrens beim Haushaltsgesetz (Einbringungsmonopol der Bundesregierung, gleichzeitige Zuleitung an Bundesrat und Bundestag, keine Veröffentlichung der Einzelpläne im Bundesgesetzblatt) mit den vier Besonderheiten des Haushaltsgesetzes (Zeitgesetz, Inkrafttreten am 1. Januar, keine Drittwirkung, zeitliches und sachliches Bepackungsverbot).[101]

Kommt es nach der Feststellung des Haushaltsplans zu einem unerwarteten **630**
Mehrbedarf an Ausgaben, so kann möglicherweise ein Nachtragshaushalt gemäß § 33 BHO erforderlich werden. Im Jahr 2020 wurden vom Bund zwei Nachtragshaushalte auf den Weg gebracht, um die finanziellen Folgen der Corona-Pandemie zu bewältigen; im Jahr 2021 wurde ein Nachtragshaushalt verabschiedet. Davor waren zuletzt im Jahr 2015 zwei Nachtragshaushalte erforderlich.

Auch für Nachtragshaushalte gilt der Grundsatz des Haushaltsausgleichs. **631**
Hierfür kann eine zusätzliche Neuverschuldung erforderlich werden. Im Jahr 2015 konnte der Haushaltsausgleich aber dadurch sichergestellt werden, dass die Steuereinnahmen deutlich höher ausfielen als bei der Aufstellung des Haushaltsplans. Das Gesetzgebungsverfahren für einen Nachtragshaushalt entspricht dem eines regulären Haushaltes, allerdings verkürzt sich die Frist für die Stellungnahme des Bundesrates von sechs auf drei Wochen (Art. 110 Abs. 3 GG). Ferner wird der Entwurf des Nachtragshaushaltes ohne vorherige Lesung im Bundestag unmittelbar in den Haushaltsausschuss eingebracht und anschließend nach nur einer Lesung schlussabgestimmt.

III. Ausführung des Haushaltsplans

Bei der Ausführung des Haushaltsplans steht die Bewirtschaftung der **632**
Haushaltsmittel im Vordergrund, also Ausgaben zu leisten oder Verpflichtungen einzugehen. Dabei sind die Vorgaben aus GG, BHO, HG und Haushaltsplan zu beachten. Jeder Minister leitet sein Ressort gemäß Art. 65 Satz 2 GG in eigener Verantwortung. Dies gilt auch für die Rechtmäßigkeit und Wirtschaftlichkeit finanzwirksamer Maßnahmen.

101 Vgl. Rz. 169 ff.

1. Beauftragter für den Haushalt

633 Bei der Bewirtschaftung von Haushaltsmitteln kommt dem Beauftragten für den Haushalt eine herausgehobene Position zu. Jede Dienststelle, die Einnahmen und Ausgaben bewirtschaftet, muss einen Beauftragten für den Haushalt bestellen, soweit der Leiter der Dienststelle diese Aufgabe nicht selber erfüllt. Beauftragter für den Haushalt kann z. B. der Leiter des Haushaltsreferats einer Behörde sein. Oft ist diese Aufgabe aber auch auf einer höheren Hierarchieebene wie der Abteilungsleitung angesiedelt. Beim Bundespolizeipräsidium ist derzeit der Leiter der Abteilung 8 zugleich Beauftragter für den Haushalt. In Abteilung 8 ist auch das Haushaltsreferat 81 angesiedelt. Jede Bundespolizeidirektion verfügt ebenfalls über einen Beauftragten für den Haushalt.

634 Die Aufgaben des Beauftragten für den Haushalt sind in § 9 Abs. 2 BHO umrissen mit

- Aufstellung der Voranschläge für den Entwurf des Haushaltsplans,
- Ausführung des Haushaltsplans und
- Beteiligung bei allen Maßnahmen von finanzieller Bedeutung.

635 Eine detailliertere Beschreibung der Aufgaben ergibt sich aus den VV-BHO zu § 9. Eine für das Hierarchieprinzip in der Bundesverwaltung atypische Besonderheit der Position des Beauftragten für den Haushalt besteht darin, dass er in Haushaltsfragen dem Leiter der Behörde widersprechen kann – sofern der Behördenleiter die Funktion des Beauftragten für den Haushalt nicht selbst ausübt. Im Fall eines Widerspruchs muss die vorgesetzte Behörde über den Sachverhalt befinden.

2. Bewirtschaftungs- und Anordnungsbefugnisse

636 Sowohl Beauftragte für den Haushalt als auch Leiter von Behörden verfügen über Bewirtschaftungs- und Anordnungsbefugnisse für alle von der Behörde bewirtschafteten Titel. Bewirtschaftungsbefugnis meint, über die Verwendung von Haushaltsmitteln im Rahmen der jeweiligen Zweckbestimmung verantwortlich zu verfügen. Hierunter kann z. B. die Bestellung von Material aus einem Rahmenvertrag fallen, das später aus dem zugehörigen Titel zu bezahlen ist.

637 Erforderlich ist, dass der Bewirtschaftende auch Kassenanordnungen erteilen darf (Anordnungsbefugnis). Hierfür müssen der Name und die Signatur der anordnenden Person bei der Bundeskasse hinterlegt sein. Zahlungen können (bis auf ganz wenige Ausnahmen) nur von der Bundeskasse geleistet oder entgegengenommen werden. Die Bundeskasse hat derzeit vier

Dienstorte: Halle/Saale, Weiden/Oberpfalz, Trier und Kiel. Sie ist ein Referat der Abteilung „Zahlungsverkehr und Rechnungswesen des Bundes“ (ZRB) bei der Generalzolldirektion. Die Trennung von Bewirtschaftung durch die Behörden auf der einen Seite sowie von Zahlung und Buchführung durch die Bundeskasse/ZRB auf der anderen Seite soll der Kontrolle und Sicherheit dienen.

Eine Kassenanordnung kann – ebenfalls aus Gründen der Sicherheit und **638**
Kontrolle – nie von einer Person alleine erteilt werden. Eine weitere Person muss die sachliche und/oder die rechnerische Richtigkeit bescheinigen. Dadurch soll die Notwendigkeit, Angemessenheit, Wirtschaftlichkeit, Rechtmäßigkeit und Richtigkeit der Zahlung sichergestellt werden. Diese Aufgabe kann sich z. B. auch im Arbeitsalltag eines Polizeikommissars ergeben. Entsteht dem Bund durch eine unrichtige Feststellung ein Schaden, haftet der Feststeller, wenn er den Mangel kannte oder bei der gebotenen Sorgfaltspflicht hätte erkennen müssen.

Wer die Feststellung der sachlichen Richtigkeit bescheinigt, übernimmt **639**
insbesondere die Verantwortung dafür, dass

- die Zahlung nach Rechtsgrund und Höhe richtig ermittelt worden ist;
- die auf dem Vorblatt sowie die in den zahlungsbegründenden Unterlagen enthaltenen Angaben vollständig und richtig sind (= Datenermittlung);
- nach den geltenden Vorschriften, insbesondere nach den Grundsätzen der Wirtschaftlichkeit verfahren worden ist;
- die Lieferung oder Leistung entsprechend der zu Grunde liegenden Vereinbarung oder Bestellung sachgemäß und vollständig ausgeführt worden ist und
- die übrigen haushaltsrechtlichen Voraussetzungen für die Zahlung vorliegen.

Wer die Feststellung der rechnerischen Richtigkeit bescheinigt, übernimmt **640**
die Verantwortung

- für die Richtigkeit des Rechenwerks sowie
- die Richtigkeit der den Berechnungen zugrunde liegenden Ansätze, insbesondere deren Übereinstimmung mit der maßgebenden Berechnungsgrundlage (z. B. Vorschriften, Verträge, Tarife).

Die Bescheinigung erfolgt durch den Feststellungsvermerk „sachlich rich- **641**
tig“ bzw. „rechnerisch richtig“, die Unterschrift des Feststellers sowie die Ergänzung des Nachnamens sowie der Amtsbezeichnung bzw. der Entgeltgruppe in Druckbuchstaben. Die Bescheinigung hat unmittelbar beim Auszahlungsbetrag zu erfolgen. Der Vermerk erfolgt im eigenen Namen, d. h. ohne Zusätze wie „in Vertretung“ oder „im Auftrag“, da der Feststeller persönlich die Verantwortung trägt, nicht die Behörde. Die Feststellung durch

einen Mitarbeiter darf nicht in Angelegenheiten erfolgen, die dessen eigene Person oder dessen Angehörige betreffen (z. B. als Zahlungsempfänger). Sind an der Feststellung weitere Mitarbeiter beteiligt, die z. B. die vollständige Lieferung bescheinigen oder über die zur Feststellung erforderlichen Fachkenntnisse auf rechtlichem, medizinischem oder technischem Gebiet verfügen, muss aus deren Bescheinigung der Umfang der Verantwortung ersichtlich sein (sog. Teilbescheinigung).

642 Beauftragte für den Haushalt können ihre Befugnisse auf Titelverwalter delegieren. Letztere bewirtschaften im Fall der Delegation einen oder mehrere Titel der Behörde. Titelverwalter können auch auf einer niedrigeren Hierarchieebene tätig sein.

3. Buchführung

643 Alle Zahlungsvorgänge werden in der Buchführung des Bundes erfasst. Das Rechnungswesen des Bundes wird als erweiterte Kameralistik bezeichnet. Die Kameralistik stellt auf finanzielle Vorgänge ab. Haushaltsansätze, Festlegungen, Anweisungen, Zahlungen und noch verfügbare Mittel werden mit diesem System genau dokumentiert. Das „Lagebild Haushalt“ der Bundespolizei beispielsweise fasst unterjährige Zwischenergebnisse aus der Buchführung zusammen.

644 Anders als der Bund arbeiten viele Kommunen mit der kaufmännischen Buchführung, auch Doppik genannt. Diese basiert auf dem Handelsgesetzbuch. In einer Bilanz werden zu einem Stichtag Aktiva (Vermögen) und Passiva (Schulden) gegenübergestellt. Erfolgswirksame Vorgänge werden in einer Gewinn-und-Verlust-Rechnung erfasst. Die Unterschiede zwischen Kameralistik und Doppik sind erheblich. Beispielsweise werden nichtzahlungswirksame Vorgänge wie Abschreibungen (Wertminderungen) zwar in der Doppik, jedoch nicht in der Kameralistik erfasst.

645 Während sich die klassische Kameralistik überhaupt nicht mit der Bewertung des Vermögens auseinandersetzt, wird die kamerale Buchführung beim Bund um eine Vermögensrechnung erweitert (daher die Bezeichnung „erweiterte Kameralistik“). Die Bewertung von Vermögen und Schulden erfolgt in dieser Vermögensrechnung jedoch nicht stringent nach den Regelungen des Handelsgesetzbuches.

IV. Kontrolle der Haushaltswirtschaft

1. Rechnungslegung

Die erste Phase der Kontrolle der Haushaltswirtschaft besteht aus der Rechnungslegung. Die Abteilung Zahlungsverkehr und Rechnungswesen des Bundes in der Generalzolldirektion erstellt Entwürfe der Haushaltsrechnung für die Einzelpläne und übermittelt sie den Ressorts zur Kontrolle auf Vollständigkeit und Richtigkeit. Die geprüften und ggf. berichtigten Rechnungen der Einzelpläne werden dann ergänzt um Beiträge des Bundesfinanzministeriums in der Haushaltsrechnung des Bundes zusammengefasst. **646**

Neben globalen Daten für das abgelaufene Haushaltsjahr weist die Haushaltsrechnung auch die Ist-Ergebnisse jedes Titels in jedem Kapitel aus. Sie ist damit ein vergangenheitsbezogenes Spiegelbild des Haushaltsplans. Der Haushaltsrechnung z. B. kann entnommen werden, ob der Sollansatz bei einem Ausgabetitel im betrachteten Haushaltsjahr ausgeschöpft wurde oder möglicherweise ein über den Sollansatz hinausgehender Bedarf bestand. Dies soll am Beispiel des Titels 422 01 im Kapitel 0625 im Haushaltsjahr 2020 verdeutlicht werden (Abb. 74). **647**

Der Sollansatz des Titels 422 01 in Kapitel 0625 betrug im Jahr 2020 über 1,7 Mrd. €. Dennoch überstieg der Ausgabebedarf den Sollansatz um über **648**

0625 Bundespolizei

Titel und Funktion	Zweckbestimmung	Soll 2020 €	Ist 2020 €	Abweichung Ist ./. Soll €
1	2	3	4	5
F 422 01-042	*Bezüge und Nebenleistungen der planmäßigen Beamtinnen und Beamten*	*1.707.709.000,00*	*1.837.217.710,37*	*129.508.710,37*
	Solländerung	*(129.508.710,37)*		
	Erläuterungen			
	Verstärkung durch Mehreinnahme			
	bei Tit. 111 03 … 1.524.380,36 €			
	Deckung flexibilisierter Ausgaben gemäß § 5 Abs. 2 HG innerhalb desselben Ausgabenbereichs			
	bei Tit. 422 03 … 11.562.245,65 €			
	bei Tit. 428 01 … 38.176.979,09 €			
	bei Tit. 451 01 … 32.297,48 €			
	Deckung flexibilisierter Ausgaben gemäß § 5 Abs. 3 HG			
	bei Tit. 511 01 … 11.259.332,76 €			
	bei Tit. 511 11 … 57.801,91 €			
	bei Tit. 514 01 … 15.391.349,23 €			
	bei Tit. 517 01 … 203.822,91 €			
	bei Tit. 518 01 … 967.594,63 €			
	bei Tit. 519 01 … 829.605,35 €			
	bei Tit. 525 01 … 4.996.802,45 €			
	bei Tit. 527 04 … 1.249.726,90 €			
	bei Tit. 532 02 … 48.281,51 €			
	bei Tit. 671 03 … 236.447,25 €			
	bei Tit. 671 04 … 10.825.017,18 €			
	bei Tit. 681 08 … 19.689,62 €			
	bei Tit. 684 09 … 1.742,54 €			
	bei Tit. 687 09 … 2.955,00 €			
	bei Tit. 711 01 … 5.201.995,08 €			
	bei Tit. 811 01 … 70.815,00 €			
	bei Tit. 812 02 … 6.997.770,15 €			
	bei Tit. 812 04 … 20.227.050,39 €			

Abb. 74: Auszug aus der Haushaltsrechnung 2020.

130 Mio. €. Die Ist-Ausgabe belief sich deshalb auf 1,837 Mrd. €. Um den zusätzlichen Ausgabebedarf decken zu können, wurden verschiedene Verstärkungsmöglichkeiten genutzt. Zum einen erfolgte eine Verstärkung durch Mehreinnahmen bei Titel 111 03. Hierfür wurde eine Ausnahme vom Haushaltsgrundsatz der Gesamtdeckung – die Zweckbindung – genutzt. Bei Titel 111 03 lag ein Zweckbindungsvermerk u. a. zugunsten des Titels 422 01 vor. Entstehungsgrund für die Einnahmen bei Titel 111 03 sind Erstattungen für Einsätze der Bundespolizei nach § 11 Abs. 1 BPolG, etwa wenn die Bundespolizei unterstützend für die Bundesländer tätig wird.

649 Daneben wurde auch die Deckungsfähigkeit als Ausnahme vom Grundsatz der sachlichen Bindung zur Verstärkung des Titels 422 01 genutzt, und zwar in Form von zwei Varianten der Deckungsfähigkeit kraft Haushaltsgesetzes. Zum einen wurde auf die hauptgruppeninterne Deckungsfähigkeit gemäß § 5 Abs. 2 Satz 1 Nr. 1 HG 2021 zurückgegriffen (also innerhalb von Hauptgruppe 4), u. a. durch Nutzung der Minderausgaben bei Titel 422 03. Zum anderen wurde die hauptgruppenübergreifende Deckungsfähigkeit nach § 5 Abs. 3 HG 2021 in Anspruch genommen, hier durch Nutzung der Minderausgaben bei verschiedenen Titeln der Hauptgruppe 5. Dabei war die „20 Prozent-Regel" zu beachten. Die Einhaltung dieser Regel kann aber nur bei Betrachtung der gesamten Hauptgruppe 4 geprüft werden, und zwar sowohl der Summe der flexibilisierten Sollansätze dieser Hauptgruppe als auch der insgesamt zugunsten dieser Hauptgruppe vorgenommenen Verstärkungen aus anderen Hauptgruppen.

650 Die Minderausgaben etwa bei den Titeln 422 03 und 511 01 und der davon für die Deckung von Mehrausgaben bei anderen Titeln genutzte Teil werden ebenso in der Haushaltsrechnung ausgewiesen. Eine weitere potenzielle Verstärkungsmöglichkeit für Titel 422 01 wäre die Nutzung von in der Vergangenheit bei diesem Titel gebildeten Ausgaberesten. Da Titel 422 01 gemäß § 5 Abs. 2 Satz 1 Nr. 1 HG 2021 flexibilisiert ist, wäre gemäß § 5 Abs. 4 HG 2021 eine Übertragbarkeit gegeben. Der Grund, warum dies nicht möglich war, dürfte darin liegen, dass bei diesem Titel auch in der Vergangenheit Mehrbedarfe bestanden und folglich keine Minderausgaben angefallen sind, die für die Bildung von Ausgaberesten hätten genutzt werden können.

2. Rechnungsprüfung

651 An die Rechnungslegung schließt sich die Rechnungsprüfung an. Dabei wird das gesamte Verwaltungshandeln vom Bundesrechnungshof geprüft. Der Bundesrechnungshof ist eine oberste Bundesbehörde. Er ist eine unabhängige Institution und nur dem Gesetz unterworfen. Seine Mitglieder genießen richterliche Unabhängigkeit. Sein Prüfauftrag umfasst die Ordnungsmäßigkeit und die Wirtschaftlichkeit des Verwaltungshandelns. Die Ergebnisse spezieller Prüfungen werden in Prüfungsmitteilungen zusammengefasst. Darüber hinaus berichtet der BRH jährlich in Form seiner Bemerkungen an Bundestag, Bundesrat und Bundesregierung. Diese Bemerkungen sind Grundlage der parlamentarischen Prüfung der Haushaltswirtschaft.

Ziel der parlamentarischen Kontrolle ist die Entlastung der Bundesregie- **652**
rung. Im Bundesrat wird die Entlastung zunächst im Finanzausschuss beraten und dann als Stellungnahme an den Bundestag übermittelt. Beim Bundestag werden die Bemerkungen des Bundesrechnungshofs ausführlich im Rechnungsprüfungsausschuss behandelt. Der Rechnungsprüfungsausschuss ist ein Unterausschuss des Haushaltsausschusses des Bundestages. Er erstellt eine Beschlussempfehlung, die über den Haushaltsauschuss an das Plenum des Bundestages geleitet wird. Im Anschluss kann der Bundestag der Bundesregierung die Entlastung erteilen. Der Deutsche Bundestag hat der Bundesregierung noch nie die Entlastung verweigert. Die Entlastung der Bundesregierung stellt eine abschließende Beurteilung der gesamten Haushalts- und Wirtschaftsführung der Bundesverwaltung dar, hingegen keine politische Bewertung der Bundesregierung.

Abbildungsverzeichnis

Abb. 1: Standort des Haushaltsrechts ... 22
Abb. 2: Überblick über die staatlichen Einnahmen ... 27
Abb. 3: Haushaltsgrundsatz der Gesamtdeckung ... 29
Abb. 4: Dokumentation von Sonderabgaben im Haushaltsplan ... 33
Abb. 5: Beitragssystem nach der Reichsverfassung von 1871 ... 35
Abb. 6: Trennsystem ... 36
Abb. 7: Verbundsystem ... 37
Abb. 8: Gesetzgebungshoheit ... 43
Abb. 9: Verwaltungshoheit ... 50
Abb. 10: Aufbau der Bundesfinanzverwaltung ... 51
Abb. 11: Aufbau der Landesfinanzverwaltung ... 52
Abb. 12: Konnexitätsgrundsatz ... 54
Abb. 13: Haushaltsautonomie von Bund und Ländern ... 56
Abb. 14: Haushaltsgesetz und Haushaltsplan ... 63
Abb. 15: Rechtsnatur des Haushaltsgesetzes ... 65
Abb. 16: Feststellung des Bundeshaushaltsplans durch das Haushaltsgesetz ... 66
Abb. 17: Ermächtigung zur Aufnahme von Krediten durch das Haushaltsgesetz ... 66
Abb. 18: Ermächtigung zur Aufnahme von Gewährleistungen durch das Haushaltsgesetz ... 66
Abb. 19: Inkrafttreten des Haushaltsgesetzes ... 66
Abb. 20: Haushaltsmittel ... 68
Abb. 21: Verpflichtungsermächtigungen ... 70
Abb. 22: Stellen ... 71
Abb. 23: Stellenplan der Bundespolizei ... 72
Abb. 24: Personalausgaben im Sachhaushalt ... 73
Abb. 25: Darstellung der den Planstellen zugeordneten Amtsbezeichnungen ... 74
Abb. 26: Stellenplan für Arbeitnehmer ... 76

Abb. 27: Leerstellenübersicht ... 78
Abb. 28: Dokumentation der Ersatz(plan)stellen ... 79
Abb. 29: Vorbemerkungen zum Personalhaushalt ... 80
Abb. 30: Haushaltsvermerk ... 81
Abb. 31: Erläuterungen ... 82
Abb. 32: Gliederung des Haushaltsplans ... 83
Abb. 33: Haushaltsübersicht – Ausgaben (Auszug) ... 84
Abb. 34: Berechnung der zulässigen Kreditaufnahme (Auszug) ... 85
Abb. 35: Deckblatt des Einzelplans 06 – Bundesministerium des Innern, für Bau und Heimat ... 89
Abb. 36: Vorbemerkung zum Kapitel 0625 (Bundespolizei) ... 89
Abb. 37: Überblick zum Kapitel 0625 (Bundespolizei) ... 90
Abb. 38: Bestandteile eines Titels ... 91
Abb. 39: Titelnummer ... 92
Abb. 40: Titelgruppe ... 94
Abb. 41: Funktionskennziffer in einem Titel ... 96
Abb. 42: Zweckbestimmung in einem Titel ... 97
Abb. 43: Mittelansatz in einem Titel ... 97
Abb. 44: Leertitel ... 98
Abb. 45: Mittelfristige Finanzplanung ... 102
Abb. 46: Beschluss des Finanzplans ... 103
Abb. 47: Einführendes Beispiel zum Haushaltsgrundsatz der Zweckbindung ... 106
Abb. 48: Zweckbindung von Einnahmen ... 111
Abb. 49: Arten der Zweckbindung ... 117
Abb. 50: Echte Zweckbindung ... 118
Abb. 51: Erlöse aus der Veräußerung beweglicher Sachen ... 120
Abb. 52: Globale Mehr- und Minderausgabe ... 125
Abb. 53: Einführendes Beispiel zur Deckungsfähigkeit ... 127
Abb. 54: Arten der Deckungsfähigkeit ... 131
Abb. 55: Flexibilisierte Kapitel im Haushaltsplan ... 132
Abb. 56: Ausweis von flexibilisierten und nicht flexibilisierten Titeln im Haushaltsplan ... 136

Abb. 57: Beispiel zur Flexibilisierung 137
Abb. 58: Beispiel zur hauptgruppenübergreifenden Deckungsfähigkeit 139
Abb. 59: Flexibilisierungsvermerk 142
Abb. 60: Gegenseitige Deckungsfähigkeit kraft Haushaltsvermerks 147
Abb. 61: Einseitige Deckungsfähigkeit kraft Haushaltsvermerks 148
Abb. 62: Abgrenzung von Zweckbindung und Deckungsfähigkeit 153
Abb. 63: Einführendes Beispiel zur Übertragbarkeit 155
Abb. 64: Übertragungsvermerk 164
Abb. 65: Gemeinsamkeiten und Unterschiede zwischen Flexibilisierung und Deckungsfähigkeit 165
Abb. 66: Abgrenzung von Deckungsfähigkeit und Übertragbarkeit 166
Abb. 67: Bildung von Ausgaberesten 166
Abb. 68: Veranschlagung von Ausgaberesten im nicht flexibilisierten Bereich 172
Abb. 69: Veranschlagung von Ausgaberesten im flexibilisierten Bereich 173
Abb. 70: Auszug aus dem „Lagebild Haushalt“ der Bundespolizei 174
Abb. 71: Arten der Übertragbarkeit 176
Abb. 72: Rückeinnahmevermerk 182
Abb. 73: Phasen des Haushaltskreislaufs 195
Abb. 74: Auszug aus der Haushaltsrechnung 2020 203

Tabellenverzeichnis

Tab. 1: Finanzierungsübersicht (verkürzt) ... 85
Tab. 2: Kreditfinanzierungsplan (verkürzt) ... 86
Tab. 3: Bezeichnung der Einzelpläne ... 87
Tab. 4: Hauptgruppen nach dem Gruppierungsplan ... 92
Tab. 5: Obergruppen der Hauptgruppe 4 nach dem Gruppierungsplan ... 93
Tab. 6: Gruppen der Obergruppe 42 (Auszug) nach dem Gruppierungsplan ... 93
Tab. 7: Hauptfunktionen nach dem Funktionenplan ... 96
Tab. 8: Zeitplan für die Aufstellung des Haushaltsentwurfs 2022 und des Finanzplans bis 2025 ... 196

Stichwortverzeichnis

Symbole
20 Prozent-Regel 141, 142, 147, 153, 204

A
Alkopopsteuer 29
Amtsbezeichnung 72, 74
andere Stelle 75
Anordnungsbefugnis 200
Arbeitnehmer 75, 76, 77
Aufstellung 105, 108, 127, 148, 169, 189, 195, 196, 199, 200
Aufwandsteuern 47
Ausführung 105, 153, 154, 176, 178, 179, 183, 195, 199, 200
Ausführungsphase 122, 124, 127
Ausgabeermächtigungen 107, 113, 115, 126, 127, 128, 130, 131, 135, 152, 155, 156, 158, 159, 160, 162, 163, 165, 169, 171, 172, 177, 187, 188, 193
Ausgaben 25, 59, 61, 68, 69, 86, 90
– über- und außerplanmäßige 126
Ausgabenbereich 138, 139, 140, 141, 143
Ausgabenhoheit 23
Ausgabenwirtschaft 59
Ausgabereste 158, 159, 161, 165, 166, 167, 168, 169, 170, 171, 172, 173, 174, 176, 177, 187
außenwirtschaftliches Gleichgewicht 24, 62

B
Beamte 71, 72, 75, 77, 78
Beauftragter für den Haushalt 158, 159, 167, 168, 200, 202
Bedarfsdeckungsfunktion 23
Bedarfsprüfung 158, 160, 167, 171
Beiträge 27, 31, 34, 69
Beitragssystem 35
– Matrikularbeiträge 35
Bepackungsverbot 67, 72
Beschäftigungsstand 24
Besoldungsgruppe 72, 75, 78
Bewirtschaftungsbefugnis 200
Biersteuer 38, 40, 46
Bottom-up-Verfahren 196
Bruttoinlandsprodukt 84
Bruttokreditaufnahme 179, 180
Bruttonachweis 177, 178
Bruttoprinzip 106, 177, 178, 179, 180, 182, 193
Bruttoveranschlagung 177, 178
Buchführung 178, 201, 202
Budgethoheit 105, 116, 124, 189, 191
Bundesbetriebe 189, 190
Bundesfinanzverwaltung 52
Bundesgesetzblatt 64, 83
Bundeshaushaltsordnung 24
Bundesrat 41, 47, 52, 62, 63, 64, 87
Bundesrechnungshof 62, 105, 109, 157, 194, 195, 204
Bundesstaat 24
Bundesstaatsprinzip 53, 55
Bundessteuern 38, 46, 87
Bundestreue 56
Bundesverwaltung 49, 50
Bürgschaften 67

D
Dauergesetz 24, 111, 116, 122, 131, 149, 152, 160, 161, 162, 179
Deckungsfähigkeit 124, 129, 130, 131, 135, 137, 138, 140, 141, 142,

145, 146, 148, 149, 150, 151, 152, 153, 159, 160, 164, 165, 170, 175, 176, 204
– einseitige 130, 148, 149, 150
– gegenseitige 130, 134, 139, 146, 149, 150, 153, 162
– hauptgruppeninterne 135, 138, 153, 175, 204
– hauptgruppenübergreifende 138
Deckungskredite 65
Deckungsvermerk 145, 146, 148, 152
Dezemberfieber 156, 160
Dienstleistungen 28
Dispositiv 81, 97
Doppik 202

E

Eckwertebeschluss 196, 197
Einbringungsmonopol 197, 199
Einkommensteuer 41, 42, 46
Einnahmen 59, 68, 86, 90
Einnahmenerzielungsabsicht 29
Einnahmenwirtschaft 59
Einzahlungen 68
Einzelplan 32, 74, 76, 77, 79, 80, 82, 86
– Überblick 80
Einzelplannummer 87
Einzelveranschlagung 105, 106, 122, 123, 124, 126, 127, 128, 130, 153, 154, 155, 178
Energiesteuer 46
Erbschaftsteuer 40, 46
Ergänzungsabgaben 39
Erläuterungen 68, 75, 76, 81, 99
Ermächtigungsgrundlage 25
Ersatzplanstelle 78
Ersatzstelle 78
Erschließungsbeiträge 31
Ertragshoheit 35
– ausschließliche Ertragshoheit der Länder 40
– ausschließliche Ertragshoheit des Bundes 38
– Beitragssystem 35
– Gemeinden 42
– Mischsystem 37
– Trennsystem 36
– Verbundsystem 36, 41
Ertragsteuern 40
erwerbswirtschaftliche Betätigung 33
Europarecht 21

F

Fälligkeit 106, 126, 188
Fälligkeitsprinzip 187
Feststellung 105, 185, 195, 198, 199, 201
Festtitel 94
Feuerschutzsteuer 46
Finanzgerichtsbarkeit 23
Finanzierungsfunktion 30
Finanzierungssaldo 85
Finanzierungsübersicht 85
Finanzierungsverantwortung 54
Finanzmonopole 38
Finanzplan 102
– Alternativrechnungen 102
– Aufstellung 102
– Beschluss 102
– Funktionen 103
– Verbindlichkeit 102
– Vorlage 102
Finanzplanung, mittelfristige 24, 101
Finanzposition 95
Finanzverfassung 21, 22, 27, 37
Finanzwissenschaft 23
Flexibilisierung 132, 134, 135, 137, 138, 139, 142, 143, 144, 145, 146, 147, 149, 150, 152, 153, 155, 162, 163, 164, 172
Flexibilisierungsvermerk 143, 144, 145
Fondswirtschaft 53
Funktion 96
Funktionen des Haushalts
– Bedarfsdeckungsfunktion 59, 60
– Ermächtigungsfunktion 59, 60

– Gestaltungsfunktion 60
– Kontrollfunktion 60, 62
– Programmfunktion 59, 61
Funktionenplan 83, 95
Funktionenplan *Siehe* Verwaltungsvorschriften
Funktionskennziffer 95
– Funktion 96
– Hauptfunktion 96
– Oberfunktion 96
Funktionsvorbehalt 71

G

Garantien 67
Gebühren 27, 30, 31, 34, 69
– Benutzungsgebühren 30
– Lizenzentgelt 30
– Verleihungsabgabe 30
– Verwaltungsgebühren 30
Gegenleistung 29, 31
Gegenleistungsfreiheit 28
Geheimfonds 189, 193
Geldleistungen 28, 29, 30
Gemeindeverwaltung 51
Gemeinschaftsaufgaben 23
Gemeinschaftsteuern 39, 41, 46, 87
Gesamtdeckung 29, 106, 107, 108, 109, 110, 116, 119, 120, 121, 122, 129, 161, 175, 176, 181, 183, 204
Gesamtplan 32, 82, 83
– Finanzierungsübersicht 85
– Haushaltsübersicht 84
– Kreditfinanzierungsplan 86
– zulässige Kreditaufnahme 85
gesamtwirtschaftliches Gleichgewicht 23, 57
Geschäftsleitungsgewalt 70
Gesetze
– formelle Gesetze 63
– materielle Gesetze 64
Gesetzesinitiativrecht 197
Gesetzgebungshoheit 43
– ausschließliche Gesetzgebungshoheit der Länder 47
– ausschließliche Gesetzgebungshoheit des Bundes 43
– konkurrierende Gesetzgebungshoheit 44, 46
Gewährleistungen 67
Gewerbesteuer 42, 46, 48
Gleichartigkeit von Steuern 47
gleichwertige Lebensverhältnisse 45
Globale Mehrausgabe 126, 153
Globale Minderausgabe 124, 153
Globalvermerk 133, 144, 149
Grunderwerbsteuer 46, 47
– Grunderwerbsteuersatz 48
Grundrechte 23
Grundsteuer 42, 44, 48
Gruppe 76, 93
Gruppierungsnummer 91
Gruppierungsplan 25, 83, 90
– Gruppe 76, 93
– Hauptgruppe 92
– Obergruppe 92

H

Hauptfunktion 96
Hauptgruppe 92
Haushalt 59
Haushaltsansatz 69
Haushaltsaufstellung 105, 124, 151, 152, 153, 154, 163, 177, 179, 197
Haushaltsausführung 105, 146, 150, 152, 155, 164, 177
Haushaltsausgleich 105, 108, 115, 126, 155, 169, 170, 191, 192
Haushaltsausschuss 126, 154, 167, 171, 172, 198, 199
Haushaltsautonomie 56
– Eigenverantwortlichkeit 56
– Gesamtverantwortlichkeit 56
Haushaltsdisziplin 56
Haushaltsgesetz 24, 25, 59, 63, 64, 65, 78, 83
– Außenwirkung 65
– Bepackungsverbot 67, 72
– Besonderheiten 67

– Bewilligung 60
– Ermächtigung des BMF 65, 67
– fakultativer Inhalt 67
– Geltungsdauer 67
– Inhalt 65
– Inkrafttreten 67
– Innenwirkung 67
– obligatorischer Inhalt 65
Haushaltsgrundsätze 105, 107, 108, 126
Haushaltsgrundsätzegesetz 24
Haushaltsjahr 25, 67
Haushaltsklarheit 112, 114, 126, 178, 192
Haushaltsmittel 53, 68, 69, 70, 79
Haushaltsplan 24, 25, 32, 59, 63, 68, 71, 79, 81
– Anlagen 99
– Aufstellung 25
– Ausführung 25
– durchlaufende Posten 99
– Feststellung 25, 60, 63, 65
– Funktionenübersicht 99
– Gruppierungsübersicht 99
– Haushaltsquerschnitt 99
– Personalübersicht 99
Haushaltsrechnung 167, 203, 204
Haushaltsrecht 21, 24, 57, 59
Haushaltsstelle 95
Haushaltsübersicht 84
Haushaltsverfassungsrecht 23
Haushaltsvermerk 29, 68, 79, 91, 98
– ku-Vermerk 81
– kw-Vermerk 79
– Sperrvermerk 80
– Umwandlungsvermerk 81
– Wegfallvermerk 81
Haushaltsvoranschläge 197
Haushaltswahrheit 106, 126, 189, 192, 193, 197
Haushaltswirtschaft 21, 22, 55, 59
Hebesatzrecht 23, 42, 49
hoher Beschäftigungsstand 62

I

indirekte Steuern 41
Institutionalpläne 86
Investitionen 160, 163, 170, 176, 190

J

Jährlichkeit 105, 106, 154, 155, 176, 187

K

Kaffeesteuer 46
Kalenderjahr 25, 67
Kameralistik 202
Kapitel 79, 82, 88
– Vorbemerkungen 89
Kapitelnummer 88
Kassenbestimmungen 26
Kassenverstärkungskredite 65
Kassenwesen 24
Kirchensteuer 23, 47, 48
Konnexitätsgrundsatz 54
– Verursacherverantwortung 54
– Verwaltungsverantwortung 54
Kontrolle 105, 124, 128, 154, 172, 178, 195, 201, 203
– parlamentarische 205
Körperschaftsteuer 41, 46
korrespondierender Haushaltsvermerk 114
Kraftfahrzeugsteuer 30, 46
Kredite 23, 27, 33, 57, 69, 84
Kreditfinanzierungsplan 86
Kriegsfolgelasten 39
Kurtaxe 31
ku-Vermerk
– Haushaltsvermerk 81
kw-Vermerk *Siehe* Haushaltsvermerk

L

Lagebild Haushalt 174, 202
Landesfinanzverwaltung 52
Landeshaushaltsordnung 24
Landessteuern 40, 46

Landesverwaltung 49, 51
Lastenverteilung 54
Leerstelle 77
Leerstellenübersicht 77
Leertitel 98
Leistungsfähigkeit 48
Lenkungssteuern 30

M
magisches Viereck 62
Matrikularbeiträge *Siehe* Beitragssystem
Mehrausgaben 114, 115, 127, 128, 129, 130, 137, 138, 139, 141, 148, 149, 155, 164, 204
Mehreinnahmen 114, 115, 116, 119, 121, 122, 148, 149, 161, 162
Ministerialpläne 86
Mischfinanzierung 55
Mischsystem 37
Mitgliedsbeiträge 31
Mittelansatz 98

N
Nachtragshaushalt 126, 144, 192, 199
Nettokreditaufnahme 179, 191
Nettonachweis 179, 181
Nettoveranschlagung 179
Nothaushaltsrecht 185

O
Oberfunktion 96
Obergruppe 92
öffentliches Recht 21
Öffentlichkeit 106, 189, 193
öffentlich-rechtliches Gemeinwesen 28
Ordnungsziffer 93
Organisationsgewalt 71
örtliche Aufwand- und Verbrauchsteuern 47, 48

P
Personalhaushalt 74, 76, 77
Personalsteuern 40
Planstelle 72, 78
– besetzbare Planstelle 74, 75
– Einweisung in Planstelle 74
Planstellen 71

R
Rahmengesetz 24
Realpläne 87
Realsteuern 48
Rechnungsjahr 67
Rechnungslegung 24
Rechnungsprüfung 24
Rechnungsprüfungsausschuss 62, 205
Rechts- oder Wirtschaftseinheit 45
Rechtsstaatsprinzip 23
Rechtsverordnungen 64
Reichsabgabenordnung 28
Reichshaushaltsordnung 24
Rennwett- und Lotteriesteuer 46
Richtigkeit, sachliche und rechnerische 201
Rundfunkbeiträge 31
Rundschreiben 167, 168, 171, 186

S
Sachhaushalt 74
Sachleistungen 28
sachliche Bindung 106, 122, 127, 128, 129, 137, 142, 153, 154, 155, 164
Satzungen 64
Schaumweinsteuer 46
Solidaritätszuschlag 39, 46
Sonderabgaben 27, 31, 34
– Dokumentation 32
– Finanzierungsverantwortung 32
– Gruppennützigkeit 32

– Homogenitätserfordernis 32
– Legitimation 32
– Sachnähe 32
– Sachzweck 32
Sonderfonds 32
Sondervermögen 189, 190, 191
Sozialstaatsprinzip 23
Sparsamkeit 106, 109, 183, 184
Sperrvermerk *Siehe* Haushaltsvermerk
Sperrwirkung 47
Spielbankabgabe 40
Staatsausgaben 23
Staatseinnahmen 22
Staatsgewalt 21
Staatsquote 19
Staatsschulden 33
Stabilität des Preisniveaus 24, 62
Stabilitäts- und Wachstumsgesetz 23, 61
Ständiggesetz 24
Stellen 68, 71
Stellenplan 73, 74, 75, 76, 77, 79
Steuerertragshoheit 23
Steuergesetzgebungshoheit 23
Steuern 27, 28, 34, 36, 69
Steuerstaat 28
Steuerverwaltungshoheit 23, 49
– Bund 50
– Länder 51
Stromsteuer 46

T

Tabaksteuer 46
Tilgung 156, 179
Titel 79, 81, 82, 90
– Dispositiv 97
– Festtitel 94
– Funktion 96
– Gruppe 93
– Gruppierungsnummer 91
– Hauptfunktion 96
– Hauptgruppe 92
– Oberfunktion 96
– Obergruppe 92
– Ordnungsziffer 93
– Titelgruppe 93
– Titelgruppennummer 94
– Titelnummer 91
– Zweckbestimmung 97
Titelgruppe 79, 81, 93
Titelgruppennummer 94
Top-down-Verfahren 196
Trennsystem 36, 37, 38, 40

U

Übertragbarkeit 130, 157, 158, 159, 160, 161, 162, 163, 164, 165, 167, 170, 172, 173, 174, 176, 177, 204
Übertragungsvermerk 163, 172, 176
Umsatzsteuer 41, 42, 46
Umwandlungsvermerk *Siehe* Haushaltsvermerk

V

Verbandslasten 31
Verbrauchsteuern 35, 38, 47
Verbundsystem 36, 37, 41
Verfassungsrecht 21, 22
Verkehrsteuern 38, 40
Vermögensteuer 40
Verpflichtungsermächtigungen 68, 70, 86, 90, 98
Versicherungsteuer 46
Verwaltungspreis 30
Verwaltungsrecht 21
– Allgemeines 21
– Besonderes 22
Verwaltungsvorschriften 25
– Allgemeine Verwaltungsvorschriften zur Bundeshaushaltsordnung 25
– Funktionenplan 25, 95
– Gruppierungsplan 25, 83, 90
– Haushaltstechnische Richtlinien des Bundes 25, 80, 83

– Kassenbestimmungen 26
– Verwaltungsvorschriften zur Haushaltssystematik des Bundes 25, 83
Verwaltungszusammenarbeit 23
Verwaltungszweig 86
Völkerrecht 21
Volkswirtschaft 59
Vollständigkeit 106, 178, 188, 189, 193, 197, 203
Vorbehalt des Gesetzes 69
Vorherigkeit 105, 106, 169, 184, 185, 198
vorläufige Haushaltsführung 26, 185
Vorzugslasten 30, 31, 34

W
Wegfallvermerk *Siehe* Haushaltsvermerk
Weimarer Republik 53
wirtschaftliche Betätigung 27
Wirtschaftlichkeit 106, 109, 121, 160, 183, 184, 199, 201, 205
Wirtschaftswachstum, stetiges und angemessenes 24, 62

Z
Zeitgesetz 25, 67
zeitliche Bindung 105, 106, 154, 155, 156, 157, 158, 164, 173, 174, 176
Zölle 35, 38, 44
Zweckbestimmung 61, 79, 81, 97
Zweckbindung 29, 108, 110, 111, 112, 113, 114, 116, 117, 119, 120, 121, 122, 128, 130, 131, 145, 146, 148, 152, 153, 161, 162, 165, 172, 175, 181, 204
– echte 117, 119, 122, 172
– unechte 117, 118, 120, 122
Zweckbindungsvermerk 114, 119, 122, 148, 176, 204
Zwecksteuern 29
Zwecktauglichkeit 29